上市公司对区域经济发展的影响研究

——基于东北地区的分析

The Listed Company's Influence on the Regional Economic Development—Based on the Analysis of the Northeast

朱 君 著

ZHEJIANG UNIVERSITY PRESS
浙江大学出版社

图书在版编目(CIP)数据

上市公司对区域经济发展的影响研究：基于东北地区的
分析 / 朱君著. —杭州：浙江大学出版社，2019.9
ISBN 978-7-308-18312-3

Ⅰ.①上… Ⅱ.①朱… Ⅲ.①上市公司－影响－区域
经济发展－研究－中国 Ⅳ.①F127

中国版本图书馆 CIP 数据核字(2018)第 122705 号

上市公司对区域经济发展的影响研究
——基于东北地区的分析
朱　君　著

责任编辑	傅百荣	
责任校对	董齐琪　虞雪芬	
封面设计	杭州隆盛图文制作有限公司	
出版发行	浙江大学出版社	
	（杭州市天目山路 148 号　邮政编码 310007）	
	（网址：http://www.zjupress.com）	
排　　版	杭州隆盛图文制作有限公司	
印　　刷	虎彩印艺股份有限公司	
开　　本	710mm×1000mm　1/16	
印　　张	14	
字　　数	259 千	
版 印 次	2019 年 9 月第 1 版　2019 年 9 月第 1 次印刷	
书　　号	ISBN 978-7-308-18312-3	
定　　价	48.00 元	

前　言

　　区域经济的发展,离不开政府、企业和个人的参与。尤其是创造财富的微观主体企业,在区域经济发展中扮演着重要的角色,而上市公司作为优秀企业的典型代表,借助于资本市场,对区域经济发展的促进作用更是不容忽视。高度重视和发展上市公司,将上市公司发展优势转化为区域经济优势,是增强区域经济实力、促进区域经济发展的有效途径之一。然而,与我国经济发达省份相比,包括辽宁、吉林和黑龙江三省的东北地区,其上市公司无论在数量上还是质量上都不尽如人意。如何充分利用上市公司在资金筹集、人才吸引、技术和管理创新等方面的优势能力,大力培育和发展上市公司以促进东北经济的繁荣,就成为东北振兴过程中亟待解决的问题。

　　就理论层面来看,作为企业与区域相互作用理论体系的重要研究内容和主要组成部分,上市公司对区域经济发展的影响亦受到理论界的普遍关注。虽然国内外学者的研究均证实以资本市场为依托的上市公司对促进区域经济发展具有重要作用,但是他们关于上市公司影响区域经济发展作用的探讨基本上都是立足于某一特定区域,从经验数据层面展开的、尚未形成系统的理论体系。因此,从理论层面深入分析上市公司对区域经济发展的影响机制,并辅以经验层面的数据支持,揭示上市公司在区域经济发展中的作用,为发展上市公司繁荣区域经济提供理论和实践支撑,是目前我国区域经济研究的改革重点和研究趋势,也是解决我国区域经济发展问题的关键所在。

　　基于上述实践背景和理论研究需求,本书提出了上市公司影响区域经济发展的研究主题。在对上市公司与区域经济发展概念进行界定的前提下,从上市公司资金筹集、人才吸引、技术创新和管理创新四方面的优势能力出发,借助要素集聚机制、外部效应机制、市场共享机制和发展联动机制,分别从要素层面、产业层面和区域空间层面三个维度,初步建立了上市公司影响区域经济发展的理论研究框架。并以东北地区为例,在描述东北地区上市公司发展现状的基础上,对上市公司在东北地区经济发展中的功能演进与作用发挥进行总结归纳,进一步从区域经济增长、产业结构调整和空间结构优化三个方面,借助 EViews 和 ArcGIS 软件,运用实证研究方法,考察上市公司对东北地区经济发展的影响,最后提出发展上市公司繁荣东北经济的政策建议,以达到依托高质量上市公司振兴东北经济目标的实现。

第一章:相关概念界定与理论基础。本章运用规范研究方法,在对上市公司与区域经济发展概念进行界定的基础上,从企业理论、区位理论、产业结构理论、区域经济增长理论展开,对上市公司影响区域经济发展的相关理论进行梳理和总结,为后续研究奠定理论基础。

第二章:上市公司影响区域经济发展的机制和作用。本章从上市公司资金筹集能力、人才吸引能力、技术和管理创新能力入手,将上市公司作为企业所具有的共性与个性相统一,借助要素集聚机制、外部效应机制、市场共享机制和发展联动机制,分别从要素层面、产业层面和区域空间层面,建立了上市公司影响区域经济发展的理论研究框架,为实证研究提供了理论依据。

第三章:东北地区上市公司的发展历程与功能演进。本章从数量规模、行业分布、产业结构、经营状况、地区分布对东北地区上市公司的发展现状进行描述,并通过与江浙地区的比较分析,总结归纳东北地区上市公司所具有的特征。在回顾东北地区上市公司发展历程的基础上,对上市公司在东北地区经济发展中的功能演进与作用发挥进行归纳总结。

第四章:东北地区上市公司对区域经济发展影响的实证分析。本章立足于东北地区上市公司及经济发展相关数据,从区域经济增长、产业结构调整和空间结构优化三个方面展开,借助 EViews 和 ArcGIS 软件,运用实证研究方法,探讨了上市公司在东北地区经济发展中扮演的角色和发挥的作用,从实践层面上,为通过发展上市公司促进东北经济繁荣提供经验数据支持。

第五章:发展上市公司繁荣东北经济的政策建议。本章在理论分析和实证检验的基础上,针对东北地区上市公司发展中存在的问题与不足,从引导和培育优势企业上市、规范上市公司经营运作、提高上市公司自主创新能力、加大上市公司并购重组力度、调整上市公司空间布局五个方面入手,探讨发展上市公司繁荣东北经济的政策建议,以达到依托高质量上市公司振兴东北经济目标的实现。

目　　录

导　论

一、研究背景与意义

（一）研究背景

包括辽宁、吉林和黑龙江三省的东北地区①，曾是我国重化工基地和经济发展的龙头地域，是新中国工业的摇篮，为建成独立、完整的工业体系和国民经济体系，为国家改革开放和现代化建设作出了重大的贡献。然而随着改革开放的不断深化，东北地区经济发展逐渐步入衰退阶段，经济增长速度开始落后于全国平均水平，经济总量在全国经济版图上的重要性不断下降，"东北问题"开始凸显。2003 年 10 月，中共中央、国务院发布《关于实施东北地区等老工业基地振兴战略的若干意见》，将振兴东北经济上升到国家战略高度，关于如何振兴东北经济成为广大专家学者研究的焦点。经过近 10 年的努力，2012 年东北地区实现地区生产总值 50477.25 亿元，同比增长 11.24%，但仍只占全国生产总值的9.73%②，影响东北地区经济发展的不稳定、不协调、不平衡因素依然存在。

区域经济的发展，离不开政府、企业、个人的参与。尤其是创造财富的微观企业主体，在区域经济发展中扮演着重要的角色，而上市公司作为优秀企业的典型代表，作用更是不容忽视。施青军(2002)指出，在区域经济发展中，尤其是在

---

① 东北地区，作为一个地理文化大区和经济大区，应不同的历史背景下，具有不同的地域划分标准。本书所研究的东北地区仅指辽宁、吉林与黑龙江三省。

② 资料来源：根据中国统计年鉴(2013)整理。

落后区域的开发中,应该高度重视和发展上市公司,充分发挥其对区域经济发展的促进作用[1]。杜坤伦(2004)亦认为,发展区域经济必须加强对上市公司的培育,通过借助资本市场,提高上市公司质量,将上市公司发展优势转化为区域经济优势,以增强区域经济实力[2]。2004年《国务院关于推进资本市场改革开放和稳定发展的若干意见》中,首次强调要通过提高上市公司质量,规范上市公司运作,促进经济结构调整和经济发展。在该意见的指导下,东北三省均出台了相关的政策①,大力发展上市公司服务区域经济。2011年,《我国国民经济和社会发展十二五规划纲要》再次对上市公司在区域经济发展中的作用予以肯定。可见,充分利用上市公司在资金筹集、人才吸引、技术和管理创新方面的特有优势,通过发展上市公司繁荣区域经济,不失为实现东北老工业基地振兴的良策。

然而,与我国经济发达省份相比,东北地区上市公司无论在数量上还是质量上都不尽如人意。截至2012年年底,东北地区共有A股上市公司135家,仅占全国上市公司总数(2494家)的5.4%。从质量上来看,根据中国社会科学院产业与企业竞争力研究中心发布的《中国企业竞争力报告(2012)》,作为反映上市公司质量高低的重要因素②,虽然辽宁省和黑龙江省上市公司竞争力在我国31个省区市排名中处于分别第8位和第11位,但是吉林省却位于第25位,且上市公司竞争力得分为负值,远低于全国平均水平。相反,上市公司竞争力得分为正值且名列前茅的省份同样是我国经济强省,如浙江、江苏等省份。另外,从入围百强上市公司的区域分布来看,百强上市公司数量多的区域亦是我国经济发达区域,如名列前三的省市分别是北京、上海和广东,对应有25家、11家和8家上市公司;而就东北地区来看,总共只有8家上市公司入围,其中辽宁省5家,黑龙江省2家,而吉林省只有1家[3]。东北地区上市公司数量不足、质量不高,必将影响其促进区域经济发展作用的发挥。

---

① 2006年,吉林省人民政府出台了《吉林省人民政府批转省上市办关于加快资本市场培育和发展指导意见的通知》,致力于对后备企业提供资金、政策、配套、中介支持以实现上市目的;2008年,辽宁省人民政府出台了《辽宁省人民政府关于加快推进企业上市工作的实施意见》,力争在今后5年里,通过政策扶持、引导促进和协调服务,在企业上市、辅导报批和改制培育方面取得突破,使全省上市公司数量和融资额度达到东部沿海发达省份的平均水平;黑龙江省于2009年发布了《黑龙江省人民政府办公厅关于建立黑龙江省企业上市工作联席会议制度的通知》,以推进本省企业的上市进程,希望借助上市公司发展促进区域经济繁荣。

② 中国社会科学院产业与企业竞争力研究中心对2012年我国上市公司竞争力的研究中,将上市公司竞争力定义为在竞争性市场中,一个上市公司所具有的能够持续比其他企业更有效地向市场提供产品或服务,并获得盈利和自身发展的综合素质和条件。该研究中心从规模因素、增长因素和效率因素三个方面展开,细分9个具体指标,对各省区市上市公司竞争力进行定量的考察。可见,各省区市上市公司竞争力的排名和得分是对上市公司质量高低的充分反映。

因此,正确认识上市公司在区域经济发展中的地位和作用,大力培育和发展上市公司,对繁荣区域经济具有重要的现实意义。另外,着眼于理论层面,从上市公司这一微观经济主体入手,探讨其对区域经济发展的影响机制,通过发展上市公司以促进区域经济繁荣的研究思路,区别于以往的宏观和中观视角,在丰富区域经济理论的同时,有助于形成解决区域经济发展问题的新思路和新方法。在理论分析的基础上,立足东北地区上市公司发展现状,总结归纳上市公司在东北地区经济发展中的功能演进与作用发挥。

(二)研究意义

1. 理论意义

上市公司作为区域内优秀企业的典型代表,在某种程度上决定着区域经济发展潜能的大小和竞争力的强弱。长期以来,学者们对区域经济发展的研究主要集中于宏观和中观的视角,从微观层面探讨区域经济发展的研究成果并不多见。上市公司对区域经济发展的影响研究,是企业与区域相互作用理论体系的重要研究内容和主要组成部分。虽然国内外学者的研究均证实以资本市场为依托的上市公司对促进区域经济发展具有重要作用,但是他们对上市公司影响区域经济发展作用的探讨基本上都立足于某一特定区域,从经验数据层面展开的,尚未形成系统的理论体系。

基于此,本书从上市公司这一微观主体出发,在对上市公司与区域经济发展概念进行界定的基础上,从企业理论、区位理论、产业结构理论和区域经济增长理论四个方面展开,探讨了上市公司影响区域经济发展的机制和作用,并辅以经验层面的数据支撑。一方面,拓展了区域经济的微观研究领域;另一方面,初步建立了一个相对完整的上市公司影响区域经济发展的理论研究框架,对于丰富区域经济理论具有一定的意义。

2. 现实意义

实现东北老工业基地的全面振兴是一项长期的、艰巨的任务。东北地区经济的繁荣昌盛,在很大程度上依托于区域内企业的发展壮大,而上市公司作为优秀企业的典型代表,集聚了区域内的优质资产,通过借助于资本市场这一发展平台,具有显著的资金筹集优势、人才吸引优势、技术和管理创新优势,是在全球经济一体化背景下,推动区域经济发展的内在动因,在突破体制障碍和实现区域经济发展路径转轨上扮演着重要的角色,发挥着关键的作用。

因此,探究上市公司对东北地区经济发展的影响机制,总结归纳上市公司在东北地区经济发展中的功能演进与作用发挥,发现上市公司发展中存在的问题与不足,寻求依托高质量上市公司促进区域经济发展的新思路和新方法,对于发展上市公司、繁荣资本市场、振兴东北经济具有一定的现实意义。同时,也为我国其他地区借助上市公司繁荣当地经济提供了一定的借鉴意义和参考价值。

二、研究内容与方法

(一)研究内容

本书在概念界定的基础上,以相关理论为指导,从上市公司资金筹集能力、人才吸引能力、技术和管理创新能力入手,借助要素集聚机制、外部效应机制、市场共享机制和发展联动机制,分别从要素层面、产业层面和区域空间层面三个维度,探讨了上市公司影响区域经济发展的机制和作用。通过对东北地区上市公司发展现状的描述,总结归纳上市公司在东北地区经济发展中的功能演进与作用发挥,进一步运用实证研究方法,从区域经济增长、产业结构调整和空间结构优化三个方面,考察上市公司对东北地区经济发展的影响,从引导和培育优势企业上市、规范上市公司经营运作、提高上市公司自主创新能力、加大上市公司并购重组力度、调整上市公司空间分布格局五个方面提出了发展上市公司繁荣东北经济的相关政策建议,以达到依托高质量上市公司振兴东北经济目标的实现。本书的研究内容具体分为以下几个部分。

导论:本部分阐述了本书的选题背景及意义、研究内容、研究方法,以及本书的特色与创新,并对国内外的相关研究成果进行了文献综述。

第一章:相关概念界定与理论基础。本部分运用规范研究方法,在对上市公司与区域经济发展概念进行界定的基础上,从企业理论、区位理论、产业结构理论、区域经济增长理论展开,对上市公司影响区域经济发展的相关理论进行梳理和总结,为后续研究奠定理论基础。

第二章:上市公司影响区域经济发展的机制和作用。本部分从上市公司资金筹集能力、人才吸引能力、技术和管理创新能力入手,将上市公司作为企业所具有的共性与个性相统一,借助要素集聚机制、外部效应机制、市场共享机制和发展联动机制,分别从要素层面、产业层面和区域空间层面三个维度,初步建立了上市公司影响区域经济发展的理论研究框架,以为实证研究提供理论依据。

第三章:东北地区上市公司的发展历程与功能演进。本部分立足于东北地区上市公司的发展实际,从数量规模、行业分布、产业结构、经营状况、地区分布方面对东北地区上市公司发展现状进行描述,并通过与江浙地区的比较分析,总结东北地区上市公司所具有的特征。在回顾东北地区上市公司发展历程的基础上,对上市公司在东北地区经济发展中的功能演进与作用发挥进行归纳。

第四章:东北地区上市公司对区域经济发展影响的实证分析。本部分立足于东北地区上市公司及经济发展相关数据,从区域经济增长、产业结构调整和空间结构优化三个方面展开,借助 EViews 和 ArcGIS 软件,运用实证研究方法,探讨了上市公司在东北地区经济发展中扮演的角色和发挥的作用,从实践层面上,为通过发展上市公司促进东北经济繁荣提供经验数据支持。

第五章:发展上市公司繁荣东北经济的政策建议。本部分在理论分析和实证检验的基础上,针对东北地区上市公司发展中存在的问题与不足,从引导和培育优势企业上市、规范上市公司经营运作、提高上市公司自主创新能力、加大上市公司并购重组力度、调整上市公司空间分布格局五个方面入手,探讨促进东北地区上市公司发展的政策建议,以达到依托高质量上市公司振兴东北经济目标的实现。

结论与不足。本部分回顾了全书的主要结论,指出本书研究中存在的不足,同时对未来的研究方向进行了展望。

本书的基本思路和研究框架如图 1-1 所示。

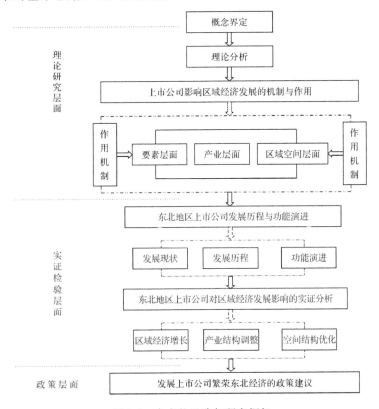

图 1-1　本书的思路与研究框架

（二）研究方法

本书综合运用将规范研究和实证研究相结合、普遍分析和典型分析相结合、定性分析和定量分析相结合的研究方法。

1. 定性研究的主要方法

文献检索法：运用该方法对现有上市公司影响区域经济发展的相关研究文献进行检索，并予以总结归纳，为本书的研究奠定理论基础。

二手资料法：利用东北三省统计年鉴、中国统计年鉴、中经网统计数据库查询东北地区经济发展的相关资料，借助上海证券交易所和深圳证券交易所官方网站以及国泰安数据库和色诺芬数据库对上市公司的相关资料进行整理。

历史分析法：通过查阅与东北地区上市公司发展历史相关的文献资料，依据政府与企业在上市过程中的参与程度划分上市公司发展阶段，并对不同阶段上市公司在东北经济发展中的功能演进与作用发挥进行归纳总结。

2. 定量研究的主要方法

本书借助 SPSS 统计分析软件。一方面采用因子分析法，对东北地区上市公司的经营状况进行数据分析；另一方面采用两个独立样本的 Mann-Whitney U 检验，对东北地区与江浙地区上市公司发展现状进行对比分析，同时借助于 EViews 软件和 ArcGIS 软件建立相应的分析模型，从区域经济增长、产业结构调整和空间结构优化三个方面，对上市公司在东北地区经济发展中扮演的角色和发挥的作用进行实证检验。

三、本书的特色与创新

（一）本书的特色

第一，研究视角独特、研究思路新颖是本书的特色之一。对区域经济发展的研究，鉴于不同的目的可以从不同角度展开。一是从宏观视角入手，从整体上探讨区域经济的特征及变化趋势；二是从微观视角入手，研究区域经济微观主体行为及其相互关系，以及由此所带来的区域经济发展效果。长期以来，我国绝大多数的区域经济研究都是从宏观视角展开，而对区域经济发展过程中起具体作用的微观主体企业有所忽视，尤其是从上市公司来研究区域经济发展问题的文献更是少见。上市公司作为优秀企业的典型代表，不仅是现代企业制度建立的先行者，也是国民经济各行业的排头兵，是我国经济运行中最具活力的群体。因此,从上市公司入手,揭示区域经济运行的微观机制,不仅能够明确上市公司在区域经济发展中的地位和作用,而且能够为东北经济振兴提供区别于以往宏观和中观视角的新思路。

第二,紧扣时代背景,立足于东北经济振兴实践是本书的另一特色。自2003年中共中央、国务院印发《关于实施东北地区等老工业基地振兴战略的若干意见》,拉开东北振兴的序幕起,东北地区在经济实力提升、现代农业建设、制造业升级、社会民生改善等方面取得了一定的成绩。时隔9年,国务院批复同意了《东北振兴"十二五"规划》,在肯定东北振兴成果的同时,指出制约东北经济发展的不利因素仍然存在,振兴东北经济任重而道远。"十二五"时期作为全面建设小康社会的关键时期,是深化改革开放、加快转变经济发展方式的攻坚时期,也是巩固和扩大东北振兴成果的重要时期。在此背景下,从上市公司这一微观主体视角入手,寻求促进东北地区经济发展的新思路,是紧扣时代背景、着眼区域协调发展、满足经济发展实务的具有较高应用价值的选题。

(二)本书的创新

首先,建立了上市公司影响区域经济发展的理论研究框架。本书从上市公司资金筹集能力、人才吸引能力、技术和管理创新能力入手,将上市公司作为企业所具有的共性与个性相统一,借助要素集聚机制、外部效应机制、市场共享机制和发展联动机制,分别从要素层面、产业层面和区域空间层面三个维度,建立了相对完整的上市公司影响区域经济发展的理论研究框架。

其次,系统总结了近年来东北地区上市公司的发展现状及主要特征。本书立足于东北地区上市公司的发展实际,从数量规模、行业分布、产业结构、经营状况、地区分布方面对东北地区上市公司发展现状进行了详细的描述,并通过与江浙地区的比较分析,发现东北地区上市公司呈现出板块分布不合理、地区分布不均衡、经营质量不突出、国有经济占主导的上市公司发展格局。

再次,实证检验了东北地区上市公司对区域经济发展的影响。本书立足于东北地区上市公司及经济发展的相关数据,从区域经济增长、产业结构调整和空间结构优化三个方面展开,借助EViews和ArcGIS软件,运用实证研究方法,探讨了上市公司在东北地区经济发展中扮演的角色和发挥的作用。

最后,提出了依托高质量上市公司促进东北地区经济发展的新思路和新方法。在相关理论指导下,本书以实证检验为基础,针对东北地区上市公司发展中存在的问题与不足,从引导和培育优势企业上市、规范上市公司经营运作、提高上市公司自主创新能力、加大上市公司并购重组力度、调整上市公司空间分布格局五个方面,提出发展上市公司繁荣东北经济的政策建议,以达到依托高质量上市公司促进东北地区经济发展目标的实现。

四、国内外相关文献综述

长期以来,国内外学者关于区域经济发展的研究,主要集中于宏观和中观的视角,涉及区域经济发展战略的研究[4]、区域经济发展模式的探讨[5]、区域经济发展差异的衡量[6]、区域经济发展趋势的预测[7,8]以及区域经济发展水平的评价[9,10],从微观层面探讨区域经济发展的研究成果并不多见。上市公司作为区域内优秀企业的典型代表,在某种程度上决定着区域经济发展潜能的大小和竞争力的强弱。纵观目前学者们对上市公司的研究,大部分都是从管理视角展开的,集中于对上市公司融资行为[11]、上市公司信息披露[12]、上市公司资本结构[13]、上市公司财务质量[14]、上市公司并购重组[15,16]以及上市公司内部控制[17,18]的探讨,而从上市公司这一微观经济主体出发,研究其对区域经济发展影响的文献非常有限。

上市公司对区域经济发展的影响研究,是企业与区域相互作用理论体系的重要内容和主要组成部分。上市公司作为资本市场的重要组成部分,其对区域经济发展的促进作用主要是借助于资本市场功能实现的。纵观目前国内外的相关研究成果:一方面主要集中于从理论和实证两个方面来探讨资本市场对区域经济发展的影响,揭示资本市场在区域经济发展中发挥的作用和扮演的角色;另一方面,学者们对上市公司与区域经济发展关系的探讨,几乎都是从实证方面展开的,很少有理论方面的深入分析,虽然有少部分学者会从某个方面进行理论上的阐述,但是这种认识也是基于实践层面检验结果的总结,并不能上升到理论的高度。下面本书将分别从资本市场和上市公司两个方面,对近几年来国内外学者关于上市公司对区域经济发展影响的相关研究成果予以综述。

(一)资本市场对区域经济发展的影响研究

1. 理论研究文献综述

传统理论认为资本市场主要是为了迎合实体经济部门融资的需要而发展起来的,因此其作用是被动的。如 Greenwood 和 Jovanovic(1990)[19]、Greenwood 和 Smith(1997)[20]认为资本市场的发展依托于区域经济的发展,只有区域经济发展到一定阶段,区域内居民的收入和财富能够支付相应的资本市场进入费用时,资本市场才能够得以建立。随着时间的推移和区域经济的进一步发展,能够支付相应费用的人越来越多,利用资本市场的人也就越来越多,此时,资本市场才能得到发展。Levine(1993)扩展了上述观点,认为资本市场的规模会随着区域内人均收入和人均财富的增加而逐渐发展[21]。可见,资本市场的形成和发展需要依赖于区域经济的发展,区域人均收入和人均财富只有能够支付进入资本市场费用的时候,资本市场才有可能对区域经济发展施加影响。

最早从理论方面来探讨资本市场对区域经济发展影响作用的可以追溯到Hugh T. Patrick。1966 年,他从"供给导向"和"需求导向"的角度,对资本市场和经济发展的关系进行了研究,发现资本市场能够追随并促进区域经济发展,即产生需求导向型金融发展,而且表现在能够通过优先发展来支配和带动区域经济发展,即供给导向型金融发展。他进一步强调供给导向型资本市场发展对早期的(落后)区域经济发展有着支配性的作用,因为资本市场的深化能促成落后区域的非生产性财富构成发生变化,能动员那些阻滞在传统部门的资源转移到促进经济发展的现代部门,并确保投资于最有活力的项目上,特别是当资本市场能为风险性的创业投资提供资金时更是如此[22]。1993 年,德国经济学家帕加诺(M. Pagano)根据新增长理论模型($Y = AK$)建立了内生增长模型,系统地探讨了资本市场对区域经济发展的影响作用。在帕加诺的模型中,他将总产出看作总资本的线性函数,分析推导区域经济发展和资本市场间的内在联系,发现资本市场的发展并不仅仅是追随经济增长,它是区域经济增长的一个至关重要的内生变量,通过影响储蓄率、储蓄转化为投资的比率和资本的投资效率,资本市场能在很大程度上决定和影响区域经济的发展[23]。

国内关于资本市场与经济发展的理论研究基本上围绕资本市场机制、区域发展、企业制度等方面展开的。张静(2001)认为资本市场通过增加经济活动的要素投入量、促进要素生产率的提高以及自身产值的增长对经济发展作出贡献[24]。田素华(2001)指出资本市场主要是通过投资效应、财富效应等途径促进区域经济发展[25]。施青军(2002)认为区域经济发展与资本市场的关系是相互依赖和互为因果的:一方面,资本市场的形成和发展,需要以一定的区域经济为条件;另一方面,资本市场对区域经济发展又有促进、作用。由于两者间的相互作用,区域经济与资本市场形成了一种相互促进互为因果的关系,并且这种因果关系常常表现为一种螺旋式的上升循环。另外,其明确地指出资本市场促进区域经济发展是通过动员社会可用储蓄、提高社会资源配置效率和分摊投资成本与风险三个方面来实现的[26]。梅声洪(2005)在假定经济中只有资本市场发生变化并与消费需求发生联系而其他任何因素都不变的前提下,将资本市场划分为繁荣态势和萧条态势两种情况,进一步探讨繁荣态势资本市场通过消费需求机制产生区域经济发展效应的短期和长期机制。通过建立模型,我们发现在短期,资本市场通过促使非人力财富现期收入、提高消费者边际消费倾向影响消费者最优消费决策,使得消费者行为发生变动,最终引起消费需求和经济发展同向变动;在长期,资本市场除了可以促进非人力财富现期收入,提高消费者边际消费倾向外,还能够提高非人力财富预期收入,另外资本市场通过降低企业融资成本,为企业上市融资和资产重组提供便利,以及推动企业制度创新来促进企业生产经营目标的实现,对消费需求机制产生作用并产生经济发展效应[27]。

可见,资本市场能显著促进区域经济发展的观点已得到国内外学者的普遍认可,并形成一系列的理论研究成果。在此基础上,大量的研究更热衷于采用实证方法立足于不同国家和区域的资本市场和经济发展实情,对两者关系进行检验。

2. 实证研究文献综述

除理论研究之外,近年来关于资本市场与区域经济发展的实证研究成果也已经相当丰富。从国外的研究来看,Campbell(1987)发现,在美国 1926 年至 1986 年这段时间,股票收益率同工业生产的增加值显著正相关[28]。Atje 和 Jovanovic(1993)利用 GJ(Greenwood-Jovanovic)模型研究了资本市场的经济发展效应,对包括发达国家和发展中国家在内的 40 个国家的人均 GDP 与资本市场增长率进行了回归分析,发现在 1980 年到 1985 年间,这些国家的经济发展与资本市场有明显的相关关系,当经济增长率提高时,也恰恰是股票上升的时机[29]。Kunt 和 Levine(1996)也认为资本市场能够促进经济发展,通过对 44 个不同收入水平的国家进行对比分析后发现,相对于低收入国家,高收入国家有更大及更完善的综合金融体系和资本市场。并对资本市场促进经济发展的机理进行了研究,认为资本市场主要是通过创造流动性、分割风险和信息披露制度来加速经济发展的[30]。Levine(1997)通过建立了一套全面反映资本市场发展与经济增长的指标体系,应用计量经济学相关方法对 20 多个发达国家进行实证研究,发现在实际人均 GDP 与资本市场发展之间存在着某种对应关系,实际人均 GDP 较高的国家资本市场发展程度也同样较高[31]。Levine 和 Zervos(1998)选择了 47 个样本国家,对资本市场与经济发展的关系进行了检验,发现股票成长与现在及未来的经济发展存在高度的正相关性,资本市场不只是反映经济发展的变化,而且有利于资源的有效分配、资本的形成和经济的快速发展[32]。Hsieh 和 Nieh(2010)通过考察亚洲 11 个国家资本市场的发展情况,发现资本市场的健康发展必须以完善的经济环境为支撑,反过来资本市场也会促进地区经济以强劲的势头向前发展[33]。Zivengwa 等(2011)以津巴布韦 1980 年至 2008 年资本市场和经济发展数据为依据,对资本市场和经济发展之间的关系进行实证研究,结果发现资本市场规模通过影响投资额进而影响经济发展,资本市场与经济发展具有显著的正相关关系[34]。

从国内来看,由于我国资本市场起步较晚,关于资本市场与经济发展的相关性检验也是近期才开始受到学者的关注。靳云汇、于存高(1998)采用实证分析方法从中国股市规模和股票价格指数两个方面来研究资本市场与经济发展的关系,结果表明,股市规模与 GNP 具有同向变动关系,而且相对于成熟的股市来讲,我国股市规模仍有较大的发展余地,扩大股市规模,发挥资本市场的融资功能,以促进当地经济发展的任务仍很迫切[35]。郑江淮等(2000)从资本市场中的股票市场出发,通过建立分析框架,利用我国 1993 年至 1998 年季度数据,实证检验发现,虽然目前我国股票市场规模对经济发展的作用效果不明确,但是股票市场的发展与储蓄之间显著的正相关关系表明存在股票市场对经济发展的作用机制,随着股票市场规模的逐步扩大,股票市场吸引的储蓄越来越多,其对经济发展的作用效果将不断显现,贡献程度将逐步提高。另外还指出,股票市场不仅与经济发展存在相关关系,而且更关键的是与经济体制的持续转型有关[36]。同时,殷醒民和谢洁(2001)对 1993 年至 1999 年我国股票市场和经济发展的关系也进行了实证研究,发现我国股票市场规模的扩大、交易率的提高增加了国有单位的固定资产投资,加快了企业的技术进步,推动了经济更快的发展[37]。而钱正鑫和迈夫(2006)的研究证实了中国股票市场的发展对 GDP 增长具有一定的促进作用[38]。江洲(2008)选取 1997 年 1 月至 2007 年 12 月的相关数据,通过实证研究发现上交所和深交所的市场收益率均与宏观经济变量存在协整关系,说明资本市场与宏观经济的发展是基本一致的,股票价格指数可在一定程度上反映经济发展的整体趋势及水平[39]。王一晶(2010)对中部地区资本市场发展与区域经济发展之间的关系进行研究发现,资本相关比率、上市公司数目、资本市场周转率、上证指数年度波幅与区域经济发展之间存在协整关系,除资本相关比率外,其他三个指标都与区域经济的发展呈现正相关关系,这说明我国中部地区资本市场的发展对区域经济有着显著的影响[40]。

从现有的成果可以看出,国外学者的研究多是立足于全球视角,对多个国家多时期数据的检验,而国内学者的研究则以我国的实情为基础。国内外学者的研究成果均证实了资本市场对促进国家或区域经济发展具有重要的作用。

(二)上市公司对区域经济发展的影响研究

关于资本市场对区域经济发展的作用机理,国内外现有文献已给出了合理的解释,并通过实证研究证实了资本市场的发展程度能够影响区域经济的发展。作为资本市场重要组成部分的上市公司,一方面通过市盈率等指标综合反映实体经济与虚拟经济的发展水平与发展能力,是产品市场与资本市场的重要桥梁和纽带;另一方面上市公司通过资本市场完成企业发展的资本积累,实现资源的有效配置,来提高自身发展能力,同时以其自主创新性、内生积累性、市场竞争力和社会影响度,逐步成为带动区域经济发展的最富活力的微观主体,是区域经济发展的原动力和加速器。下面本文将对近几年来国外学者关于上市公司对区域经济发展影响的相关研究成果予以综述。

1. 理论研究文献综述

目前,国内外关于上市公司与区域经济发展关系的研究,几乎都是从实证方面展开,很少有关于理论方面的深入研究,虽然有少部分学者会从某几个方面进行理论上的详细阐述,但是这种认识也是基于实践层面检验结果的总结,并不能上升到理论的高度。上市公司作为企业,尤其是大企业的典型代表,具有大企业的所有特质,因此,关于上市公司影响区域经济发展的相关理论研究基础,可以直接借鉴国内外学者关于大企业促进区域经济发展的理论研究成果。

在大企业与经济发展的研究领域里,国外比较有代表性的是爱德华兹(Edwards)和钱德勒(Chandler A. D)的研究成果。爱德华兹(1975)通过对美国大企业近40年的研究,提出了大企业的标准和大企业影响产业和经济发展的主要方式和手段。他认为经过多年的发展,大企业大多通过纵向整合实现了内部机构扩张,通过多元化实现了外部横向扩张,因此表面的统计数据已很难确切地反映企业的规模。他认为大企业应该具有以下几个基本情况:大企业的发展水平要快于整体经济的增长水平;经济增长的大部分比重集中在少数行业中,这种集中一方面体现在相关行业在整体经济中的增长,另一方面体现在这些行业中的大企业的规模增长;行业内的集中最终会形成卖方市场;大企业扩大规模的方式还包括横向和纵向的整合;兼并小型企业是增大企业规模的重要手段;大企业通过强大的广告宣传、政府公关、专利和技术保护等方式,增强公司实力;大多数小企业以合约的方式成为大企业的供应商和消费者;大企业不仅所占市场份额大,在行业内的比重大,而且通常还能主导该行业的发展;在通常情况下,大企业的规模会超过获得正常规模经济和企业技术创新的规模,企业规模集聚的主要方式是吸收兼并。钱德勒(2004)对大企业的性质、地位和作用做了较为深入的研究,将大企业看作一种关键的微观经济部门,大企业对经济发展的促进作用主要是体现新技术的新产品、新工艺商品化。这些企业大规模地利用生产要素,如原材料、机器设备、人力资源和技术知识,它们不仅在生产设施上投资,而且也在广泛的市场营销、配送网络和建立胜任的管理层方面投资。因此,大企业不仅体现了生产功能,也体现了非生产的功能[41]。

我国也有一部分学者对大企业的特征及其在经济发展中的作用展开了研究。如沈蕾(2005)认为,大企业的内涵不仅是指组织规模大,更本质的是指企业经营的大规模、大空间和大领域,具体到企业功能层面就是大规模研发、大规模生产、大规模营销和大规模投融资[42]。大企业在生产、技术、营销等方面的规模优势决定了它在经济发展中处于主导地位,起着举足轻重的作用。另外还有一部分学者认为,关于大企业对区域经济发展的影响是从企业的规模经济效应展开的:他们认为大企业存在着技术经济效应,能够提高经济效率;可以采用先进设备,从而降低生产成本;可以聘请专家从事管理和技术工作;能够在研发上投放巨额资本,使其具备产品和技术创新上的人才和资金优势(张元智、马鸣萧,2004)[43];有利于对市场的争夺以及资本的积累,具备更大的发展空间(单超,2004)[44]等。因此,应该把大企业作为区域经济发展的支柱(许庆明、黄晖,2003)[45]。上市公司具备大企业所具有的一切特征和优势,国内外关于大企业促进区域经济发展的一切理论成果均可以为上市公司促进区域经济发展问题的探讨提供理论支撑。

2. 实证研究文献综述

目前关于上市公司与区域经济发展的国内外实证研究成果都比较丰富。从国外研究来看,早期学者们更多关注上市公司股票价值对经济发展的贡献。如1967年,Gurley和Shaw通过对19世纪美国上市公司发行的股票价值的衡量,就发现上市公司股票价值占美国国民收入的一半以上[46]。与此同时,Michie(1987)立足于英国经济与上市公司发展数据,发现1853年在英国经济的发展中,约有25%的投资资本是通过上市公司发行股票以直接融资的方式取得的,1913年这一比例达到33%[47],可见,上市公司借助资本市场的资金筹集功能,对满足区域经济发展的资金需求具有重要作用。

近年来,学者们开始从更广阔的视角,探讨上市公司对区域经济发展的影响。如Laurenceson(2002)通过考察上市公司在中国经济发展中的作用,发现上市筹集资金对中国企业尤其是国有企业改革和发展都非常重要,因此应该积极鼓励企业上市。另外,虽然上市公司对中国经济资源配置的改善效率不是非常明显,但是上市公司通过借助资本市场能够刺激消费需求和投资需求从而有利于区域经济的持续发展[48]。Okuda和Take(2005)以亚洲金融危机后,印尼上市公司为例,对上市公司与经济改革进行了研究,发现作为微观经济主体的企业,其想要发展壮大很大限度上受制于资金,资本市场特有的融资优势能够弥补银行信贷的不足,因此,发挥上市公司在资本市场上的资金筹集优势对发展区域经济、增强区域实力意义重大[49]。Zivengwa等(2011)以津巴布韦1980年至2008年上市公司和经济发展数据为依据,从上市公司数量和质量出发,采用实证研究方法,考察上市公司和经济发展之间的关系,发现上市公司的发展能够作用于经济发展,上市公司与经济发展具有显著的正相关关系[50]。

从国内研究来看,吴振信等(2003)通过对我国上市公司地区分布进行实证检验,发现上市公司地区分布特征基本上和三大经济带发展差异相符:东部地区上市公司数量多,平均股本规模和市值大,融资能力强,新兴行业上市公司比例大,资本证券化水平高。因此,加快区域经济发展必须要重视发挥上市公司的作用[51]。钟海燕、郑长德(2005)从我国东中西三大经济带上市公司之间的区域差异入手,发现上市公司在资金筹集功能、国企改制功能以及资源配置功能发挥上存在一定区域差异,上市公司的这种差异会对区域经济发展产生不同程度的影响,表现为经济越发达区域,上市公司对该地区经济发展的带动作用越强。进而指出,随着区域经济的不断发展,上市公司与区域经济之间的关联性会越来越强。因此,发展上市公司对繁荣区域经济意义重大,尤其对于落后地区来说,必须加大股票发行力度,争取更多的企业上市[52]。陈晓丹(2008)发现上市公司融资能力和经济发展状况是互为因果的关系,认为应该大力发展上市公司,通过提高上市公司融资能力,以满足地区经济发展的资金需求[53]。李兴江、董雅丽(2009)指出在我国如上海、北京、深圳等经济发达地区,其经济发展与该地区上市公司之间的相关性更加明显;而在经济相对落后地区,上市公司与区域经济发展的相关性不明显。上市公司的经济行为和发展受到诸如经济发展水平、经济结构、经济周期等外部区域经济环境因素影响;而区域内的经济结构、产业布局、资源优化配置、教育及科研等方面又受到来自上市公司经济行为和发展水平的强烈影响[54]。梁剑等(2011)从金融财务理论出发,采用趋势分析和计量模型,利用1992年至2007年的相关数据,发现我国上市公司的经营业绩与宏观经济的运行具有一致性,国民经济的增长会直接反映在我国上市公司的业绩指标中[55]。

另外,还有大部分学者立足于我国某一省份的数据,来检验上市公司对当地经济发展的影响或贡献。如蒋爱先、何贵香(2007)立足于广西壮族自治区上市公司的发展实情,认为上市公司能够通过推动区域产业升级、聚集高层次人才、促进企业制度变革和产品创新、造就区域经济龙头企业等形式带动区域经济发展。通过进一步与周边省区的比较,发现广西壮族自治区上市公司的整体实力较弱,提倡应该通过培育具有竞争力的上市公司以带动当地经济发展水平[56]。刘德智等(2007)以2003年至2005年河北省上市公司与经济发展数据为依据,从资源占有率、经济贡献率、社会贡献率三个方面衡量了上市公司对全省经济发展的贡献,发现上市公司对河北省经济发展具有重大的贡献,进而从优化上市公司产业结构、增强上市公司竞争力、提高上市公司科技含量等方面提出促进河北省上市公司发展的政策建议[57]。周华东、胡恩祥(2008)立足于2001年至2005年安徽省上市公司及经济发展的相关数据,通过计算上市公司对GDP增长率的贡献度、上市公司筹集资金所产生增加值对GDP增长率的贡献度以及募集资金的乘数效应等,发现受安徽省上市公司数量的限制,安徽省上市公司所创造的全部增加值占安徽省GDP的比重虽然很低,但是上市公司对安徽省GDP增长率的贡献在不断增加。另外,上市公司筹集资金所创造的增加值年增长速度远高于安徽省 GDP 增长速度,可见上市公司对安徽省经济发展具有重要的作用,建议通过提高上市公司的数量与质量,来提升上市公司在区域经济中的比重,加快区域经济发展[58]。李方、陈健(2010)以陕西省上市公司为例,发现上市公司促进区域经济发展主要通过税收贡献、支柱产业贡献和解决就业三条途径来实现[59]。除此之外,张高丽(2001)[60]、王玉华和孔振焕(2006)[61]、沈月中(2007)[62]、李兴江和董雅丽(2009)[63]、黄萍(2012)[64]分别探讨了新疆、山东、河南、甘肃、江苏沿海地区上市公司对区域经济发展的影响,并得出一致的结论,认为上市公司作为区域内优秀企业的典型代表,作为区域经济发展中最活跃的主体,对促进区域经济发展具有重要的作用。

可见,国内外学者的研究均证实以资本市场为依托的上市公司对促进区域经济发展具有重要的作用。税收贡献、技术创新、就业吸收、资金筹集等作为上市公司促进区域经济发展最为重要的几大因素已得到理论界和实务界的普遍认可。但是,目前国内外对上市公司影响区域经济发展作用的探讨基本上都是立足于某一特定区域,从经验数据层面展开的、尚未形成系统的理论研究体系。然而,从上市公司这一微观主体入手,研究其对区域经济发展的影响,离不开微观理论的支撑。区域经济学,作为经济学的分支学科,必须强调这种微观基础,否则就无法提出任何有价值的东西[65]。因此,从理论层面深入分析上市公司对区域经济发展的影响机制,并辅以经验层面的数据支撑,揭示东北地区上市公司在区域经济发展中的作用,以为通过提升上市公司质量促进区域经济发展提供理论和实践支持,是目前我国区域经济研究的改革重点和研究趋势,也是解决我国区域经济发展问题的关键所在。

第一章　相关概念界定与理论基础

一、概念界定

（一）上市公司的概念界定

关于上市公司，我国《公司法》有明确的概念界定，该法第一百二十条指出，"所谓上市公司，是指其股票在证券交易所上市交易的股份有限公司"。目前，我国只有上海证券交易所（以下简称"上交所"）和深圳证券交易所（以下简称"深交所"）两个交易所市场。根据上市公司股票上市地点和所面对投资者的不同，我国上市公司的股票又可分为 A 股①、B 股②、H 股③、N 股④等。其中 B 股、H 股、N 股上市公司是我国资本市场对外开放的产物。就我国资本市场层次来看，2004 年 5 月深交所中小企业板的成立以及 2009 年 10 月深交所创业板的启动，标志着我国建成了包含主板（上交所和深交所）、中小企业板（深交所）和创业板（深交所）的多层次资本市场体系。本书关于上市公司的研究是立足于 A 股上市公司展开的，涵盖主板、中小企业板和创业板上市公司。相应的，作为本书的研究对象，东北地区上市公司就是指注册地在东北三省的 A 股主板、中小企业

---

① A 股即人民币普通股票，是由中国境内的公司发行，供境内机构、组织或个人，在中国境内上海和深圳证券交易所以人民币认购和交易的普通股股票。

② B 股即人民币特种股票，又称境内上市外资股。是由中国境内的公司发行，以人民币标明面值，在中国境内上海和深圳证券交易所以美元或港元认购和交易的外资股。

③ H 股是指在中国境内注册的公司在香港上市的外资股。

④ N 股是指在中国境内注册的公司在纽约上市的外资股。

板和创业板上市公司。

上市公司要想成功发行股票并取得上市资格,其主体资格、运行经营以及募集资金使用情况等必须符合一定的条件,尤其是对其盈利能力、股本规模、资产结构有严格的要求①。另外,上市公司取得上市资格后并非一劳永逸,一旦某项条件不符合相关规定,亦会面临暂停上市或退市的风险。所以,与非上市企业相比,在一系列严格的法律法规面前,上市公司为了保住其上市资格,获得长远发展,有动力也有能力进行技术创新、改善经营管理、吸引和留住人才。上市公司作为区域经济发展的微观主体在追求自身不断发展壮大的同时,亦成为区域经济发展的持续推动力量。

与非上市企业相比,上市公司的优势主要表现在以下几个方面。第一,借助资本市场的资本运作功能,上市公司有着得天独厚的资金筹集优势,能够为公司的持续发展获得稳定的长期融资渠道,形成良性的资金循环。第二,作为公众公司,上市公司具有较高的市场知名度和社会认可度,更容易获得广大消费者、投资者的信任和求职者的青睐,有助于吸引高素质人才,而且上市公司也可以利用股票期权计划实现对管理层和员工的中长期激励,有利于上市公司留住人才。第三,受资本市场公开、公平、公正的约束,在广大投资者的监督下,上市公司为提升其竞争能力和获利能力必须不断进行技术和管理创新,同时资本市场的开放性亦为上市公司的相关创新活动提供了便利。第四,从产业竞争的角度来看,上市公司借助于资本市场融资机制和信息传递机制,能够在第一时间内掌握先进技术,占领市场,在该产业内立足;反之,当市场出现不景气或突发情况时,上市公司借助资本市场为其资产重组提供的投资平台和风险分散机制,可以及时进行业务调整和经营转型,从而有效规避风险。上市公司区别于其他企业的显著优势,也正是上市公司促进区域经济发展的关键所在。

(二)区域经济发展的概念界定

1.国外对区域经济发展概念的研究

国外对区域经济发展进行概念界定的较少,更多的研究是从其影响因素展开的,而且早期经济学家对经济发展与经济增长未做明确的区分。在此背景下,古典经济增长理论认为投资和积累过程是经济增长的核心;凯恩斯增长理论则强调积累是经济增长的动力之源;新古典增长理论认为生产过程的性质决定经济增长的性质,经济增长的决定性因素在于技术进步;新增长理论则将知识和人

---

① 根据中国证券监督管理委员会令第32号《首次公开发行股票并上市管理办法》和中国证券监督管理委员会令第61号《首次公开发行股票并在创业板上市管理暂行办法》整理。

力资本的积累[66,67]视为经济增长的驱动力;另外,马克思的扩大再生产理论实际上就是对经济增长过程的描述,认为经济增长是包括资本、人力、科技、制度、管理等在内的一系列因素相互促进相互作用的结果。1969年,美国著名经济学家库兹涅茨(Simon Kuznets)明确指出,一个国家经济增长可以定义为给居民提供种类日益繁多的经济产品能力的长期上升,而且这种不断增长的能力是建立在先进技术以及制度和思想意识相应调整的基础上,即经济增长是以商品和劳务总量的增加为主体,以技术进步为条件,以制度和意识的相应调整为前提[68]。

随着经济社会的不断发展,以赫立克、哈根等为代表的经济学家,认为经济增长与经济发展应该相互区别。此时,区域经济发展问题成为经济学家重点关注的领域,并开始强调产业发展在区域经济发展中的重要性。如克拉克与费雪认为区域经济发展可视为结构变化与部门更替的过程;如Maddison(1987)证实了产业结构是区域经济发展的一个重要变量[69];Baldwin和Martin(2000)、Martin和Ottaviano(2001)认为产业的区域集聚与经济发展互为内生关系,即集聚会引起区域经济发展,区域经济发展又会进一步吸引生产要素在该区域集聚[70,71]。从区域经济发展阶段性来看,埃德加与费雪(1971)认为某一区域的经济发展可以分为自然经济、工业化和第三产业发展三个相互联系的阶段,区域经济发展在经历不同阶段的同时,经济发展阶段本身也就决定了该区域的经济发展水平及相应的度量问题[72]。M. Porter(1990)对世界主要国家经济发展阶段进行了描述,认为区域经济发展主要经历了三个阶段,即要素推动的发展阶段、投资推动的发展阶段和创新推动的发展阶段,其中,创新推动的发展阶段是区域经济发展的最高阶段[73]。

纵观国外对区域经济发展问题的研究,主要是围绕经济发展因素、经济发展表现形式以及经济发展阶段展开的。认为在区域经济发展的不同阶段,对经济发展起主导作用的因素也不尽相同,在资本积累、技术进步、知识积累、人力资本积累以及制度和管理创新等因素的交互作用下,区域经济发展经历了从低到高的逐级演变过程。区域经济发展形式也不再单纯的表现为经济总量的增加,更涉及产业结构升级、产业集聚等经济结构优化问题。虽然国外关于区域经济发展明确的概念界定较少,但其成熟的经济发展理论框架对于研究区域经济发展问题具有很好的解释和指导意义。

2. 国内对区域经济发展概念的研究

关于区域经济发展的概念,国内学者基本达成了共识,认为区域经济发展不仅包括"量"的增长,更包括"质"的提高。所谓"量"的增长是对区域经济增长的界定,而"质"的提高,则是指区域经济结构的优化。如吴仁洪(1987)指出区域经济发展过程,不仅表现为国民生产总值的增长,还必然伴随着产业结构不断的演变^[74]。郝守义、安虎森(2004)认为区域经济发展既包括在时间维度上区域经济的增长、区域产业结构的演化和区际分工与联系,也包括在空间维度上区域空间地域的结构演化等^[75]。徐涛(2007)指出区域经济发展涵盖区域经济总量增长和区域产业结构演进两方面的含义^[76],在此基础上,安虎森(2010)进一步指出,无论是生产要素的优化配置还是产业的分散与集聚,在区域宏观方面来讲都是区域产业结构的调整过程^[77]。之后,孙海鸣(2011)提出区域经济发展是指通过技术创新、产业结构升级以及社会进步等手段实现区域经济发展质量的提高^[78]。

由此可知,区域经济增长并不等同于区域经济发展,经济发展的含义更为广泛和丰富,区域经济发展是以经济增长为核心的区域产业结构与空间结构不断优化与进步的过程。经济增长和经济发展二者之间既有联系又有区别。就二者的联系来看,区域经济增长所带来的区域内物质产品和劳务数量的丰富是经济发展的物质前提;经济发展所引起的结构因素变化,使经济增长建立在一个更高效率的生产方式上,是经济增长的根本动力。二者的区别则在于,经济增长从产出量的角度,反映了区域经济发展的量的特征,是区域经济发展规模的体现;而区域经济发展不仅包括产出量的增加,还包括随着产出增加而出现的产业结构及空间结构的优化、经济体制演进、区际和国际贸易扩大、区际引力与辐射能力提高等质的进步。当然,限制于纯粹经济学范畴的区域经济发展亦不等同于区域发展,区域发展是一个包括经济、社会、环境等全面发展的更广阔的概念,区域经济发展只是区域发展的一个方面。

就本书的研究来看,首先,由于上市公司在资金筹集、人才吸引、技术和管理创新方面的优势属于西方经济学家界定的经济发展要素范畴;其次,作为微观企业主体,上市公司是构成产业的基本载体,上市公司自身实力的不断增强能够作用于产业发展,并通过产业传导机制促进区域经济发展;最后,上市公司区位选择及对其他企业的带动与辐射,必然引起区域空间结构发生变化,并通过空间传导机制作用于区域经济发展。因此,本书主要从经济总量和经济结构的视角来考察区域经济发展问题,并秉承总量与结构互为因果,结构变动提高产出增加的思路,将区域经济发展界定为由区域经济增长、区域产业结构调整和区域空间结构优化所带来的区域经济质量的提高。相应的,本书关于东北地区上市公司对区域经济发展影响的实证检验亦是从区域经济增长、区域产业结构调整和区域空间结构优化三个方面展开。

二、理论基础

上市公司对区域经济发展影响的研究,属于管理学与经济学交叉学科的研究范畴,必然涉及对上市公司和区域经济发展相关理论的探讨。接下来,本书从企业理论出发揭示上市公司作为企业这一微观经济主体的本质和在市场经济中的地位;着眼于区位理论,考察上市公司在区位选择过程中的驱动因素;以产业结构理论为基础,探讨产业结构的演变规律和调整方向;最后落脚于区域经济增长理论,寻求上市公司在区域经济增长中扮演的角色和所处的地位。企业理论、区位理论、产业结构理论、区域经济增长理论是本书研究的重要理论基础,为后续关于上市公司影响区域经济发展作用机制框架的构建、上市公司影响区域经济发展的实证检验以及上市公司促进区域经济发展路径的探讨提供了理论支持,不仅是本书研究的出发点亦是本书研究的落脚点。

(一)企业理论

企业理论是经济学与管理学极为重要的主题,是关于企业作为微观经济主体的本质、边界、在市场经济中的地位以及企业内部激励等一系列问题的理解和论述。具体包括新古典企业理论、企业契约理论以及企业能力理论,其中,新古典企业理论和企业契约理论侧重于对企业同质性问题的探讨,而企业能力理论则将企业的异质性问题纳入研究视野。

1. 新古典企业理论

在过去大约一百年时间里建立起来的新古典经济学,主要从技术的角度对企业展开研究,认为企业是在技术和市场约束下追求利润最大化的微观经济主体,并用生产函数来解释企业的一切经济行为,即企业本质是追求利润最大化的生产者,企业的行为就是在既定生产函数[①]和约束条件下从事以追求利润最大化为目的的生产活动[②]。为实现该目标,新古典企业理论主要是从技术角度出发,运用边际分析方法,着重考察在完全竞争市场条件下企业最佳产出水平以及与此相适应的最优生产规模和最佳生产范围的决定问题。

---

① 所谓生产函数(production function)是描述在生产技术状况给定的条件下,生产要素投入量与产品产出量之间的物质数量关系的函数式。企业对投入要素和产出水平的选择就是以实现利润最大化为目标,为了使企业利润实现最大化,新古典经济学继而推导出在完全竞争的市场条件下,企业的边际收益等于市场价格的等式关系。并在此基础上,又进一步区分短期和长期两种情况,详细阐述了有完全竞争市场条件下生产单一产品的市场均衡和厂商最优规模的决定问题。

② 新古典经济理论将企业和消费者作为微观经济分析的基本对象,认为消费者的行为准则是在收入和价格约束下追求效用最大化,而企业则是在技术和市场的约束下追求利润最大化。因此,在新古典经济学中,消费者被理解为效用函数,企业被理解为生产函数。在对企业行为进行分析时,便假设一企业具有经济理性,利用其掌握的信息,精打细算以追求利润最大化的生产目标;二企业是在市场经济中已经存在的、完全有效运转的、为赚取利润而从事商品生产活动的,既可以是一个个体生产者,也可以是一家规模巨大的公司的一个完整的经济单位。

重生产性而轻组织性的新古典企业理论对分析企业最优生产选择、理解企业生产行为,以及研究企业之间策略相互作用具有重要的参考价值和指导意义[79]。但是,与此同时,在以利润最大化为目标和完全竞争假设下的新古典企业理论,虽然承认市场机制是资源配置最有效的方式,但无法解释为什么在现实中仍存在大量的交易需要在企业中进行;另外,新古典企业理论是从技术的角度对企业展开研究的,认为企业的规模由技术决定,但是对于很多公司规模的不断扩大却不甚了了。由此,在对新古典企业理论的反思和批评中,以科斯的契约理论为代表的现代企业理论逐渐发展起来。

2. 企业契约理论

1937 年科斯首次提出企业契约理论,认为企业是一系列(不完全)契约(合同)的有机组合(nexus of incomplete contracts),是人们之间交易产权的一种方式[80]。交易费用理论和委托代理理论作为企业契约理论的两个分支,前者主要研究企业与市场的关系;后者则注重分析企业内部组织结构及企业成员的委托代理关系。

(1)交易费用理论

交易费用理论,是科斯于 1937 年在其经典论文《企业的性质》中提出的。科斯认为交易成本存在于市场运行中,当市场交易成本大于企业组织成本时,资源配置就依靠企业这一经济组织形式进行。正是由于市场运行是有成本的,因此通过创建企业,并允许某个权威机构来支配资源,就可以将交易内部化,从而能够实现长期契约对一系列短期契约的替代,减少契约数量、简化契约调整过程、节约交易费用,进而实现比市场机制更有效的资源配置方式。市场和企业作为可以相互替代的资源配置手段,前者是由非人格化的价格机制来调节,后者则是通过权威关系来完成。配置主体的选择依赖于市场定价的成本和企业内部官僚组织成本之间的平衡关系。当权威关系能大量减少需要分散定价的交易数目①时,企业便出现了。

交易费用理论主要包括间接定价理论和资产专用性理论。二者都是以交易费用为核心概念和分析工具,着眼于企业和市场关系研究,认为企业是节约市场交易费用的一种交易方式或契约安排。但是,间接定价理论认为企业的功能在于节约市场直接定价成本,即交易费用;资产专用性理论则认为企业是连续生产过程之间不完全合约所导致的纵向一体化实体,企业之所以出现是因为在合约不可能完成时,纵向一体化能够减少或者消除资产专用性所产生的机会主义行

①　即按合约对投入物行使有限使用权的企业家或代理人可以不顾每项具体活动的价格而指挥生产。

为[81],企业的内部结构也由此决定。上市公司作为微观经济主体企业的典型代表,是一系列契约的有机组合,其首要功能亦表现在节约市场中的交易成本,优化资源配置,通过不断的创造财富以促进区域经济的发展。

(2)委托代理理论

与着重考察企业外部关系的交易费用理论不同,委托代理理论则着眼于企业内部组织结构,集中分析企业内部不同成员的激励和风险分摊问题。随着商品经济的发展,企业规模不断扩大,企业所有者与经营者开始分离,资本所有者(委托人)会将企业财产的实际占有、使用和处置的权利委托给经理层(代理人),自己只承担监督企业运营的职责,这就出现了委托代理的契约关系。从契约的角度来说,委托人是主动设计契约形式的参与人,而代理人则是被动的参与者。这导致委托代理关系产生的根源在于委托代理双方对自身利益最大化的追求,当委托人委托其他人处理某项事务比自己亲自处理能获得更多的经济利益,同时代理人也能从接受委托中获得比从事其他活动多的经济利益时,委托代理关系就会产生。

早在1772年,亚当·斯密(Smith)就在其经典著作《国民财富的性质和原因的研究》中通过直观的描述切中了在股份制公司下委托代理问题的实质,即受托经营者总不可能象维护自身利益一样去维护所有者的利益[82]。1932年贝利·米恩斯(Berie Means)在《现代企业与私人财产》中正式提出了公司所有权和控制权分离的命题,并将缓解因两权分离而导致的利益冲突作为公司治理的核心内容,开创了从委托代理角度研究企业管理的先河[83]。1973年,Ross首次将该问题称为"委托代理"问题[84],1976年Jensen和Meckling进一步指出,委托代理关系是指一种显性或隐含的契约关系,在该契约关系中,一个行为主体指定或雇用另一行为主体为其服务,并授予后者一定的决策权力,同时支付相应的报酬[85]。由此,委托代理理论需要解决的首要问题是委托人如何设计一个激励契约,使代理人按照其利益最大化的要求行事。为进一步解决由公司所有权与控制权分离所带来的委托代理问题和激励问题,公司治理成为了理论界研究的焦点,并形成了相对完整的理论框架体系。

关于公司治理研究,归纳起来包括三个方面的观点。一是把公司治理看作一种制度安排[86],用以支配投资者、经理人、职工等在企业中有重大利害关系的团体间的利益关系,并从这种相互关系中实现各自的经济利益[87]。二是把公司治理看作是股东、董事会和经理人之间的相互作用关系[88]。三是把公司治理定义为一种决策机制[89]。归根到底,公司治理就是围绕公司组织机构的权力配置、功能定位、运作方式等制度安排而展开的,涵盖了与公司控制权和剩余索取权分配有关的一整套法律、文化和制度安排。这种制度安排通常包括公司的所有权与控制权结构、股东大会、董事会、经理层、监事会等组织机构的设置与运作等方面。公司治理结构是上市公司规范运作的制度保障,是上市公司的最高权力与责任的集中体现,也是上市公司进行管理创新的制度基础。

经过多年的发展,委托代理理论已相当成熟,形成了规范的研究范式和分析方法。具体到上市公司来看,委托代理问题的产生源于经理层与股东之间的利益冲突和信息不对称。作为委托方,股东的目标是追求公司价值最大化;公司经理层,一方面作为股东的代理人,接受股东委托,承担实现股东经济利益的责任,另一方面也会追求个人利益的最大化。当两种利益存在冲突时,经理层便会利用信息优势,做出有利于自己的信息披露行为,从而欺骗广大投资者,损害股东的利益。因此,通过建立完备的决策机制、约束机制、激励机制和监督机制,完善公司治理结构,不断进行管理和制度创新,协调好股东与管理者之间的利益冲突,合理保障员工、供应商与客户、政府、社会公众等利益相关者权益是促进上市公司持续发展的必要保证,也是上市公司发挥促进区域经济发展功能的先决条件。

3. 企业能力理论

无论是新古典企业理论还是企业契约理论,讨论的都是企业同质性①问题[90]。而企业能力理论则逐渐认识到企业内生性差异的存在,并开始从内生的角度探讨企业竞争优势的来源,指出企业之间在本质上是存在差异的,即企业能力具有异质性。正是由于企业异质性的存在,像上市公司这类具有资金筹集优势、人才吸引优势、技术和管理创新优势的企业才能占有更大的市场份额、获得更长久的利润,也才能在促进区域经济发展中发挥相对重要的作用。

企业能力理论从超越主流企业契约理论的新视角,研究能力的异质性对竞争优势的决定作用。企业能力理论的渊源可以追溯到亚当·斯密、李嘉图和马歇尔关于企业内部分工的思想,自20世纪50年代至70年代在分工思想的影响下形成了企业能力理论的研究基础。现代经济学对企业能力的探讨则起源于1959年艾迪斯·彭罗斯(Edith Penrose)的《企业成长论》。在该著作中,彭罗斯深入研究单个企业的成长过程,并提出企业成长论的思想。她把企业视为"广泛的资源集合体,而非古典经济学认为的产品—市场集合",认为企业的能力是企业固有的能够逐渐拓展其生产机会的知识积累倾向,并特别强调由共同行为准

---

① 在新古典企业理论中,企业被假设为完全同质的利润最大化生产者,企业的行为就是在既定生产函数和约束条件下从事最优利润的生产。在企业契约理论中,企业的本质被认为是一组契约联结,企业的行为就是委托人对代理人激励相容的契约设计,涉足企业交易层面活动的企业契约理论,其探讨的企业依旧是同质的。

则、共同知识和能力的积累所引起的企业组织管理资源的释放在企业扩张和发展中的重要作用[91]。20世纪80年代开始,经济学家在企业异质性假设下,从投入要素角度对企业竞争优势的获取、维持与更新问题的探讨和研究,推动企业能力理论不断发展成熟。正是由于对投入要素的理解不同,该理论形成了包括资源基础论、核心能力论、动态能力论和知识基础论四个研究分支的理论体系。

(1)基于资源基础的企业能力理论

资源基础理论是在彭罗斯倡导的企业成长论基础上,通过经验性归纳而形成的。资源基础理论学派一致认为资源稀缺性是企业竞争优势的主要来源,而企业资源稀缺性则是由资源差异性和资源不完全流动性所引起的。优势企业利用其稀缺资源可以生产出成本更低、质量更高的产品,从而在市场上获得竞争优势。企业资源理论将对企业竞争优势来源的探讨从企业外部转向企业内部,由于对资源概念理解的差异,各学者形成了不同的观点。如Wernerfelt(1984)认为企业是一系列资源和能力组成的资源束,其长期竞争优势来源于企业所拥有并控制的,不可复制且难以交易的特殊资源[92]。Barney(1991)则把企业资源理解为企业所控制的,能提高运行效率的所有资产、组织程序、企业品种、信息与知识等,且认为企业竞争优势来自其所拥有的战略相关资源;企业战略管理的重要内容则在于通过资源积累与配置,赋予所占资源以异质性和独特性,从而获得长期的持续竞争优势,即获得"持续租金"[93]。可见,关注企业的异质性和成长问题的资源基础理论,认为企业只有发展到一定的水平,才能通过一系列的协调和整合形成自己独特的、不易被模仿和替代的战略资源,从而保持持续的竞争优势[94]。

(2)基于核心能力的企业能力理论

资源基础论仅把竞争优势归源于企业拥有的资源,但是随着新产品、新技术的出现,单纯依赖资源优势已难以获得持久竞争力,包括技术和技能在内的企业能力开始在竞争中发挥越来越重要的作用。1990年,以普拉哈莱德(Prahalad)和哈默(Hamel)的论文《公司核心能力》为标志的企业核心能力理论开始兴起。他们指出企业在本质上是一个能力体系,并将其核心能力定义为"组织中的积累性学识,特别是关于如何协调不同生产技能和有机结合多种技术流的学识",强调企业对核心能力的培育发生在开发与获取构成核心能力的技能和技术层面,有机协调和有效整合核心能力的组织层面,以及连接企业核心能力与终端产品环节的核心产品市场份额层面[95]。根据核心能力理论,企业的短期竞争力来源于现有产品的价格性能之比,而长期竞争优势则源于企业能实现低成本、快速反应的"核心能力"[96]。需要注意的是,企业的核心能力不是静态不变的,它是一种由企业内知识的积累和培养所决定的动态能力,并随知识的开发、利用和扬弃而不断变化。因此,企业拥有核心能力是企业长期竞争优势的源泉,积累、保持和运用核心能力是企业的根本性战略。

（3）基于动态能力的企业能力理论

当环境不确定性和个人决策有限理性对企业影响日益明显时,企业在某一时点形成的核心能力将会随着时间推移和环境变化而消失。因此,对企业能力的探讨必须将其置于动态的环境变化之中。不仅要关注能力的突出性、特殊性,还应着眼于能力的动态性、适应性。鉴于此,Teece、Pisano 和 Shuen(1997)提出了企业动态能力理论[97]。所谓动态能力是指企业整合、建立、重构企业内外部资源以适应快速变化的环境的能力,其中,"动态"是指企业不断更新自身以适应不断变化市场环境的能力;"能力"则是指企业通过整合、重组内外部资源,构建自身竞争力以满足市场需要时所发挥的战略性管理效用。并强调组织过程、位置和路径是企业能力获取的三个关键性要素。动态能力理论虽然弥补了企业能力理论静态分析的不足,建立了企业竞争优势的战略分析范式[98],但却遭到许多战略学者的质疑。如 Collis 和 Montgomery(1995)对动态能力可持续发展的决定性作用提出质疑[99],Helfat 和 Pereraf(2003)则对动态能力模型构建的必要性提出质疑[100]。面对动态能力理论的窘境,Helfat 和 Pereraf(2003)提出的"能力生命周期理论"[101],以及 Blyler 和 Coff(2003)的"动态管理能力理论"[102]将企业能力理论动态化研究浪潮向前推进了一大步,使得企业能力理论的动态化倾向成为企业能力理论研究的前沿课题。

（4）基于知识基础的企业能力理论

随着对企业能力探讨的深入,知识,尤其是难以被竞争对手模仿的隐性知识,以及与知识密切相关的认识学习开始成为企业竞争的决定性因素。知识基础论日渐成为企业能力理论的研究主流,该理论认为企业具有知识专有性,企业能力的形成主要来源于异质性的知识,而非有形资源专有性中获得的经济租金。如 Barney(1991)认为,企业所拥有的难以交易和模仿的知识是企业产生竞争优势的独特资源[103]。Allee(1997)进一步指出,核心知识能力是企业相对于特定业务而言的独一无二的专长、知识和技能[104]。Zollo 和 Winter(2002)则从知识演化的角度进一步探讨了组织知识的学习机制,指出企业能力产生于隐性经验的积累、显性知识的明确化和知识编码活动的协同化,尤其强调隐性知识对企业能力形成的重要作用[105]。可见,企业知识理论强调作为知识集合体的企业,其核心能力来源于企业所拥有的难以交易和模仿的知识。至此,关于对企业能力的研究都开始走到企业知识基础理论这一轨道上来,并发展为企业能力研究的主流趋势。

基于异质性假设的企业能力理论,为理解企业的性质和边界提供了一个更宽的视野,使人们开始认识到企业竞争优势,尤其是持续竞争优势的获取,除与交易特征、治理契约相关之外,更离不开企业能力差异因素的影响。这也就是为什么在资金筹集、人才吸引、技术和管理创新方面更具优势的上市公司能够成为区域经济发展支柱力量的关键所在。借助于资本市场,上市公司在资金、人才、技术和管理优势的支撑下,更容易建立具有本企业特性的、不易为外界获取和模仿的知识体系,并通过有效进行知识管理,获取、创造、运用知识,从而形成长久的竞争优势和市场份额优势,在自身财富创造和区域经济发展中发挥引擎作用。

(二)区位理论

作为研究经济行为空间选择及空间组合的区位理论,是伴随着经济活动领域和空间的不断拓展而逐渐产生并发展壮大的。包括杜能的农业区位论、韦伯的工业区位论、廖什的市场区位论,以及以普雷德等为代表的行为区位论,经历了从成本最小化到利润最大化、从理想的最优区位到现实的满意区位选择的发展过程,相应的,研究对象由第一、第二产业转向第三产业和城市,研究视角从微观开始转向宏观,从静态转向动态[106]。

1. 杜能农业区位理论

1826 年,杜能的经典著作《孤立国同农业和国民经济的关系》开创了农业区位理论研究的先河。杜能以农产品中心市场价格既定、农作物生产方式和生产成本既定、农作物运输成本与运输距离呈线性关系三个假设为前提,运用杜能圈和租金函数等分析工具,从一个假想的、孤立的城市出发,对农业生产的区位问题进行了系统的研究[107]。杜能指出,区位地租是决定农作物土地利用方式和空间布局的关键因素,并进一步指出,在一定的空间范围内,地租的大小与运输成本有关,而运输成本又与运输距离呈正比。因此,运输成本最小的区位,同时也是地租最大的区位,就成为农作物生产的最优区位。在此基础上,杜能认为由农产品运费决定的农业区位必将呈现出以城市为中心的同心圆分布,即围绕着城市中心,由内而外依次形成了自由农作物、林业、轮作式农业、谷草式农业、三圃式农业以及荒地的不同农作物生产圈,即杜能圈[108]。虽然杜能圈在这种完全均质条件下的理论模型同现实条件相差较远,但是杜能的农业区位理论第一次从理论层面上,系统地阐述了空间摩擦对人类经济活动的影响,为后续区位理论的出现奠定了基础。

2. 韦伯工业区位理论

工业经济早期,工业生产活动的场所选择开始受到社会各界的广泛关注。在此背景下,韦伯针对经济活动的生产、销售和消费环节,将工业生产活动的区位指向作为研究对象,构建了工业区位理论研究框架,试图寻找工业区位变动的规律,发现工业区位选择的影响因素及作用机制[109]。在韦伯的分析框架中,他重点考察影响工业区位选择的经济因素。在将经济因素划分为"区域因素"和"位置因素"的基础上,又进一步区分了"普通因素"和"特殊因素",并将"区域因素"中的"普通因素"即运输成本与工资作为工业区位选择的重要影响因素,运用"区位三角形"和"等差费用线"分析工具,展开了详细的探讨①。关于运输成本与工业区位的关系,韦伯认为在不考虑其他因素的前提下,工业区位的理想位置就是在生产和分配过程中所需运费最小的位置。关于工资与工业区位之间的关系,韦伯引入了"劳工系数"的概念②,认为在同样的社会环境下,"劳工系数"越大,生产就越容易被工资较低的地区吸引。

与此同时,韦伯还将影响工业区位选择的"位置因素"划分为"集中因素"和"分散因素"③,对二者在工业区位选择中的作用进行了论述。韦伯指出,集中因素和分散因素是相互作用和相互影响的,一个地区的工业集中程度越高,分散因素的影响也就越大,一个地区的工业集中程度正是集中因素和分散因素这两方面力量相互消长的体现。作为工业区位理论的奠基人,韦伯过分强调运输费用、劳动费用的作用,强调最小费用的区位原则,未考虑市场对工业活动区位选择的影响,忽视了收入和利润因素。

3.廖什市场区位理论

与杜能农业区位理论和韦伯工业区位理论强调成本对区位选择的影响不同,廖什将对区位的研究由生产领域延伸到市场领域,通过考察产品利润同产品销售范围之间的关系,用利润原则来说明区位选择的趋势,提出了市场区位理论。廖什否认了杜能与韦伯提出的最小成本观点,他认为最低运输成本以及劳动工资成本在区位选择上并不起决定作用,影响单一企业最佳区位选择的是收入和费用差的最大点,即利润最大点。廖什首先从局部均衡角度考察了只供给一种商品(单个工厂)的区位空间均衡过程,进而从一般均衡的角度探讨了整个工业的区位选择问题,提出单一职能个体的市场区域是圆形市场区域,而全体的市场区域则为蜂窝状的正六边型结构。为了验证以上观点,廖什构造了"需求圆

---

① 在韦伯的分析中,所谓区域因素是指影响工业分散于各个区位的因素,而位置因素则是指促使工业集中于某几个地方的因素;普通因素是指对一般工业都有影响的因素,如地价、固定资产费用、运输成本、工资、利息等;特殊因素是指只对特定工业有影响的因素,如制造业需要一定湿度的空气或一定纯度的水等等。

② 所谓"劳工系数",是指"劳工系数指数"与所需运输重量之比。

③ 集中因素是指促使工业集中到某一地区的因素,包括特殊的集中因素和一般的集中因素,如交通便利、原料丰富等;分散因素是指与集中因素作用相反的因素,即不利于工业集中到某一地区的因素,如租金上涨等。

锥体"模型,通过考虑产品需求量、产品价格、运输成本等市场因素,发现工业区位主要由销售范围的大小和市场需求量的多少所决定[110]。除此之外,廖什还重视关税、政治制度、行政手续以及贸易障碍等政策因素对工业区位选择的影响[111]。

4.行为区位理论

不论是杜能的农业区位理论、韦伯的工业区位理论还是廖什的市场区位理论,无一例外地都将从事经济活动的主体看成理性的"经济人",认为经济活动经营者和参与者都是完全信息的掌握者,都以实现成本最小化或利润最大化为区位选择目标。然而,现实生活中,人类根本不可能完全掌握所有知识和信息,决策者在进行区位选择时,不仅受客观环境的限制,而且受到认知能力、环境映象、行为决策的影响。因此,现实的产业区位只能是"非经济人"选择的接近最佳区位的"次佳"区位,即"最满意"的区位[112]。在此背景下,将人这一主观因素纳入区位决策理论的行为学派应运而生。行为区位理论的研究主要沿着决策者的行为研究、被雇佣者的行为研究以及消费者的行为研究三个方面展开。普雷德于1967年提出的行为矩阵就是从决策者入手,解释产业区位选择的一般模式。普雷德以空间成本曲线和获利边际理论为分析工具,详细研究了行为因素对工业区位的影响,发现受企业家心理因素、信息掌握量以及信息处理能力的影响,许多企业并非建立在最佳的区位上。普雷德建立的行为矩阵解释了人类行为在工业区位选择中的重要作用,对解释决策者行为的宏观规律和发展变化具有重要意义,使区位问题中关于行为因素的研究成为可能。[113]

本书关于上市公司优化区域内企业区位选择的研究以及上市公司带动区域内中小企业集聚的探讨,都是基于区位理论展开的,尤其是借鉴了市场区位理论和行为区位理论的思想。上市公司作为区域内优秀企业的典型代表,在先进经营理念、卓越管理方法和高端智囊团的协助下,在对利润最大化的不断追求下,必然选择对自身生产经营最有利的区位。而且随着上市公司对所在区位信息收集的增多,认识不断加深,也会对初期选择错误的区位进行反思并修正,从而使自身的区位选择不断趋于合理,进一步形成对其他企业区位选择的吸引。

(三)产业结构理论

产业结构是指特定区域内产业组成、产业发展水平以及产业间的技术经济联系,即资源在产业间的配置状态、各产业所占的比重以及产业间相互依存相互

作用的方式。关于产业结构的划分,主要有两大领域、两大部类产业分类法①,
三次产业分类法②,资源密集度分类法③和国际标准产业分类法④。其中配第-
克拉克的三次产业分类是目前最为通用的产业结构分类方法,我国关于区域产
业结构调整政策的制定也是依据该方法展开的。其结构是我国区域经济发展的
基本结构,三次产业结构的不断优化是区域经济发展的标志。因此,本书关于产
业结构理论的论述就从产业结构演化理论和产业结构调整理论两方面展开。

1. 产业结构演化理论

正如日本学者石川秀所言"在结构变化的研究中存在两种不同的方法:一是
通过选择若干国家或地区之间的横截面数据和时间序列数据,从统计上确认经
济增长与结构变化之间的联系;二是通过对相似起始条件与经济制度下各国历
史经验的比较,探索能够说明结构变化的特殊理论。"[114]产业结构演化理论并
非是经济学基本原理演绎的结果,而是基于发达国家产业结构变迁事实的归纳
总结,产生于实证研究之中。具体来看,包括以下四种。

配第-克拉克定律。早在17世纪,西方经济学家威廉·配第(William Pet-
ty)就已经发现,随着经济的不断发展,产业中心将逐渐由有形财物的生产转向
无形的服务性生产,并根据当时英国的实际情况明确指出,工业往往比农业、商
业往往比工业的利润多得多,因此劳动力必然由农转工,而后再由工转商。20
世纪50年代,英国经济学家科林·克拉克(Colin Clark)收集了20多个国家各
部门的劳动投入和总产出的时序资料,通过统计分析发现,随着经济的发展,即
随着人均国民收入水平的提高,劳动力首先由第一产业向第二产业转移,当人均
国民收入水平进一步提高时,劳动力便向第三产业转移。克拉克认为他的发现
只是印证了配第的观点而已,故后人把克拉克的发现称之为配第-克拉克定律。
配第-克拉克定律是在提出三次产业分类法的基础上,探讨经济发展过程中劳动

---

① 两大领域、两大部类产业分类法就是按生产活动的性质及产品属性对产业所进行分类。按生产
活动性质,可分为物质资料和非物质资料生产部门两大领域;前者指从事物质资料生产并创造物质产品
的部门,包括农业、工业、建筑业、运输邮电业、商业等;后者指不从事物质资料生产而只提供非物质性服
务的部门,包括科学、文化、教育、卫生、金融、保险、咨询等部门。

② 三次产业分类法是由配第-克拉克最先提出的,在我国的普遍做法是将农业作为第一产业,主要
包括种植业、林业、牧业和渔业;工业和建筑业作为第二产业,其中工业主要包括采掘业,制造业,电力、煤
气、水的生产和供应业;除第一、第二产业以外的其他各业是第三产业,主要包括流通业和服务业。

③ 资源密集程度产业分类方法是按照各产业投入的、占主要地位资源的不同而对产业进行的划
分。根据劳动力、资本和技术三种生产要素在各产业中的相对密集度,把产业划分为劳动、资本和技术密
集型产业。

④ 国际标准产业分类法,是根据联合国颁布的《全部经济活动的国际标准产业分类》(ISIC)标准对
各类产业所进行的划分,其主要目的是使世界各国的产业数据具有一定的可比性。

力在三次产业分布结构中的演变规律的经验性学说,并指出产业之间在经济发展过程中产生的相对收入的差异是劳动力在三次产业中分布结构变化的原因。由此,在人均国民收入水平较高的国家,农业劳动力在全部劳动中的比重越小,而第二次、第三次产业的劳动力所占的比重就越大[115]。

库兹涅茨法则。在克拉克研究的基础上,被誉为"GNP之父"的美国经济学家西蒙·库兹涅茨进一步收集和整理了欧美主要国家长期统计数据,将国民收入在三次产业中分布状况的变化趋势与劳动力在三次产业分布状况的变化趋势相结合,研究产业结构的演变动因。库兹涅茨把整个国民经济划分为农业、工业和服务业三大部门,分析各国统计资料后发现,国民收入在三大部门中分别呈现出比重下降、比重上升、大体不变或略有上升的趋势,与此同时,劳动力份额则分别呈现出下降、大体不变或略有上升、大幅上升的趋势。库兹涅茨采用相同的方法进一步深入分析了工业和服务业内部结构的变化趋势:在工业部门中,制造业的份额上升幅度最大,尤其是与现代技术密切联系的新兴制造业;在服务业部门中,教育、科技及政府部门的相对份额趋于上升[116]。

钱纳里国际标准模式。钱纳里(H. Chenery)从供给、需求、贸易、投资等多个角度对不同国家在不同发展阶段的特点进行分析,按照人均国民收入水平的不同,将经济发展过程划分为六个阶段,并利用多元回归分析的方法,得到各个发展时点上的结构状态,建立了所谓的钱纳里国际标准模式。即伴随着经济发展,提供国民收入的经济结构由以农业部门为主转变为以工业制造业部门为主;从最终需求和总产出来看,中间需求的比重大幅提高,反映出产业结构高度的演进、专业化程度的提高和生产联系复杂度的提高;从贸易结构来看,农产品在出口中所占的份额下降,在进口中比重开始上升,而工业产品正好与此相反,以工业化为核心的经济发展进程在改变发展中国家产业结构的同时,也提高了生产过程中的技术水平,使发展中国家的贸易条件发生了有利的变化。

霍夫曼定理。配第、克拉克、库兹涅茨和钱纳里等人对产业结构演变规律的分析,实际上是对整个国民经济的产业结构随着经济规模的扩大而演变的分析,在这种分析中,工业是对科学技术进步最敏感的经济部门,是一个区域经济发展的主导部门,以至于人们往往把近代经济发展的过程同工业的发展紧密联系起来,称为"工业化"过程。在此背景下,德国经济学家霍夫曼(W. G. Hmannoff)将研究视角转向工业内部,对工业结构重工业化规律做了开拓性研究,并提出"霍夫曼定理"。通过设定霍夫曼比例或霍夫曼系数,指出各国工业化无论开始于何时,一般都具有相同的趋势,即随着一国工业化的进展,消费品部门与资本品部门的净产值之比是逐渐趋于下降,而霍夫曼比例呈现出不断下降的趋势。即"霍夫曼定理"强调随着工业化的升级,消费品工业与资本品工业的净产值之比是逐渐下降的[117]，这对后起国家优先发展重化工业提供了理论依据。

2. 产业结构调整理论

产业结构演变的一般规律，是经济学家利用各国数据实证分析的结果，不带有主观判断性。作为后起国家，在追求经济发展的过程中，是被动等待产业结构按照其演化规律自行优化，还是需要更有作为？为加快产业结构优化升级的速度，广大学者开始致力于产业结构调整的研究，寻求促使产业结构不断优化的途径和方法，从而开创并形成了以刘易斯的二元经济理论、赫尔希曼的不平衡增长理论、罗斯托的主导产业理论和筱原三代平的两基准理论为代表的产业结构调整理论。

二元经济理论是刘易斯（W. A. Lewis）于 1954 年在其论文《劳动无限供给条件下的经济发展》中提出的[118]。他以二元经济结构、传统部门劳动边际生产率为零、劳动无限供给三个假设为前提，借鉴古典经济学的价值创造理论，解释了资本形成、资本积累与劳动供给之间的关系。刘易斯指出，资本家以不变的工资率完成资本积累，扩大生产规模的过程会一直持续到农业部门不再有过剩劳动力，这时劳动者工资率才会得以提高，于是，工资开始出现增长的点被称为刘易斯转折点。在该转折点上，工业劳动者和农村劳动者的收入会随投资的增加有所改善，工农业开始趋向均衡发展，国民经济结构开始转变。从而实现传统经济向现代经济转变，实现城乡均衡发展，最终使二元经济结构转变为一元经济结构[119]。刘易斯关于资本积累和剩余劳动力转移在经济发展中重要作用的强调，为发展中国家发展经济、调整产业结构提供了规律性的理论依据。

不平衡增长理论是赫尔希曼（A. O. Hirschman）于 1958 年在其代表作《经济发展战略》中提出的，核心内容包括三大部分，即"引致投资最大化"原理①、"联系效应"理论②和优先发展"进口替代工业"原则③[120]。赫尔希曼指出由于

---

① "引致投资最大化"原理，是指通过自身发展"引致"其他项目发展，其中能够较快发展的项目应该被优先考虑。发展中国家应集中有限的资源和资本，优先发展少数"主导部门"，尤其是"直接生产性活动"部门，只有这样才能实现引致投资最大化。

② "联系效应"理论，是指在国民经济中，各个产业部门之间存在着某种关系，这种关系决定了各产业部门之间互相联系、互相影响、互相依存。"关联效应"可用该产业产品的需求价格弹性和收入弹性即关联度来度量。发展中国家应该优先投资和发展关联效应最大的产业。凡有关联效应的产业，不管是前向联系产业（一般是制造品或最终产品生产部门）还是后向联系产业（一般是农产品、初级产品生产部门）都能通过该产业的扩张和优先增长，逐步扩大对其他相关产业的投资，带动后向联系部门、前向联系部门和整个产业部门的发展，从而在总体上实现经济增长。

③ "进口替代工业"原则认为发展中国家的工业部门缺乏后向联系，即资本品、原材料、半成品等的投入，而这部分的进口需大量的外汇，对外的依赖也会造成工业发展的被动。故发展中国家应该优先发展进口替代工业。

发展中国家受资金、人才、技术、管理等资源的限制,不可能投资和发展全部产业,倡导应该把"不平衡增长"战略作为发展地区经济的首选方式,将有限的资源有选择性地投入到某些产业部门中,通过其外部经济使其他部门逐渐得到发展,最终实现对经济发展的最大限度促进。赫尔希曼从极化效应①和涓滴效应②两方面对不平衡发展进行了论述,并进一步分析了不平衡增长的类型,即社会间接资本短缺条件下的增长和资本过剩条件下的增长。认为发展中国家应该优先投资重点产业部门,通过产业间的关联效应带动更多的产业发展,从而更好地发挥有限资源的使用效益,突出产业发展的地区优势[121]。赫尔希曼不平衡增长理论对发展中国家产业策略制定、产业发展方向选择具有重要的意义。

主导产业理论的奠基者是美国经济学家罗斯托(W. Rostow)。罗斯托在其1960年出版的《经济成长的阶段》一书中,按照各个产业对国民经济增长的贡献,将一国产业划分为三类,即主要增长部门、补充增长部门和派生增长部门[122]。在此基础上,1998年罗斯托完成了《主导部门和起飞》一书,围绕主导产业的产生、发展以及对经济的贡献展开了详细的论述,构建了比较完整的主导产业理论。罗斯托指出,具有高增长率、大规模特征和具有扩散延伸效应是主导产业选择的两条重要基准,主导产业对区域经济发展的促进作用就是通过前向、后向联系以及旁侧效应发挥作用的[123]。按照罗斯托的观点,发展区域经济就必须加强对主导产业的培育,将主导产业优势转化为区域经济优势,并辐射带动其他产业的发展,增强区域经济实力。

两基准理论是日本经济学家筱原三代平于1957年在其论文《产业结构与投资分配》中提出的[124]。筱原三代平从需求与供给两个方面入手,在一系列的严格假设条件下,构建了一般产业结构调整的标准模型,即产业结构的调整必须遵循需求收入弹性基准和生产率上升基准。分别来看,需求收入弹性基准是从需求的角度入手,要求大力发展那些能够更好满足消费者需求的、收入弹性较大的产业;生产率上升基准则是从供给的角度,在保证市场需求旺盛的前提下,大力发展拥有高新技术和较高投入产出效率的产业。筱原三代平的两基准理论为区域经济发展中产业结构的调整指明了方向,为优先发展和重点扶持既有旺盛市场需求又有较高投入产出效率的产业,优化经济结构、促进经济发展提供了理论依据。

---

① 极化效应是指由于贫富地区相互作用而贫困地区更加恶化的一种决定力量,强调市场力量的作用会使区域间的贫富差距不断拉大。

② 涓滴效应是指在经济发展过程中优先发展起来的群体或地区通过消费、就业等方面惠及贫困阶层或地区,带动其发展和富裕,强调市场力量的作用会使区域间的发展趋于均衡。

产业结构变迁作为区域经济发展的重要组成内容,是区域经济研究中不可分割的主体。三次产业结构划分以及产业结构演变规律,是本书研究的重要前提,本书关于东北地区经济发展中产业结构现状的描述,以及上市公司对东北地区产业结构影响的实证检验都是以产业结构理论为基础展开的。尤其是关于上市公司在引导区域主导产业变迁、拓展区域产业业务领域以及推动区域产业结构调整方面作用的论述,都是以产业结构调整的相关理论为依据的。产业结构理论是本书研究的重要理论基础。

(四)区域经济增长理论

作为区域经济发展研究的重要内容,区域经济增长问题受到众多西方经济学家的关注,并形成一系列的理论,这些理论多数是西方动态经济学在区域问题上的延伸,不同的理论反映出不同的经济学派对区域经济增长问题的见解。具体包括凯恩斯框架下的区域经济增长理论、新古典区域经济增长理论和新增长理论框架下的区域经济增长理论。

1. 凯恩斯框架下的区域经济增长理论

现代经济增长理论源于哈罗德-多马模型,该模型是由英国经济学家哈罗德(R. Harrod)和美国经济学家多马(D. Domar)在 20 世纪三四十年代提出的。根据凯恩斯的收入决定论,他们将经济学的总量模型动态化、长期化,推导出经济增长的一般模型,在强调资本积累推动经济增长的同时,揭示了储蓄率与经济增长的关系以及经济增长的不稳定性特征[125,126,127]。资本与产出比固定不变以及资本和劳动之间不可替代是哈罗德-多马模型的基本假设前提,然而,由于该假设与现实经济增长存在较大的差异,在对稳定增长可能性的论述上就难免会出现比较悲观的结论,也就是说,实际增长率同有保证的增长率之间的差额会累进扩大。另外,由于该模型只是一般意义上的理论模型,未纳入空间维度,很难用来解释区域经济增长问题。

此后,哈特曼和思科勒(1967)从标准的收入等式出发,运用时间分析,把凯恩斯经济学的短期宏观经济模型扩展为动态的增长模型,并把区域系统纳入到经济增长中来[128]。在哈特曼和思科勒的动态经济增长模型中,一个国家或地区的经济增长取决于资本积累,未来资本存量的区域分布则受初始资本存量的区域分布和模型结构参数的影响,因此,每个地区的经济增长率都将不同于封闭经济状态下的增长路径。然而,受乘数原理和加速数原理的作用,该模型同样不存在稳态的增长路径。同时,该模型虽然考虑了区域因素和区域系统,但仅将其看作是一组没有空间的点,排除了空间差异性的存在,与区域经济的块状经济特征有许多不符。另外,空间经济中的引致投资效应远比简单的总资本与总产出之比关系复杂,它尤其要求分析私人投资对基础设施投资的空间集中反应。而且,该理论在乘数效应上也没有考虑空间上的差异及其对投资增长的间接影响。

虽然凯恩斯框架下的哈罗德-多马模型以及哈特曼和思科勒的动态经济增长模型并不属于严格意义上的区域经济增长理论,但是他们关于资本积累在经济增长中重要性的论述,为区域经济增长因素提供了参考,也为后续区域经济增长理论的发展奠定了基础。就上市公司来说,其借助资本市场的资本运作功能有着得天独厚的资金筹集优势,不仅能够为其自身的持续发展获得稳定的长期融资渠道,形成良性的资金循环;而且有利于优化区域资金筹集结构,促进直接资金筹集与间接资金筹集的良性互动,提升区域经济主体的资金筹集能力和效果,为区域经济发展的资本积累提供资金保障。在凯恩斯框架下的区域经济增长理论对资本积累重要性的阐述,为上市公司资金筹集优势在促进区域经济发展中作用的发挥提供了理论依据。

2. 新古典的区域经济增长理论

在哈罗德-多马模型中,生产技术固定不变的假设,忽视了技术进步对经济增长的影响,把经济增长的解释变量仅限定为资本积累和人口增长,从而受到许多经济学家的质疑。从 20 世纪 50 年代开始,以索洛(Solow,1956)和斯旺(Swan,1956)等为代表的一批经济学家修正了这一假定,以总量生产函数为基础,提出了新古典经济增长理论[129,130]。该理论将总量生产函数和储蓄率不变的假设相结合,从供给方面入手,构建了关于经济增长的一般均衡模型。在新古典经济增长理论中,经济体系的增长源于储蓄率、人口增长和技术进步等外生因素,并进一步指出与落后的国家或地区相比,发达国家或地区由于资本充裕,资本的边际生产力较低,因此资本将从发达国家或地区流向比较落后的国家或地区,最终实现经济增长的趋同。新古典经济增长理论的主要贡献在于把经济增长研究的重点明确地转移到技术进步上来,强调了技术进步对经济增长的推动力量。虽然索洛利用模型推导出了长期内一国的区域经济会逐渐收敛至发展均衡,但是关于经济增长因素的探讨仍然落脚于宏观视角,并未考虑区域因素。具体来看,新古典经济增长理论对区域经济增长问题的探讨,包括完全竞争下的新古典区域经济增长理论和垄断竞争下的新古典区域经济增长理论即资本创造理论,本书将分别对这两种理论展开论述。

(1)完全竞争下的新古典区域经济增长理论

到 20 世纪 60 年代,包括博茨、斯坦、罗曼斯和希伯特在内的区域经济学家,为解释当时一些地区出现的人均收入区际收敛现象,开始把区际系统的开放度纳入到标准的新古典经济增长理论中来,构建了以市场完全竞争,规模收益不变,一个地区的经济增长源于资本、劳动力和技术进步这三种生产要素的区内供给和区际流动为假设前提的,完全竞争下的新古典区域经济增长理论模型。该理论将经济增长和生产要素的区际流动结合起来,把经济增长的解释变量从本国或本地区的自身积累扩展到自身积累和外部流入,强调生产要素的区际流动在推动经济增长方面的决定性作用。然而这一理论仍然没有考虑空间聚集经济和规模经济,忽视了现实经济的块状特征,也没有说明生产要素区际流动的机制。完全竞争下的新古典区域经济增长模型为上市公司促进区域经济发展问题提供了新的思路,根据该理论,区域经济的增长来自资本、劳动力和技术进步这三种生产要素的区内供给和区际流动,而上市公司在资金筹集、技术创新和人才吸引方面特有的优势将对本区域经济发展提供相应的要素支持,是本书研究的重要理论基础。

（2）垄断竞争下的新古典区域经济增长理论

由于现实中,许多区域经济现象都会涉及到规模经济和垄断竞争的市场结构,因此,20世纪末,鲍德温（Baldwin）以垄断竞争和规模报酬递增为基础,在克鲁格曼（Krugman）的核心-边缘模型指导下,提出垄断竞争下的新古典区域经济增长理论,即资本创造理论[131]。资本创造理论引入资本创造和资本折旧两个变量,认为资本增加是区域经济增长的关键。在该理论中,资本在区域间是不流动的,因此,资本创造与资本损耗的速度,就决定了一个国家或地区的经济是增长还是衰退①。随着资本的创造和折旧,市场份额的空间分布开始发生变化。一方面,资本份额的空间转移引起市场份额的空间转移,进一步作用于资本区域收益率的差异,这种收益率的空间差异反过来又会对资本份额的空间配置产生影响,形成需求关联的循环累积因果关系,促使产业集聚,成为集聚力;另一方面,资本的空间集聚还引起市场的拥挤效应,提高市场竞争的激烈程度,从而促进资本空间发散的力量。聚集力和发散力的相互作用构成产业空间分布的动力机制。在引入托宾Q值的基础上,资本创造模型认为当出现资本生产速度等于资本折旧速度时,该区域就实现了经济增长的长期均衡,并进一步对长期均衡时资本存量的决定、市场份额的确定、产业分布状况及市场份额对产业分布的影响进行了深入的探讨。

资本创造理论,将区域经济特征与经济增长的促进因素紧密结合起来,探讨了资本作为区域经济增长的关键因素,是如何促进区域经济增长的。由于该模型不存在内生的资本创造过程,与完全竞争框架下的新古典区域经济增长理论

---

① 表现为经济繁荣的地区能够创造出更多的资本,从而使该地区的资本存量增加,区域的产业份额也随之扩大,衰退地区则反之;有吸引力的区域通过更多的创造资本能获得更高的产业生产份额,没有吸引力的区域则因为资本折旧而损失产业生产份额。

一样,区域的经济增长过程都是外生的。但是在经济增长与经济区位的关系的探讨以及经济一体化等问题方面,资本创造理论包含了不同于传统经济增长理论的一些新的含义。上市公司作为生产产品和提供劳务的经济实体,一方面,必然依托于一定的地域空间,以其产品和劳务在一定辐射半径内从事经营活动,具有区域性属性,是区域内相关产业发展的核心企业,能够带动区域内中小企业的集聚;另一方面,上市公司通过资本市场筹集资金,作用于本区域内的资本创造,有助于带动区域经济的发展。因此,资本创造理论对本书关于上市公司促进区域经济发展问题的探讨具有重要的理论参考价值。

3. 新增长理论框架下的区域经济增长理论

虽然新古典经济增长理论强调技术进步在经济增长中的作用,但它没有对技术进步的源泉和途径等问题给出有说服力的解释。另外,各个国家或地区经济增长事实与新古典经济增长理论的预言呈现出较大的差异性。鉴于新古典经济增长理论在解释这些经济现象方面的欠缺,20世纪80年代中期,以美国经济学家保罗·罗默(Paul Romer)、卢卡斯(Lucas Paul)和英国学者斯科特(M. P. G. Seott)等为代表的经济学家,运用数学化、微观化的新方法,结合当前国际经济增长中出现的新问题,将新古典理论下外生的技术进步内生化,提出了新增长理论,即内生增长理论。该理论以资本的规模收益递增为前提,以经济增长只依靠资本积累驱动为假设,探讨经济持续增长的决定因素①。新增长理论大体上沿着两个方向发展:一是把知识积累看作是经济增长的原动力,二是把资本作为经济增长的关键。两者分别以罗默(1986)的知识溢出模型和卢卡斯(1988)的人力资本溢出模型为代表。

分别来看,罗默在对阿罗的干中学模型做出重大修正和改进的基础上,于1986年提出了知识溢出模型[132]。在他的模型中,知识是生产函数中的一个独立变量,私人厂商为追求利益最大化,有动力对知识或技术进行投资。为了说明即使在人口增长率为零时知识积累也足以保证经济实现长期增长,罗默假设知识具有足够强的溢出效应,而且知识溢出足以抵消由固定生产要素的存在而引起的知识资本边际产品递减的趋势,从而使知识投资的社会收益率保持不变或呈递增趋势。因此,只要不存在知识耗竭的趋势,技术进步就能够解决总量水平上的收益递减问题,就能保证经济的长期增长。另一个重要的内生增长理论模型就是人力资本溢出模型,20世纪60年代,宇泽泓文(Uzawa. H)根据舒尔茨的人力资本理论[133],构建了一个两部门模型,强调人力资本在经济增长中的作用。卢卡斯(1988)吸收了宇泽泓文的建模思想,把舒尔茨的人力资本理论和索

---

① 这里的因素包括物质资本(机器设备)、人力资本(技能)和知识资本(技术)。

罗模型结合起来,构建了人力资本溢出模型[134]。将人力资本看作是索罗模型中技术进步的另一种形式,整个经济系统的外部性是由人力资本的溢出效应所导致的。另外,卢卡斯还吸收了阿罗的干中学模型的思想,认为人力资本还可以在实践中得到积累。

与古典经济增长理论相比,新增长理论强调经济增长的内生性,技术进步的决定性,以及政府干预的必要性①,是对传统经济增长理论的一次重大修正。但是,新增长理论在探讨国家之间经济增长差异时,仍把每个国家都看作是一个点,尽管有些模型提到了知识的空间溢出问题,但没有将空间因素纳入到该模型框架中来,同样难以解释经济活动在空间上的块状分布特征。为了进一步探讨空间因素对经济增长的影响,格罗斯曼和赫尔普曼(Grossman 和 Helpman,1991)提出了基于开放条件下的内生经济增长模型,认为本地化的外溢只存在于某些国家或地区之内,解释了国家或地区间经济增长率和人均产出水平存在差异的原因,并进一步探讨了为什么这种差异不会随着时间的推移而减少,从而使核心—外围均衡成为可能[135]。但是,在他们的模型中,地理区位的作用并不遵循模型本身,产业的地理区位分布仍然是由外生决定的,经济增长的内生化也没有延伸到地理的作用。

自 20 世纪 90 年代以来,由克鲁格曼(Krugman)等人开创的新经济地理理论可以看作是对经济活动空间维度的重新审视,他们试图把空间问题再次纳入到经济理论中,经济活动的区位选择得到了前所未有的重视。然而以克鲁格曼、奥塔维诺(G. Ottaviano)等为代表的新经济地理学派,为分析方便只单一考虑了劳动力生产要素,技术进步作为经济持续增长的关键因素却被排除在模型之外[136,137,138]。可见,只包含劳动要素的新经济地理模型并不适合研究经济增长问题。1999 年,马丁和奥塔维诺首次把新增长理论方法引入新经济地理理论的研究框架,详细探讨了空间因素对经济增长的影响,形成了含有空间维的内生区域经济增长理论——全域溢出模型[139];此后,鲍德温(R. E. Baldwin)、马丁(P. Martin)和奥塔维诺在全域溢出模型的基础上,又建立了更贴近现实的局部溢出理论模型[140]。下面,本书将对这两个含有空间维的内生区域经济增长理论进行详细论述,为上市公司促进区域经济发展提供理论支撑。

含有空间维的内生区域经济增长理论——全域溢出模型。该模型主要考察

① 与古典经济增长理论相比,新增长理论认为,首先,经济增长是经济系统中内生因素作用的结果,在存在外部性或垄断因素条件下,经济可以实现持续的均衡增长;其次,技术进步是追求利润最大化厂商进行投资的结果,这种内生的技术进步是经济增长的决定因素。技术(或知识)、人力资本的溢出效应是经济实现持续增长的不可或缺的条件;最后,政府的经济政策能够影响经济的长期增长率,通常情况下,政府为研发、教育和培训等提供补贴有助于促进经济长期增长。

了知识资本（技术）的全球性溢出对经济增长的影响。在全域溢出模型中，知识和技术仍然作为经济内生增长的驱动力，受经济区位内生变化的影响，知识和技术的空间溢出不可避免。作为准公共产品，知识和技术既可以被创造者使用，也可以被其他人利用，当某个区域发生集聚时，受前向和后向联系的累计循环作用，当地的资本收益不断提高，伴随资本存量"溢出效应"的产生，资本创造成本不断降低，新资本开始形成，进而促进资本积累。全域溢出模型具有许多不同于传统经济增长理论的新含义，如经济的内生增长、经济增长强化区位优势、经济"增长极"和"塌陷区"、区际永久收入差异、经济一体化内涵等。虽然全域溢出模型将空间因素纳入了经济增长模型，但是却假定知识资本的溢出不存在衰减规律，因而知识溢出对任何区域的影响是相同，不管其离知识资本源地距离的远近。因此，尽管该模型包含了空间维度，但空间维度对经济系统的影响是"中性"的，这与现实经济不符。为了解决这种空间的中性问题，局部溢出模型应运而生。

含有空间维的内生区域经济增长理论——局部溢出模型，该模型主要考察了知识资本（技术）的本地溢出对经济增长的影响。在全域溢出模型中，长期的均衡增长率与资本的空间分布是无关的，这种"空间中性"的结果源于全域溢出模型假设知识资本溢出效应不存在空间的衰减，在任何地区，现存的所有知识资本对新资本形成成本的影响是一样的，这种假设忽略了在知识传播过程中空间距离的重要作用，然而国际间或区际间的知识和技术溢出并不是全球性或全域性的，即知识或者技术的溢出强度随着空间距离的增加而减弱，距离技术研发中心或者知识创造中心越远，溢出的知识和技术越少。很多学者通过实证研究亦证实了知识溢出强度和空间距离之间的衰减关系，正是基于对知识和技术空间溢出的此种认识，2001年鲍德温、马丁和奥塔维诺在全域溢出理论模型的基础上引入知识和技术空间溢出衰减规律，建立了更贴近于实际的局部溢出模型，分析了溢出效应对经济活动空间分布，以及对内生经济增长的影响。局部溢出模型与全域溢出模型最大的不同点在于对资本生产成本的假设，在局部溢出模型中知识的溢出包括本地溢出和外地溢出，认为所有本区资本存量的溢出效应全部影响本区，而其他区域资本存量对本区溢出效应是随距离增加而减少，这样就将本地资本存量和外地资本存量分割开来。因此，在资本生产成本受到经济系统资本存量空间分布影响的前提下，均衡时的经济增长率将同区位息息相关。与全域溢出模型相比，局部溢出模型还包括内生增长为聚集力、知识溢出为分散力、非均衡战略与经济起飞和有条件的福利补偿作用四个方面的全新的含义。

根据新增长理论以及含有空间维的内生区域经济增长理论，物质资本（机器设备）、人力资本（技能）和知识资本（技术）等生产要素是经济增长的决定性因素,而上市公司在资金筹集、人才吸引、技术和管理创新方面的特有优势,能够增加本区域相应的资本存量,影响区域经济发展。另外,上市公司在吸引、留住人才的基础上,在技术创新的过程中,通过人力、知识、技术的溢出效应,会对本区域和周边区域、对本产业和其他产业产生影响,从而带动中小企业围绕上市公司集聚,促进整个区域经济的发展。新增长理论以及含有空间因素的全域溢出模型和局部溢出模型,是本书研究的重要理论基础,为本书的研究提供了理论支持。

三、本章小结

本章在对上市公司与区域经济发展概念进行界定的基础上,从企业理论、区位理论、产业结构理论、区域经济增长理论四个方面展开,对上市公司影响区域经济发展的相关理论进行梳理和总结,为后续研究奠定了理论基础。首先,上市公司是指发行股票经过国务院或者国务院授权的证券监管部门批准后,在证券交易所上市交易的股份有限公司。作为微观企业主体,上市公司借助于资本市场,在资金筹集、人才吸引、技术和管理创新方面的特有优势,这不仅是其区别于其他企业的典型特点,也是上市公司促进区域经济发展的关键所在。其次,考虑到上市公司对区域经济发展的作用范畴,本书将区域经济发展界定为由区域经济增长、产业结构调整和空间结构优化所带来的区域经济质量的提高。

上市公司对区域经济发展的影响研究,属于管理学与经济学交叉学科的研究范畴,涉及对上市公司和区域经济发展相关理论的探讨。本书从企业理论出发揭示上市公司作为企业这一微观经济主体的本质和在市场经济中的地位;着眼于区位理论,考察上市公司在区位选择过程中的驱动因素;以产业结构理论为基础,探讨产业结构的演变规律和调整方向;最后落脚于区域经济增长理论,厘清区域经济增长的决定性因素,并以区域经济增长模型为分析工具,详细解释了上市公司通过人力、知识、技术和管理的溢出效应在带动中小企业集聚、促进区域经济发展中扮演的角色和发挥的作用。

第二章 上市公司影响区域经济发展的机制与作用

一、上市公司影响区域经济发展的作用机制

作为区域内创造财富的微观企业主体,上市公司对区域经济发展的贡献,不仅直接体现在通过吸收和整合生产要素,投入生产经营,作用于产出增长以增加区域财富上;更体现在上市公司通过借助资本市场,凭借其在资金筹集、人才吸引、技术创新、管理创新方面的优势能力,作用于区域资本积累、区域人力资本质量提高、区域技术创新与管理创新,实现区域市场繁荣和区域经济协调发展上。上市公司对区域经济发展的显性与隐性的影响无不是借助于要素集聚机制、外部效应机制、市场共享机制和发展关联机制实现的。接下来,本书将对上市公司影响区域经济发展的作用机制展开详细的论述。

(一)要素集聚机制

所谓要素集聚(factor-gathering)是指资本、人力、技术、知识、管理、制度等经济要素在区域经济发展中相互联系、相互影响的过程,即要素合作的过程[141]。根据资源禀赋理论,自然资源分布的不均衡性在一定程度上必然导致生产要素空间不均匀,呈现出集聚分布状态。经济要素的空间集聚分布,反映在产业层面上就是产业集聚。借助资本市场,上市公司特有的要素吸引与配置能力以及上市公司的初始区位选择是要素集聚的先天禀赋;而上市公司通过对区域内中小企业的吸引,带动中小企业集聚是要素集聚的后天条件。上市公司影响区域经济发展的要素集聚机制,就体现为上市公司通过整合资金、人才、技术与管理创新等优势要素,实现各要素的协同作用,并进一步借助溢出效应和扩散

效应,进而以"搭便车"的方式对围绕上市公司集聚的中小企业以及整个区域产生持久的影响力[142]。

一方面,资源配置是企业固有的功能,而上市公司作为优秀企业的典型代表,借助于资本市场,在资金、人才、技术与管理等要素的整合与配置方面具有显著的优势。具体来看,资本市场的核心功能是资源配置功能,上市公司作为资本市场上的微观企业主体,是通过价格发现机制与信息传导机制借助资源配置功能实现要素集聚的,如图2-1所示。一般来讲,资源的流向是通过价格引导的,真实的价格能够反映上市公司真实的价值。上市公司借助一级市场和二级市场的股票定价功能在发现其价值的同时,引导资源要素从价值低的上市公司流向价值高的上市公司。另外,作为信息传导机制的上市公司信息披露行为,引导社会资源不断流向效益好、回报率高、成长性好的上市公司的过程亦是资源配置与要素集聚的过程。

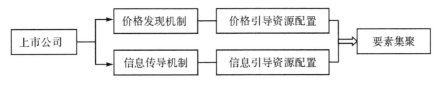

图 2-1 上市公司通过价格发现与信息传导引导要素集聚

另一方面,上市公司对区域内中小企业集聚的带动是通过供应链和价值链的战略管理实现的。上市公司通过将非核心业务和价值增值较低的业务外包给中小企业,必然带动中小企业围绕上市公司集聚。此时,上市公司所拥有的资本、技术、管理等高质量要素在扩散效应和溢出效应的作用下会流向这些中小企业。从而出现上市公司的资本、技术、品牌、管理、人才等高级生产要素向中小企业大量集聚,最终实现对整个区域经济发展的辐射和带动。上市公司影响区域经济发展的要素集聚机制具体如图2-2所示。

(二)外部效应机制

一般认为,外部性概念是"剑桥学派"创始人、新古典经济学完成者马歇尔(Marshall,1890)首次提出的[143]。虽然,马歇尔在当时并没有明确提出外部性的概念,但在1890年发表的《经济学原理》中,他首创了"外部经济"和"内部经济"这一对概念。马歇尔在论述作为生产要素之一的"工业组织"时指出,任何一种货物生产规模扩大而发生的经济都可以划分为两类,即赖于这一工业的一般发达的经济和赖于从事这一工业的个别企业资源、组织和效率的经济,前者被称为外部经济,后者为内部经济。而且外部经济的获得,往往缘于众多性质相似的

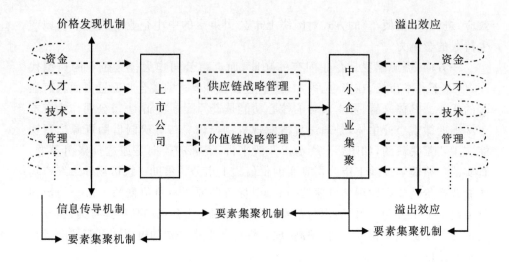

图 2-2　上市公司影响区域经济发展的要素集聚机制

小型企业在特定地点的集中,也就是通常所说的工业地区分布。经过系统的分析,马歇尔进一步指出任何货物总生产量的增加,一般会增大相应企业的规模,提高内部经济性;同时,伴随总生产量的增加也会带来外部经济的增加,即与以往相比,它能以较少的劳动和代价来制造货物。实际上,马歇尔把因企业内分工而带来的效率提高称作是内部经济,而把企业间分工导致的效率提高称作是外部经济。

　　1920 年,马歇尔的得意门生,福利经济学创始人庇古(Pigou),首次用现代经济学方法,从福利经济学角度,系统研究了外部性问题[144]。在马歇尔的"外部经济"概念基础上又补充了"外部不经济"的概念和相关内容,将外部性问题的研究主体从企业扩展到居民。与马歇尔强调企业活动从外部受到影响不同,庇古更关注企业活动对外部的影响。庇古将"私人边际成本"和"社会边际成本"、"边际私人纯产值"和"边际社会纯产值"等概念作为理论分析工具,形成了静态技术外部性的理论研究框架。庇古认为在现实世界中,私人边际成本与收益和社会边际成本与收益并非是恒等的,并用灯塔、交通、污染等一系列例子来说明经济活动中存在外部性现象,进而提倡依靠政府征税或补贴来解决经济活动中广泛存在的外部性问题,由此,作为政府干预经济、消除经济活动中外部性有力措施的"庇古税"得以产生。可见,庇古对于外部性的讨论,着重在于企业的负外部性行为,即"外部不经济"行为,以及如何减少直至消除这种负外部性影响。

　　虽然庇古的"外部经济"和"外部不经济"概念是从马歇尔那里借用和引申来的,但是庇古赋予这两个概念的意义是不同于马歇尔的。与马歇尔强调企业活动从外部受到影响不同,庇古更关注企业活动对外部的影响,并将马歇尔的外部性理论大大向前推进了一步。此后,阿温·杨(A. Young)在其1928年发表的论文《收益递增与经济进步》中系统地阐述了动态的外部经济思想[145]。有别于在产业内对厂商和产业的分析,所谓动态的外部性是指由产业增长所带来的劳动分工的扩大和专门从事新活动厂商的出现,其中有一部分厂商专门为其他厂商开发资本设备或为之服务,即形成现代意义上的供应、生产、销售、服务的产业链。该思想后来发展成为欠发达国家的"平衡增长"学说和"联系效应"学说。

自第二次世界大战以来,关于外部性的研究日渐繁荣,主要沿着以下三条路径向前推进:第一,遵循庇古的研究,对众多的外部不经济现象如交通拥挤、环境污染等问题展开深入的探讨,尤其是使环境外部性问题得到了广泛的关注。第二,针对外部性,尤其是外在不经济问题,提出了众多的"内在化"途径,除传统的政府干预方式如"庇古税"外,1960年罗纳德·科斯提出了明晰产权的思路[146]。① 第三,沿着马歇尔,尤其是杨格,对"规模经济",即动态的外部经济思路进行发展。如1970年齐普曼(J. S. Chipman)的《规模的外在经济与竞争均衡》一文,再次继承了这一思想[147];1986年芝加哥大学保尔·罗默在《政治经济学杂志》上发表了《收益递增与长期增长》一文,首次系统地建立了一个具有外部性效应的竞争性动态均衡模型[148];1988年罗伯特·卢卡斯(Robert Lucas)在《货币经济杂志》上发表了《论经济发展的机制》一文,明确地把人力资本的外部性效应当作经济增长的一个重要因素,对人力资本的外部性效应在经济增长中的重要作用予以肯定[149]。

本书关于上市公司促进区域经济发展外部效应机制的探讨,正是基于马歇尔和杨格的动态外部经济思路展开的,尤其是借鉴了罗默和卢卡斯的外部效应观点,在分析上市公司资金筹集、人才吸引、技术和管理创新等优势能力的基础上,通过人力资本的外部效应、技术和知识的溢出效应,以及管理示范效应来探讨上市公司影响区域经济发展的作用机制。正如Michael E. Porter(1990)指出外部经济是由产业环境或一群企业活动产生的利益[150]。由此,本书重点关注上市公司作为财富创造者,在进行生产、创新和管理活动的同时,给区域经济发展带来的正的外部性,也就是外部经济性,而上市公司在类似环境污染等方面的外部不经济行为不属于本书的研究范畴。除此之外,上市公司借助产业传导机

---

① 直到20世纪60年代之前,经济学界基本上沿袭了庇古的传统,认为应该引入政府干预来解决因外部性引起的资源配置的非帕累托最优问题。科斯的长篇论文《社会成本问题》引起经济学界的高度重视,他提出了产权界定和产权的安排在经济交易中的重要性,认为对于经济活动中的外部性问题,无需政府干预经济交易,市场是最有效的。

制,通过强化产业集聚发展区域经济也是外部效应机制发挥作用的途径。产业的增长得益于产业集聚所产生的外部经济性,产业集聚对区域经济发展外部效应机制则体现在 MAR 外部性①、Jacobs 外部性②和 Porter 外部性③三个方面[151,152,153]。虽然在不同的区域发展环境下,在不同的产业范围内三种外部性作用的效力有所不同,但是产业外部性理论为产业增长对区域经济发展促进作用的探讨提供了支持,是上市公司借助于产业机制促进区域经济发展的重要途径。上市公司影响区域经济发展的外部效应机制具体如图 2-3 所示。

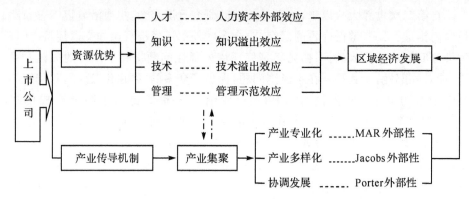

图 2-3　上市公司影响区域经济发展的外部效应机制

(三)市场共享机制

区域经济是在一定的区域市场体系下运行的。区域市场作为市场发育在空间上的表现形式,是一种以区域分工为基础、以地理空间为依托、以城市为结点的市场空间形态,是区域经济发展与合作的基础[154]。区域市场通过价格机制、供求机制和竞争机制的相互作用,承载着深化区域分工,实现区域交换,促进区

---

① MAR(Marshall-Arrow-Romer)外部性,是在对 Marshall、Arrow 和 Romer 关于外部性思想总结与梳理的基础上形成的,认为外部性主要来源于同一产业内各企业之间,产业内企业的区域集聚,有利于产业内竞争、模仿和资源流动,从而产生知识外溢与扩散,在促进产业增长的同时实现区域经济的繁荣。MAR 外部性强调产业专业化带来的外部经济性。

② Jacobs(1969)认为外部性来自不同产业间的企业,产业多样化所产生的知识、技术等外溢更能给区域经济发展带来活力。与 MAR 外部性强调产业专业化带来的外部经济性不同,Jacobs 外部性则更强调产业多样化所带来的外部经济性。对产业专业化发展还是多样化发展的探讨,归根到底是关于垄断与竞争市场的探讨,MAR 外部性理论崇尚垄断对产业增长的作用,而 Jacobs 外部性理论则更倡导高度竞争的市场环境。

③ Porter(1990)在认同 Jacobs 市场竞争的基础上,认为外部性主要来自同一产业内大量企业因集聚而产生的创新,正是产业内企业的不断创新才能够促进产业增长和区域经济发展。

域要素流动,调整区域经济结构,提高区域经济效率的使命,对区域经济健康、有序发展至关重要。区域市场的培育与发展必须强调其开放性特征,尤其在全球化和信息化的经济发展背景下,寻求区域市场的一体化发展路径,建设区域统一开放市场,通过区域市场共享商品、服务、资本等对区域经济发展尤为重要。

然而,在我国特有的分权式改革下,地方政府对政绩的无限追求,必然导致区域市场分割局面的出现,阻碍了商品、服务、人力、技术、资本等要素在区域市场间的自由流动[155]。区域市场的人为分割,无疑是阻碍区域经济发展的桎梏。上市公司借助于资本市场,作为股票交易对象,具有跨区域、跨国界的公众公司属性,是加强区域市场联系的重要纽带;同时,上市公司作为生产某种产品和提供劳务的经济实体,又必然依托于一定地域空间,并以其产品和劳务在一定辐射半径内从事经营活动,具有一定的区域属性。与其他企业不同,借助于资本市场,上市公司一方面具有良好的市场知名度和社会认可度,能够进行跨区域的物资采购、产品生产与产品营销;另一方面通过并购重组,上市公司能够快速实现规模的跨区域扩张,从而在多个区域市场上进行研发、生产和销售,并从就近市场上配置资金、人力、技术等生产要素。

上市公司大规模生产、大规模研发、大规模营销和大规模投融资的过程就是整合区域资本市场、区域产品市场和区域要素市场的过程,也是上市公司借助于市场共享机制服务区域经济发展的过程。表现为:首先,上市公司通过跨区域的生产和销售,能够实现产品、服务等的区域交换,促进商品、人力、资本、技术等要素的区域流动,实现资源的合理配置,从而有助于专业化市场的形成[156];其次,上市公司借助于资本市场的资源配置功能,在保证稀缺资源最优配置的基础上,通过降低交易成本和深化社会分工能够实现产业的规模经济和规模效益,进一步借助于区际贸易能够推动区域价格体系和价格信号的形成与完善;最后,上市公司借助规模经济、竞争与合作等,通过对区域市场结构、市场行为和市场绩效①施加影响,能够不断完善区域市场体系建设,促进区域市场发育,进而服务区域经济发展。上市公司影响区域经济发展的市场共享机制具体如图 2-4 所示。

---

① "市场结构(market structure)——市场行为(market conduct)——市场绩效(market performance)"(简称 SCP 分析框架),作为对市场体系分析的主流范式,结构、行为和绩效之间的因果关系一直是哈佛学派和芝加哥学派长期争论的焦点。无论是市场结构决定市场绩效,还是市场绩效决定市场结构,调整和改变不合理的区域市场结构,使区域市场保持最优资源配置效率,获得理想市场绩效,都是促进区域经济发展的必经之路,而上市公司在这个过程中则发挥着不可替代的作用。

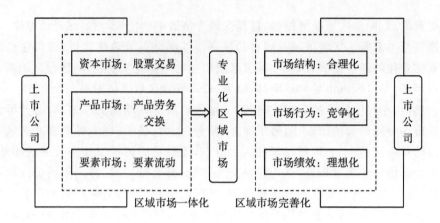

图 2-4 上市公司影响区域经济发展的市场共享机制

(四)发展联动机制

区域经济发展离不开政府、企业和个人的参与,尤其是创造财富的微观企业主体,在区域经济发展中扮演着重要的角色,发挥着关键的作用。而上市公司作为优秀企业的典型代表,对区域经济发展的促进作用更是不容忽视。上市公司借助资本市场,一方面通过市盈率等指标反映实体经济与虚拟经济的发展水平与发展能力,是产品市场与资本市场的桥梁和纽带;另一方面通过资金筹集、资源配置,在提高自身发展能力的同时,以其自主创新性、内生积累性、市场竞争力和社会影响度,成为带动区域经济发展最具活力的微观主体,是区域经济发展的源动力和加速器[157]。目前国内外学者的研究均证实,以资本市场为依托的上市公司对区域经济发展产生重要作用,指出发展区域经济必须加强对上市公司的培育,将上市公司发展优势转化为区域经济优势,增强区域经济实力。

上市公司对区域经济发展的影响不仅直接体现在以区域财富创造为目的的产出增长上,更体现在上市公司与区域经济发展要素的直接关联与耦合上。上市公司作为资本市场的重要组成部分,凭借其在资金筹集、人才吸引、技术创新与管理创新方面的显著优势,借助于发展关联机制,从区域经济增长、区域产业结构调整和区域空间结构优化三个维度对区域经济发展具有重要的影响。首先,上市公司在资金筹集、人才吸引、技术和管理创新方面的优势属于西方经济学家界定的经济发展要素范畴,能够直接作用于产出增长,贡献区域经济;其次,作为微观企业主体,上市公司是构成产业的基本载体,上市公司自身实力的不断增强能够作用于产业发展,并通过产业传导机制促进区域经济发展;最后,上市公司区位选择及对其他企业的带动与辐射,必然引起区域空间结构发生变化,并通过空间传导机制作用于区域经济发展。上市公司影响区域经济发展的发展联动机制具体如图 2-5 所示。

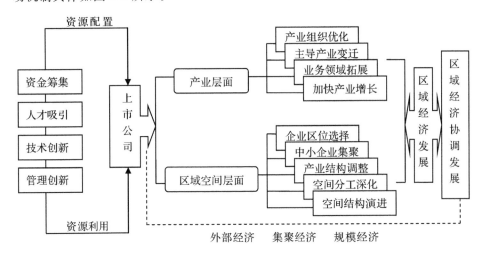

图 2-5　上市公司影响区域经济发展的发展联动机制

除此之外，上市公司作为衡量区域经济发展水平的重要标志，对统筹区域经济协调发展亦具有重要的意义[158]。就我国来看，上市公司的不均衡分布是造成区域经济发展水平存在差异的重要原因，以上市公司为核心，借助政府与市场的双重力量是统筹区域经济协调发展的微观路径选择。陈秀山、杨艳（2009）指出，科学发展观下的区域经济协调发展，就是在区域经济发展过程中，努力实现空间经济效率与区域公平的统一；在区域经济关系协调中，努力实现区域合作与区域竞争的统一；在区域资源开发利用、产业分工、市场一体化进程中，建立有助于实现区域长期合作的利益共享机制是实现区域经济协调发展的关键[159]。即空间效率与区域公平、区域合作与区域竞争、利益协调与利益共享是区域经济协调发展的基本要求[160]，而上市公司与区域经济协调发展的三大基本要求则存在高度的内在一致性。

首先，就空间效率与区域公平来看。改革开放前我国实施的均衡发展战略虽然保障了东中西部的相对公平，但却是低效率的公平；改革开放后，不平衡发展战略的实施，使东部地区迅速崛起，在全国范围内形成东中西三大经济区域，结果发展效率提高的同时出现了严重的不公平；2000 年后，为缩小东部与中西部地区经济差距实施非均衡协调发展战略，并未取得明显效果，区域差距仍然存在。空间效率与区域公平是一个矛盾的统一体，要想缩小区域差距实现区域公平，就必须提高区域空间效率，而在整个过程中，区域内上市公司则发挥着重要作用。中西部地区只有加快培育上市公司,借助上市公司在资金、人才、技术、管理等方面的显著优势和持久的自我发展能力才能提升其空间效率。一旦中西部地区上市公司成长并不断壮大起来,将逆转要素向东部集聚的单向流动趋势,既保障了经济发展源头、过程的相对公平,同时又能进一步提高全国范围的空间经济效率,实现空间效率与区域公平的统一。

其次,就区域合作与区域竞争来看。企业作为区域经济活动的主体,区域合作与竞争主要是通过企业间合作与竞争完成的[161],是企业资源流、商品流及生产联合的运行过程[162]。区域内上市公司,通过横向与纵向联合以及多样化经营而相互合作,在充分发挥各自比较优势的基础上,能够促进区域经济合理分工、各施所长、优势互补、协调发展,推动区域间多领域、多层次、多形式经济关系的形成,实现区域经济联动发展。上市公司在利用当地比较优势,相互合作以获得资源互补利益、追求低生产成本、避免竞争性内耗、共担研发风险、抵御外来竞争的同时,能够将合作优势转变为上市公司自身竞争优势,并作用于区域竞争力。区域竞争是发展质量的竞争,区域合作是互惠互利的合作,统筹区域经济协调发展就是在寻求良好竞争合作之后产生的必然结果[163]。通过区域内上市公司的合作与竞争提升区域整体综合实力和竞争力,是区域协调发展重要的策略和手段。

最后,就区域利益协调与利益共享来看。统筹区域经济协调发展是在中央政府主导下地方政府配合的"宏观运营系统",强调在政府和市场共同作用下,建设统一、开放、竞争有序的市场体系,促进区域间形成优势互补、分工协作、相互促进、良性互动的区域利益协调与共享机制。然而在当前我国财政分权、政绩晋升的制度背景下,行政区划与经济区划的割裂、地方政府利己与短视行为的存在,使得借助市场力量、发挥市场功能对建立区域利益协调与共享机制尤为重要。上市公司在降低交易成本和深化社会分工,借助区际贸易推动区域价格体系和价格信号的形成和完善方面具有重要作用,并通过不断完善区域市场建设、促进区域市场发育,在建立全国统一市场方面发挥着不可替代的作用。随着全国统一市场的形成,各个区域将成为利益统一体,通过区际商品交换,借助区域竞争与合作,实现区域经济发展"多赢"的过程就是各个区域利益协调与共享的过程,亦是统筹区域经济协调发展的过程。

二、上市公司影响区域经济发展的要素层面

区域经济发展,离不开政府、企业、个人的参与。尤其是作为微观经济主体

的企业,通过整合资金、人力、技术、管理等生产要素为社会源源不断地创造财富。最早从企业层面探讨经济发展的是斯密和李嘉图,他们认为经济发展是企业在市场机制作用下追求自身利益的结果。此后,科斯从资源配置角度,运用交易费用理论,对企业的性质进行详细论述,强调企业与市场在资源配置方面的替代性。然而,企业对资源的配置实际上是市场资源配置基础上的再配置过程,企业并没有替代市场,企业与市场之间应该是一种互补关系[164],企业通过配置资源和利用资源以创造财富才是企业与市场最本质的区别,也是企业推动区域经济不断向前发展的动力所在[165]。

上市公司作为优秀企业的典型代表,借助于资本市场,在资金筹集、人才吸引、技术创新、管理创新方面的特有优势,是上市公司在资源配置和资源利用方面优于区域内其他企业的显著特征,也是上市公司在社会财富创造和促进区域经济发展中发挥不可替代作用的关键所在。接下来,本书将从上市公司资金筹集效应、上市公司人才吸引效应、上市公司技术创新效应以及上市公司管理示范效应四个方面展开,从要素层面对上市公司影响区域经济发展的作用机制展开论述。

(一)上市公司资金筹集效应

资金对于企业犹如血液对于人体,是企业生产经营正常进行的前提,也是企业扩大再生产的保障。资金链一旦断裂,包括采购、生产、销售、资金筹集、投资、管理等在内的整个企业系统将处于瘫痪状态,企业也因此会面临破产风险。借助于资本市场,上市公司通过股票和债券资金筹集能够快速获取大额资金,有着得天独厚的资金筹集优势,为上市公司提供了便利快捷和长期稳定的资金筹集渠道。相对于债券资金筹集,目前我国上市公司不论从资金筹集规模还是资金筹集形式上都具有较强的股票资金筹集偏好①。接下来,本书对上市公司资金资金筹集效应的论述,则主要从股票资金筹集形式及股票资金筹集效应展开。

1. 上市公司股票资金筹集形式

所谓股票资金筹集,是指上市公司通过股票发行与交易以筹集资金的行为。上市公司股票发行包括首次发行和再次发行,对应的,股票资金筹集形式有首次公开募股资金筹集和通过增发新股或配股再资金筹集两种。具体来看,首次公

---

① 这主要是因为目前我国资本市场仍处于弱势有效阶段,一方面上市公司的股东监督力度薄弱,另一方面上市公司经理层不愿意承担债务违约和企业破产的风险,直接导致了上市公司的机会主义行为。我国资本市场发展之初,试图通过资本市场,特别是股票市场来解决企业资金匮乏问题,这就直接导致我国过度重视资本市场的资金筹集功能,忽略了其资源优化配置等其他功能,也导致了资本市场结构的失衡,使其存在明显的"强股市、弱债市;强国债、弱企业债"等特征。

开募股(initial public offerings,简称 IPO)是指上市公司通过证券交易所公开向投资者发行股票,筹集资金的行为;增发新股或配股则是上市公司首次公开募股成功,取得上市资格后,为筹集所需资金而采取的一种再融资行为。其中,增发新股是指上市公司以向社会公开募集方式增资发行股票的行为;配股是指上市公司向原股东发行新股、筹集资金的行为①。我国相关法律法规对于上市公司首次公开募股资金筹集、增发新股和配股资金筹集的条件、期限、数量、价格确定以及发行程序等作出了严格规定,上市公司必须遵守,一旦出现违规行为,将面临处罚甚至退市的风险。

2. 上市公司股票资金筹集效应

资金筹集作为企业生存和发展的前提条件,对企业具有决定性意义。上市公司通过股票资金筹集促进区域经济发展,不仅体现在促进其自身发展以增加财富创造上,还体现在通过区域资本积累以扩大和优化区域资本存量上。具体来看,上市公司通过在一级发行市场,以 P_0 的发行价格,发行股份 Q,为简单起见,与股票发行相关的发行费用、中介费用忽略不计,则筹集资金 P_0Q,进入实体经济领域参与上市公司生产经营,记入上市公司所有者权益类账户②,并以股东权益收益率 α,实现 αP_0Q 的净利润创造,直接增加区域财富,从价值增值上实现区域资本积累,实现实体经济层面对区域经济的促进作用,具体如图 2-6 所示。

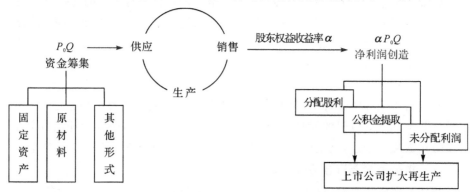

图 2-6 上市公司股票资金筹集效应在实体经济层面对区域经济发展的作用

---

① 虽然增发新股和配股都是上市公司再融资行为,但是配股仅是向老股东配售,而增发新股的发行对象是包括老股东在内的资本市场上所有投资者。除此之外,根据证监会 2006 年 5 月发布的《上市公司证券发行管理办法》第十二条与第十三条的相关规定,二者在公司业绩条件、发行规模和资金筹集数量等方面受相关法律法规的约束也不同。就资金筹集数量来看,上市公司通过向原股东配股再次发行股票的,拟配售股份数量不超过本次配售股份前股本总额的 30%,再融资数量受到极大的约束。而增发新股则没有比例限制,可以依据上市公司拟投资项目所需资金而定。

② 具体来看,面值 1 元×Q 记入"股本";(P_0-1)Q 记入"资本公积"。

　　需要注意的是,股票资金筹集除了能够直接转化为价值增值以增加区域存量资本之外,对上市公司还具有其他重要的意义。首先,与其他资金筹集方式相比,股票筹集的资金记入上市公司的"股本"账户,属于所有者的永久性投资,不需要偿还,上市公司不会承受到期还本付息的财务压力;其次,股票资金筹集能够降低上市公司的负债比率,提高其资产的流动性与开放性,有助于提升上市公司的融资能力;最后,股票资金筹集能够有效地克服所有制障碍,促进上市公司资产的融合与扩张。股票资金筹集所带来的财富创造效益和资产融合与扩张效应,是上市公司促进区域经济发展的重要方式。当然,股票资金筹集并非百利而无害,高额的资金成本、原有股东控制权的稀释以及投资者与社会公众的监督,势必要求上市公司要权衡利弊充分有效地利用资本市场资金筹集功能。

　　同时,上市公司股票所有者通过二级交易市场,以 P_1 的价格出售 Q^* 份额的股票,当投资者 I_1 对该股票的预期价值高于价格 P_1 时,投资者 I_1 进场;当股票价格达到投资者 I_1 的预期 P_2 时,投资者 I_1 将股票出售,若投资者 I_2 对该股票的预期价值高于 P_2,则投资者 I_2 入场,股票实现易手。此时投资者 I_1 赚到 $(P_2-P_1)Q^*$ 的差价,获得投资收益。只要上市公司经营状况足够好到能向市场传递其价值不断上升的利好消息,投资者的预期价格就会高于当前时点价格,当股票原持有者定价(如投资者 I_1 的预期价格 P_2)与新投资者定价(如投资者 I_2 的预期价格 P_3)存在分歧,交易就会一直持续下去,如图 2-7 所示。通过交易链条的无限延伸,上市公司股票投资者在二级市场交易获得投资收益,在提高区域内个人收入水平的同时能够扩大区域资本存量。而且一旦投资者将增值收益投入实体经济,就能够实现对实体经济存量资本新的培养。如此循环,上市公司通过股票资金筹集,将不断扩大区域资本存量,并使存量资本不断优化。

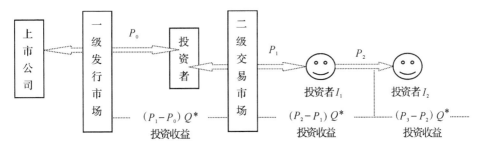

图 2-7　上市公司股票资金筹集效应在虚拟经济层面对区域经济发展的作用

(二)上市公司人才吸引效应

　　自配第关于人在财富创造中决定性作用论断"土地是财富之母,劳动是财富之父"开始,人力资本作为经济发展的重要因素,开始受到经济学家的广泛关注。从古典经济增长理论到以索洛、斯旺为代表的新古典经济增长理论,发展到后来的宇泽模型、舒尔茨模型,以及以罗默和卢卡斯为代表的内生增长理论,人力资本在经济发展中的作用,也从将其简单地对等于物质资本,外生于经济增长的朴素思想,发展为形成了内生于经济增长,受知识外溢和技术推动影响的,注重人力资本投资、研究和开发,侧重于劳动分工的,明晰和系统的人力资本研究框架。企业作为人力资本的重要载体,为人力资本作用发挥提供施展舞台的同时,也为人力资本质量提高提供了实践平台。

本书将从上市公司人力资本内部效应和溢出效应两方面对上市公司促进区域经济发展的作用发挥展开论述,在此基础上,重点强调了上市公司的企业家精神,上市公司人才吸引效应对区域经济发展的作用,具体如图 2-8 所示。

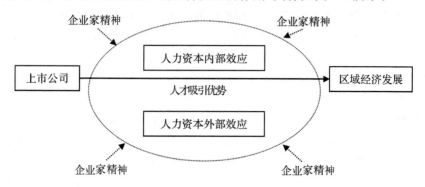

图 2-8　上市公司人才吸引效应对区域经济发展的作用

1. 上市公司人力资本内部效应

上市公司人力资本内部效应[①],表现为上市公司通过招聘、培训、激励等一系列措施吸引和留住人才,创造条件促进人力资本生产率不断提高,以满足上市公司经济利益的实现和财富创造的需要,进而促进区域经济的发展。上市公司与区域内其他企业相比,无论是在初期的人才招聘还是后续的人才保有方面都有显著优势。第一,上市公司借助资本市场大大提高了市场知名度和社会认可度,从而更容易获得广大消费者、投资者的信任和求职者的青睐,更容易吸纳高素质人才的加入;第二,上市公司较其他企业愿意花费更多的时间、精力与财力用于员工的后续教育、培训与深造,在引进人才的基础上更注重于用好人才和留住人才;第三,上市公司在激励人才方面也具有独特的优势,除了传统的物质激

---

① 　卢卡斯认为,人力资本既具有内部效应,又具有外部效应;所谓内部效应是指人力资本的拥有者从人力资本的增加中获益,提高自身的生产率;而外部效应是指人力资本的增长使其他人受益。

励、情感激励外,还可以利用股票期权计划来实现对管理层和员工的中长期激励,在实现管理层、员工和股东的利益尽可能一致的基础上,平衡企业的长期目标和短期目标,特别是关注企业的长期发展和战略目标的实现,达成管理层利益、员工利益、股东利益、企业利益的多赢。

2. 上市公司人力资本溢出效应

上市公司吸引人才促进区域经济发展的作用发挥不单单表现在通过人力资本内部效应来提高生产率来实现财富的创造上,更体现在通过人力资本溢出效应,对整个区域人力资本素质的提高上。早在1988年,卢卡斯就提出人力资本具有溢出效应[①],上市公司是区域内人力资本积累和外溢的重要来源。但是,上市公司人力资本的溢出效应不会自动产生,主要通过员工培训和人才流动两种途径实现。一方面,就员工培训效应来看。与其他企业相比,上市公司更重视对员工的培训。培训对象从基层操作员工到技术人员再到上层管理人员,涉及多个阶层,培训的内容涵盖管理、技能等各个方面,并采取研讨会、专家讲座或进入大学学习等多种形式。上市公司通过对员工的培训,有助于为当地培养一批高素质人才,提升区域人力资本水平,为区域经济发展奠定牢固的人力资本基础。另一方面,就人才流动效应来看。受上市公司规范经营运作模式、先进科学技术和管理经验、有效市场经营机制的影响,当上市公司员工转到区域内其他企业就职或自己设立公司时,就会使上市公司特有的人力资本优势发生溢出,因此上市公司人才流动是区域人力资本水平提升的一种重要方式,是区域经济发展不可或缺的过程。

3. 上市公司企业家精神

上市公司作用于区域经济发展的人才吸引效应,不仅包括熟练的操作工人、专业的技术人才、高端的管理人才,更包括顶层的企业家,以及企业家所具有的企业家精神。最早对企业家在经济发展中的作用进行阐述的是美籍奥地利经济学家熊彼特[166]。企业家是熊彼特经济体系的中心轴,无论是创新的主体、创新的主动力、成功创新的决定因素还是实现创新的经济条件,熊彼特都是围绕企业家展开的[167],他认为经济发展是企业家新构想实现的结果。企业家精神作为经济生活中最稀缺的人力资本资源,创新精神是最重要的元素;预测、决策、公关、组织、控制、意志品格等是企业家必备的能力;用不同以往的全新方法,把资源和条件的"新组合"引入生产体系,是企业家推动经济发展的关键所在。具体到上市公司,处于基层的员工是一般型人力资本,中层是专业型人力资本,顶层的才是企业家型人力资本。企业家虽然在上市公司人力资本存量中所占比重较低,但

---

① 在卢卡斯模型中,人力资本的溢出效应可以解释为,通过向他人学习或相互学习,一个拥有较高人力资本的人会对他周围的人产生更多的有利影响,提高周围人的劳动生产率,进而促进经济持续增长。

作用却非常重要,企业家是组织和制度创新的源泉,是其他人力资本作用发挥的保证。

落脚于整个区域环境来看,企业家精神就是企业家在日常经营活动中养成的,在区域人文环境和经济制度规范下不断形成的,以创新精神为核心,以风险承担精神为支撑的一种综合性的精神意志和精神品质。企业家精神是企业家们着手工作,寻求机会,通过创新和开办企业实现个人及企业目标,满足区域经济发展的一种精神追求[168]。企业家精神是区域经济发展中所有创新的开端,通过整合资源完成经济增值任务,带动区域创新氛围和创新环境的形成,以推动区域经济持续发展。无论是微软的比尔·盖茨、苹果的乔布斯,还是腾讯的马化腾抑或阿里巴巴的马云,他们所创造的不仅仅是某个具体的产品,他们的每一步创新更是在创造一种新的市场,这些企业家身上所具有的创新精神、冒险精神、创业精神和宽容精神正是推动区域经济不断发展的核心力量。

(三)上市公司技术创新效应

自 20 世纪初,熊彼特的创新理论首次阐述技术创新在经济发展中的作用以来①,技术创新开始备受关注,成为现代经济发展理论的一个重要分支。如希克斯的技术进步理论,哈罗德的中性技术理论,索罗的技术进步模型,丹尼森的经济增长因素分析法,以及以保罗、卢卡斯、格罗斯曼等人为代表的内生技术进步理论,都对技术创新在经济发展中的作用进行了系统的阐述,指出经济发展是技术创新和技术进步的结果[169]。目前,我国技术创新主要来自政府科研机构和企业,并形成以企业为主政府为辅的科研创新格局,如图 2-9、图 2-10 所示②。作为资金实力雄厚、创新意识强烈的上市公司,无疑是区域技术创新的主力军,并通过技术扩散带动区域技术进步从而作用于区域经济发展。上市公司通过技术创新,借助技术扩散功能,带动区域技术进步对区域经济发展的促进作用,具体如图 2-11 所示。

---

① 18 世纪中叶的古典经济学派认为依靠资本积累、劳动分工、人口增长、收入分配等推动的经济发展过程将停滞于静态循环状态。20 世纪初,熊彼特的创新理论对古典经济增长理论中的悲观论调提出了挑战,认为经济发展模式有两类:一是经济循环,即所谓静态的均衡;二是经济发展,即所谓动态的均衡。而实现这种动态发展的根本动力就是技术创新,这意味着技术创新、技术进步是经济增长的源泉和决定性因素。

② 数据来源于中华人民共和国科学技术部发布的 1998 年至 2012 年的中国科技统计数据,网址为:http://www.sts.org.cn/sjkl/kjtjdt/index.htm。

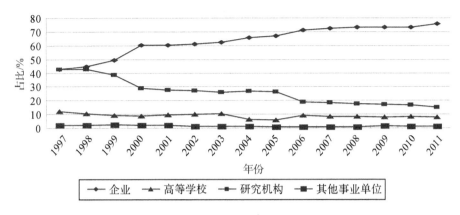

图 2-9 科学研究与试验发展(R&D)经费支出部门分布

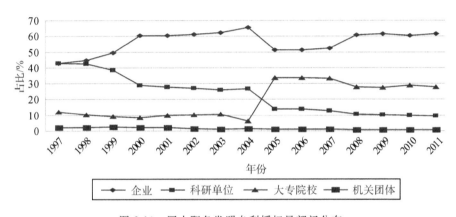

图 2-10 国内职务发明专利授权量部门分布

1. 上市公司是区域技术创新的核心力量

技术创新是一个从新产品或新工艺设想的产生到市场应用的完成过程,经历了从新设想产生、研究、开发、商业化生产到扩散的一系列活动[170]。一般来说,技术创新耗资大、期限长、风险高,但一旦成功,将会使企业生产率有质的飞跃。借助资本市场,上市公司强烈的技术创新动机、快捷的资金筹集渠道和灵活的风险分散功能,决定了其是区域技术创新的核心力量。表现在:首先上市公司作为公众公司为保持良好的经营势头获得稳定的市场份额,有动力把创新作为利益最大化的手段;其次上市公司雄厚的资本实力、充裕的资金来源是解决技术创新高额成本的物质保障;最后,正如 Saint Paul(1992)指出,如果没有资本市场,企业只能将资本投入到那种期限短、见效快的技术上,低端技术创新领域将会处于一种均衡状态[171]。而上市公司借助于资本市场的风险分散功能,能够分散技术投入风险,为高端技术创新市场均衡的实现提供了可能。

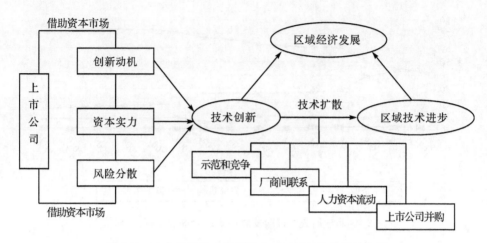

图 2-11 上市公司技术创新效应对区域经济发展的作用

2.上市公司技术扩散带动区域技术进步

技术扩散(technological diffusion)是指一项技术从首次商业化应用,经过大力推广、普遍采用阶段,直至最后因落后而被淘汰的过程[172]。技术扩散的发生既可能是技术主体有意识的技术转移和技术转让,也可能是技术主体无意识的技术溢出[173]。对区域经济发展来讲,技术扩散非常重要,技术扩散是技术创新取得社会效益的源泉。上市公司作为区域技术创新的核心力量,其对区域经济发展的促进作用,不仅体现在自身的技术创新上,更表现在上市公司对新技术的转移、转让以及技术溢出而使新技术在整个区域中大规模的扩散和应用上。

其中,示范和竞争、厂商间的联系、人力资本流动以及企业并购是上市公司技术扩散带动区域技术进步的主要途径。具体来看,示范和竞争是指上市公司向市场供应新产品和服务后,会使区域内其他企业通过逆向工程等对新技术进行模仿研究和开发,从而产生的技术扩散效应;厂商间的联系是指上市公司通过对区域内上下游企业提供相应技术支持而产生技术扩散效应;人力资本流动是指当上市公司中掌握先进技术的人力资本在区域内发生流动时,其所掌握的技术亦会流动,从而发生技术扩散;上市公司并购则是指上市公司通过购买区域内某企业的股票或资产获得公司所有权,对该企业直接进行技术投资的过程,就是上市公司将先进技术带入区域内企业,推动技术扩散的过程。

(四)上市公司管理示范效应

管理创新作为微观企业层面的创新活动,在知识经济和信息经济时代逐渐受到经济学家和管理学家的关注。早在 20 世纪 60 年代初,在美国麻省理工学院创新管理研究小组的部分研究成果,以及伯恩斯的《创新的管理》一书中,就出现了关于企业管理创新的研究思路。到了 20 世纪 80 年代,随着彼得·德鲁克《创业精神与创新》,安德鲁·万蒂温《创新管理的研究》和《创新旅程》等相关著作的发表,企业管理创新的研究开始蓬勃兴起,并上升到了一个更高的层面。所谓管理创新就是引入更有效的资源配置方式,建立新的生产函数,使企业以不变的生产要素,取得更高的产出水平;或用较少的要素投入,获得同样的产出水平[174]。借助于资本市场,上市公司通过管理创新,在优化资源配置、提高经济效率以促进区域经济发展的同时,也是区域管理创新的重要组成部分,是区域管理创新的推动力量。

1. 上市公司管理创新的经济效益

管理创新作为提高上市公司效率的加速器,贯穿于生产经营始末,涵盖上市公司内部生产的推进和外部资源的整合①;涉及对上市公司技术、资本、人才、制度、市场、文化和观念等的整体优化;并受上市公司内部环境因素的影响和外部环境因素的制约。上市公司管理创新的经济效益体现于资源配置优化、生产效率提高和财富创造增加,经济效益的实现则源于对生产要素的整合。

上市公司的管理创新是一种形成科学有效管理方式的动态性行为,是通过对技术、资本、人才等生产要素的整合,实现资源有效配置、提高生产效率、增加上市公司财富创造的重要手段,也是克服企业机构臃肿、信息不畅、决策缓慢、执行乏力、精神不振等"大企业病"的唯一途径。上市公司管理创新对区域经济发展的贡献机理,不仅表现在借助管理创新对经济效益的提高上,更体现在盘活区域内,尤其是老工业基地国有资产,提高企业经营效率效果上。上市公司新管理方法的采用、新管理理念的引进最终体现在管理与生产要素间的相互作用上。由于上市公司的管理活动主要包括对人的管理和对物的管理,因此本书关于上市公司管理创新对区域经济发展贡献的作用机理主要从人和物两方面展开,具体如图 2-12 所示。

第一,从以人力资源为管理对象的管理活动来看,对人的了解、配置和激励是对人管理的主要内容和重要方面。对人的了解是对人配置和激励的基础,从区域经济环境中获得适时、适量、适质的人才,是保持上市公司收入水平增加的先决条件。在对人有所了解的基础上,对人的选择是至关重要的,在同样的投入条件下如果能选到更好的人则会产生相应的节约投入效应;通过创新人才管理方法,克服人力资源在数量与质量上的不足,将对保持和提高上市公司经济效率产生相应的人员管理替代效应;随着管理方式方法的不断创新,管理水平将有一定的提高,此时必将引出对技术、资金、人才以及管理本身需求的增长,形成更高

---

① 具体包括物资供应、产品销售、市场预测与市场调查、用户服务等在内的经营管理过程。

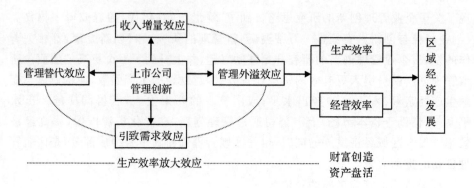

图 2-12　上市公司管理创新对区域经济发展的作用

的资源配置和利用方式,从而产生人员管理的引致需求效应;当上市公司人员管理知识和技能等软文化向区域系统内其他部门转移或扩散时,将促使整个区域经济系统资源配置效率提高,从而产生人员管理的外溢效应。

第二,上市公司对物的管理其实就是对物的合理配置过程。由于物的客观存在性,因此不存在对物的激励问题,除此之外,与对人的管理一样,通过管理创新同样可以产生物力资本的收入增量效应、替代效应和引致效应。上市公司管理创新的生产效率放大效应的产生,在提高上市公司财富创造能力的同时,也是上市公司通过管理创新推动区域经济发展的微观作用机制。

2. 上市公司管理创新的示范效应

根据 Burgelman(1991)和 Zbaracki(1998)关于企业内部演化的观点,企业在环境中感知到变化,会导致管理创新行为的发生,其中的一些变革与创新行为在经历了内部选择后,最终将得以保留和传播,上市公司亦不例外[175,176]。区域内上市公司的管理创新必将会上升到理论层面并通过管理示范效应在整个区域内传播。此时,通过上市公司的管理示范效应促进区域的管理创新,以进一步实现对区域经济发展的推动,是上市公司影响区域经济发展作用发挥的另一途径。

管理创新是生产关系的调整和制度的创新。从层次性上来说,它是企业与国家关系、企业与区域关系、企业与企业关系的调整,也是企业与个人关系的调整;从系统结构和功能上来说,它调整了结构,带来了系统功能的放大以及结构和功能互动互应的整合效应。区域是人口、资源、环境与经济发展的综合体,区域管理就是通过对区域综合体中的人口、资源、环境、经济、科技等方面进行组织和协调,以实现区域经济发展目标。区域管理不仅涵盖了宏观管理和微观管理两个层面,而且兼顾公共管理和企业管理的双重特点。虽然区域管理远比一般意义上单纯的微观上市公司管理要复杂的多,但是上市公司的管理创新理念与方法同样可以用来指导区域管理,通过树立管理标杆,引领区域管理创新,提高区域管理水平以帮助区域管理目标的实现。就区域公共管理而言,区域地方政府作为一级行政单元,相对于其他微观主体有更强的组织集体行动和管理创新的能力与动机。无论是在宏观经济方面还是微观经济方面,放松管制、调整管制手段和管制领域、以市场机制为基础是区域管理创新的主要趋势。区域内上市公司通过其在区域企业网络中的核心地位,通过管理示范效应,对区域内企业制度、经济运行规则、经济管理体制的变迁,以及区域内人们的价值观念、伦理规范、意识形态等的变迁产生巨大的影响力,这对以理顺区域公共管理职能、减少区域政府的直接干预、减少公共管理成本、提高管理效率、实现集约化为目的的区域管理创新具有重要参考价值,对提高区域管理水平以帮助区域管理目标实现亦具有一定的现实意义。

三、上市公司影响区域经济发展的产业层面

在市场经济条件下的区域经济发展是由区域内产业推动的[177],产业作为具有同类属性企业经济活动的集合,是社会分工与生产力发展的产物,是区域经济发展中不可忽视的中坚力量[178]。现实中,企业微观经济实体与宏观经济层面的相互联系并不是直接进行的,必须借助于产业传导机制才能实现。因此,从企业视角研究区域经济发展机制,必然涉及产业层面的探讨。然而,必须认识到,虽然产业是由企业这一微观经济主体集合构成的,企业是产业分析和研究的出发点,但是产业并不是企业的简单加总,产业是由企业互动产生的,正是企业间的互动使得产业超越了企业,并构成了企业的学习环境和选择环境[179]。即企业通过互动将新知识扩散到产业中,以推动产业的不断发展,同时产业的发展又会构成企业发展的学习环境和选择环境,以推动企业的发展完善,因此,企业和产业是相互依存、相互作用、共同发展的。另外,由于企业异质性的存在,企业的创新能力和模仿能力以及企业间的互动模式都会影响区域内产业的发展,进一步影响区域经济发展水平[180]。

与其他企业相比,上市公司借助资本市场的资本运作平台,通过兼并、收购等形式更容易进行规模扩张;上市公司所具有的资金筹集、人才吸引、技术和管理创新优势在促进其资本积累的同时,更能够获得持久竞争力。这些内生性的能力差异不仅是上市公司在经济效率和财富创造方面优于其他企业的主要原因,也是上市公司促进产业组织优化、引导主导产业变迁、拓展产业业务领域、提高产业增长速度的推动力量,是上市公司通过产业传导机制促进区域经济发展的关键所在。

（一）促进区域产业组织优化

早在 1890 年，马歇尔在其出版的经济学名著《经济学原理》一书中，就把"组织"作为与资本、土地和劳动力相提并论的重要生产要素，提出了"工业组织问题"。随后，以新制度经济学的经济增长理论和崛起于 20 世纪 80 年代的新经济增长理论为代表，"组织"在经济发展中的作用再次进入经济学家的研究视野，"组织"和"制度"等资本、技术和劳动力以外的要素对经济发展的影响引起了人们的广泛关注，形成了研究经济发展问题的新视角。谢地（1999）通过对一系列全新理论的梳理，指出对现代经济发展具有决定性意义的"组织"主要就是"产业组织"。[181]

所谓产业组织，直观来看就是指产业的生产经营组织，可以分成企业内部（intra-firm）和企业之间（inter-firm），即企业层次和市场层次两个方面[182]。Picard Larsson（1993）还主张在企业和市场两个层次之间再加入一个层次，叫做"组织间协调"[183]。孙天琦（2001）进一步用"合作竞争型准市场组织"，来描述企业之间通过合作和协调形成的企业网络，用市场、组织间协调和企业三种状态来分析产业组织[184]。程玉春（2003）通过考察西方产业组织理论演进历程，提出产业组织理论的研究对象应当既包括产业内企业之间的组织问题，又包括企业内部的组织问题。其中产业内企业之间的组织问题是企业之间的市场关系问题，企业内部的组织问题是企业内部的产权结构和组织结构等问题[185]。本书关于上市公司通过促进区域产业组织优化，以影响区域经济发展的产业层面作用机制的探讨，亦从探讨企业内部产权结构和组织结构的企业层面和关注企业间的垄断与竞争关系的市场层面两方面展开。

1. 企业层面下的产业组织优化

产业的生产经营离不开企业的参与，然而长期以来受哈佛学派结构主义正统产业组织理论的影响，企业内部组织问题一直被排除在产业组织研究之外。新制度学派对哈佛学派的纠正，将产业组织研究延伸到企业内部，转向对企业行为的探讨。具体来看，企业组织是企业内部各个构成要素相互作用的联系形式，是企业资源和权力分配的载体，承载着企业的经营活动，推动着企业目标的实现。因此，产业组织的优化离不开对区域产业内企业组织问题的探讨。

区域产业内的上市公司作为股份公司的典型代表，其组织形式可以看成本世纪最伟大的发明，甚至可以与自然科学中蒸汽机和电力的发现相媲美[186]。与其他企业组织相比，上市公司在扩大生产规模实行社会化生产、优化配置资源、提供产权流动机制、实现所有权与经营权分离方面具有显著的优势，是区域产业内企业组织的发展方向，尤其是国有企业的改革方向。受传统计划经济体制影响,我国国有企业经营效率低下、产权不明晰和"所有者缺位"一直困扰着东北经济的发展。东北老工业基地国有企业改革的关键不仅在于改革产权制度,还要与区域经济发展和区域产业结构调整相结合,建立现代企业制度。正如邵宁(2011)指出,国有企业最终的归宿就是要改造成"干干净净的上市公司",将以上市公司为代表的现代企业制度作为国有企业改革的方向,坚持在推动产权多元化基础上,继续完善公司治理结构,优化委托代理关系是国有企业改革的长久之路,也是推动区域产业组织优化的必经之路[187]。

2. 市场层面下的产业组织优化

在市场经济条件下,产业内不同企业只有通过相互竞争与合作的市场关系,才能形成企业群体和企业网络进而构成整个产业。以哈佛学派、芝加哥学派和新奥地利学派为代表的西方产业经济学家们,对产业组织的研究主要是以规模经济、产业内部企业间的竞争与垄断关系为主线,通过对产业内企业之间市场关系的探讨,以谋求规模经济与市场竞争活力相兼容的有效竞争[188]。因此,调整和优化产业组织,找到规模经济和竞争活力均衡的产业组织形态,是区域经济发展的内在要求。

就目前我国区域产业组织发展来看,生产集中度过低导致规模经济效益缺乏,产业内专业分工与协作不发达导致区域经济活动效率低下等现象普遍存在,为此刘猛(2011)指出,促进寡头垄断市场①的形成是区域内产业组织优化的最佳选择[189]。上市公司作为区域内大企业的代表,无疑在寡头垄断市场形成和产业组织优化中发挥着不可替代的作用。一方面,上市公司在资金筹集、人才吸引、技术和管理创新等方面的显著优势,有助于其形成超越竞争对手的生产效率,在保持长久竞争力的同时,能够刺激市场的竞争活力;另一方面,上市公司通过借助资本市场,以资产重组、并购和集团化发展为途径,在实现对产业内企业优胜劣汰和社会资源优化配置的基础上,有利于扩大上市公司规模,提高企业规模经济水平和产业生产集中度。亦有利于和周边中小企业形成分工协作关系,提高专业化水平,实现大中小企业的融合发展。可见,无论是立足于企业层面还是市场层面,上市公司都是产业组织优化过程中不可或缺的力量,具体如图2-13所示。

---

① 所谓寡头垄断是一种少数大企业具有较高的市场份额,控制着某一产业或市场大部分产品供给的市场结构。由于寡头垄断有利于提高生产集中度、有利于实现企业规模经济和技术创新,因此寡头垄断市场是有效率的市场结构,也是目前区域产业组织优化的最优选择。

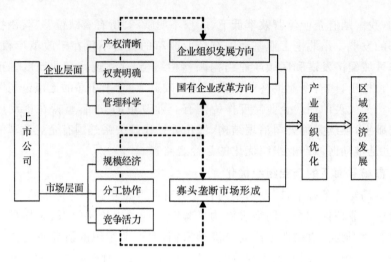

图 2-13　上市公司对区域产业组织优化的作用

（二）引导区域主导产业变迁

区域主导产业是指在区域经济发展阶段中,处于产业系统主导和支配地位的一个或若干个产业部门。最早提出"主导产业"概念的是美国经济学家罗斯托（W. Rostow）,他创建了比较完整的主导产业理论,系统探讨了区域主导产业成长的一般过程及其对区域经济发展的带动作用,指出区域经济的发展是由担负着外向型功能的主导产业带动的,区域经济的发展过程就是主导产业不断变迁,并将经济发展推向更高阶段的过程。另外,罗斯托认为区域主导产业的产生和发展是技术创新的结果,因此特别强调区域主导产业技术创新对整个区域产业技术进步和经济发展的带动影响[190,191]。刘勇（2007）通过系统考察区域经济发展与区域主导产业间关系,指出区域主导产业具有以下两方面特点。一方面是全国产业体系中同类产业的主要生产供应基地,其以生产的大规模性和产品的高专门化率,参与地域分工和交换,充实区域乃至全国经济大系统;另一方面它又是区域经济增长的驱动轮,是推动区域产业结构不断演化的主角,它的发展能带动区域经济的发展,决定区域产业结构的层次,从而构成区域经济的主体和核心[192]。可见,主导产业在区域经济发展中具有举足轻重的作用。然而企业作为产业的微观基础,区域主导产业从形成、发展、成熟到衰落,直至被更替的过程都是以企业为主体和突破口的,尤其作为优秀企业代表的上市公司,通过引导区域主导产业变迁,借助于产业传导机制,在促进区域经济发展中扮演着重要的角色。

1. 上市公司具有推动区域主导产业变迁的实力和动因

主导产业的变迁,是由原产业向技术含量和层次更高的新产业转变和发展的过程,新主导产业的形成和发展对市场营销网络和企业内部管理具有更高的要求。从区域资源投入能力的视角来看,上市公司作为公众公司,借助于资本市场,在国家相关政策的鼓励和扶持下,具有优于产业内其他企业雄厚的经济实力,掌握着产业发展最新的前沿技术,拥有先进的管理经验和信用基础,是最有能力进入主导产业的微观企业主体。以上市公司这样"优秀"的企业为基础,主导产业的形成就有了可能;当围绕上市公司出现横向和纵向的企业衍生时,主导产业就得以形成。因此,上市公司通过自身不断发展壮大,凭借对市场经济的敏锐反映,保持优势竞争力是引导区域主导产业变迁的动力源泉。

2. 上市公司具有通过技术创新实现区域主导产业变迁的平台和动力

早在罗斯托的主导产业理论中,特别强调技术创新对区域主导产业产生和发展的带动影响。张春勋、赖景生(2008)通过运用 Logistic 方程式 $\dfrac{dQ}{dt} = \alpha Q(Q_m - Q)$[①]对主导产业演化过程的描述,亦证实技术创新是影响产业成长速度 α 和产出增长极限值 Q_m 至关重要的因素,提出区域主导产业的关键在于技术创新的论断[193]。并进一步指出,在目前我国产业的发展过程中,激发企业技术创新潜能,发挥企业区域技术创新主体作用,实现企业持续创新是引导区域主导产业变迁的有效途径。在同一产业中,上市公司的技术创新能力和创新手段都是最强的,并且往往掌握了技术的前沿动态,同时上市公司通过兼并、重组形成的大规模生产方式也为技术创新成果提供了最为方便快捷的转化平台。由此可见,上市公司依靠其技术创新能力在引导区域主导产业变迁,促进区域经济发展中发挥着至关重要的作用。

(三)拓展区域产业业务领域

虽然罗斯托强调主导产业对区域经济发展的决定性作用,认为主导产业是在区域经济发展中起主要作用的先导部门。但是,在现代经济发展中,单独的产业一般难以发挥主导产业的所有功能,必须以主导产业群或产业链的形式存在。区域经济发展并不是由单一的主导产业群构成的,必须依靠产业多样化发展来支撑。另外,罗斯托提出的主导产业群类型只是一些特定的产业类型,根据主导产业理论,区域产业系统可以划分为主导产业、支柱产业、关联性产业、基础产业以及存在于后三类中的"潜导产业",正如 Jacobs(1969)指出区域内众多产业并存比单一产业集中更能给区域带来活力[194]。Combes(2002)也认为区域产业格

---

①　在该式中,$Q = Q(t)$ 表示某产业在 t 时期的产出量,α 是该产业成长速度系数;Q_m 是该产业产出增长的极限值;随时间增长的 Q 称为动态因子,随时间的减小的 $(Q_m - Q)$ 称为减速因子。

局多样化,不仅为具体产业提供了良好的发展空间,也为区域经济发展提供了产业环境[195]。薄文广(2007)亦证实产业多样化与产业发展之间存在相关关系,只有保持较高的产业多样化水平,才会促进区域产业健康持续发展,实现区域经济繁荣[196]。分属不同产业类型的微观企业主体,其经营范围亦不相同,只有发展不同企业,或者促进同一企业进行多元化经营,才能不断拓展区域产业业务领域。

区域内企业多元化经营是拓展产业业务领域的重要方式,是产业走向成熟的必然结果,是企业发展到一定规模后的必然选择,多元化经营的过程其实就是实施产业结构调整,促进区域经济发展的过程。企业多元化经营的思想是由战略管理的鼻祖伊戈尔·安索夫(Ansoff H. I.)于1957年提出的,是指企业发展到一定阶段,为了能够拥有更强的竞争优势,获得更高的经济效益而采取的一种成长或扩张行为,包括经营项目在数量上、种类上的扩展以及投资项目在范围上的扩张[197]。主要是通过对新产品或新服务的自主开发,吸收、合并其他企业以扩大经营项目数量和充实系列产品结构等途径实现的[198]。纵观国内外的多元化经营浪潮,多元化经营普遍是由大企业发起和实施,尤其是以上市公司多元化经营战略的推行最为普遍,并成为企业集团发展壮大的典型方式[199]。上市公司显著的资金、人才、技术、管理优势是其多元化经营的保障,而借助于资本市场为其多元化经营进一步提供了投资平台,是拓展区域产业业务领域的主要力量。上市公司的多元化经营战略实施主要是通过内部投资新建生产能力和获得行业内原有生产能力两种方式实现的,具体如图2-14所示。

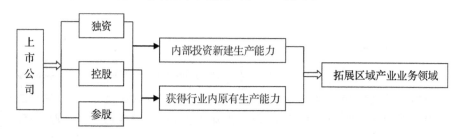

图2-14　上市公司对区域产业业务领域拓展的作用

1. 上市公司通过内部投资新建生产能力拓展区域产业业务领域

借助于资本市场平台,上市公司拥有公开、透明的信息流动机制,不仅能够有效的掌握企业内部信息,还能实时、动态追踪国内外相关产业发展信息。当某项新技术新发明产生并作用于新产品时,通过对新技术的购买、吸收和自我消化,通过内部投资新建生产能力,上市公司借助其优越的经营能力、竞争优势和战略资产,从而开拓新的生产领域。另外,上市公司自身技术创新成功,也会促使其通过内部投资新建生产能力,以开拓生产领域。无论是上市公司购买新技术还是自己研发新技术,当新技术带来的新业务凭借其广阔的市场前景、强劲的发展动力在整个市场中占据有利地位时,上市公司在拓展经营范围的同时,亦完成了主业的更新换代,成为拓展产业业务领域的重要推动力量。上市公司内部投资新建生产能力既可以以独资的形式进行,也可以采取合作经营的模式以控股或参股的形式进行。

2. 上市公司通过获得行业内原有生产能力拓展区域产业业务领域

上市公司获得行业内原有生产能力主要是通过收购兼并①实现的。虽然通过兼并获得行业内原有生产能力是上市公司进入某一新的经营领域最经济和最有效的方式,但是从短期来看,这对拓展区域产业业务领域来说效果不明显,而从长期来看,对区域内产业的发展、产业领域的延伸具有重要的战略意义。首先,上市公司进行多元化经营与其经济性目标是分不开的,上市公司的产业选择必须以分散风险、扩大市场权力和取得协同效应为目标,只有这样才能在多元化经营中取得成功,才能推动区域产业的不断发展。但是由于上市公司受资源与管理能力有限性的限制,以及考虑到多元化经营与核心竞争能力培养之间的矛盾,为了更好处理好核心主业与多元化业务之间的关系,多元化经营战略从"多元化经营"向控股但不经营的"多元化投资"战略转变成为上市公司多元化经营方式选择的必然趋势。上市公司通过资本市场的组合,通过"多元化投资"购入不同产业领域的企业股票,间接实现"多元化经营",不仅有助于风险分散,而且避免了多元化经营面临的进出壁垒,在限制管理经营与协调成本大幅上升的基础上,优化了资源配置效率。其次,上市公司作为公众公司具有比较好的社会形象和一定的社会影响力,尤其是借助上市公司的已有品牌,通过品牌延伸策略,推出新的产品,可使市场上的消费者考虑到上市公司实力与信誉较容易接受新产品,为新产品打开销路,使得上市公司在该产业领域中有立足之地,为该领域产业的后续发展打下坚实的基础。由此可见,上市公司作为企业多元化经营战略的主要推行者,对拓展区域产业业务领域,促进产业健康发展,实现产业结构升级,最终借助产业的传导机制带动区域经济发展,具有重要意义。

(四)加快区域产业增长速度

产业作为具有某种同一属性的企业集合,其增长是依靠产业内企业产出增长来实现的,企业是产业增长研究的出发点,是推动产业增长的微观机制。目前

---

① 收购兼并是指上市公司为达到对外扩张的目的,而进行的收购其他企业股权或资产、兼并其他企业、或采取定向扩股合并其他企业的行为。

国内外关于产业增长的研究,大多是从劳动分工和专业化、规模经济、技术进步等因素为基本出发点[200],着眼于技术与知识的空间溢出效应或者动态外部性,对专业化、多样化,以及竞争程度在产业增长中扮演的角色和发挥的作用进行实证检验[201]。就国内研究来看,大部分学者更倾向于立足区域内的各个产业数据,对外商直接投资[202]、人力资本[203]、市场规模[204]、技术进步[205]与产业增长的关系进行实证检验,从经验数据层面来说明各个因素对产业增长的影响,取得了众多有价值的研究成果用以指导我国区域经济发展实践。但是这些研究在考察技术、人力资本、市场规模、外部性等因素对产业增长作用的同时,却忽视了产业微观基础企业的作用。

产业增长最终是靠产业内企业增长实现的,技术、人力、市场等产业增长因素,也是由企业进行配置的,而且作为产业增长的重要影响因素,溢出效应与外部经济性的主体仍然是同一产业内或不同产业间的微观主体企业。由此,离开企业来探讨产业增长就如丰墙硗下,将没有任何意义。上市公司作为优质企业的典型代表,无论在财富创造方面还是在相关资源配置方面都将对区域内产业的增长产生重要的影响,并进一步通过加快区域产业增长促进区域经济的发展。

首先,产业增长依靠于产业内企业的产出增长,上市公司突出的财富创造力是拉动区域产业增长的直接驱动力量。与其他企业相比,上市公司在资产规模、盈利能力、信息披露等方面均受法律的严格限制。具有持续盈利能力和良好财务状况是上市公司应该达到的最基本要求,一旦上市公司最近三年连续亏损,并且在其后一个年度内未能恢复盈利将面临退市①。因此,上市公司为保住上市资格,保持良好的盈利能力,必须以其突出的财富创造力为保障。上市公司在不断创造财富,追求自身产出增长的同时,能够促进所属产业的发展,加快产业增长速度。

其次,产业增长是由要素投入及其配置决定的,上市公司优秀的要素配置和要素利用能力,以及由此产生的外部性效应是促进区域产业增长的根本推动力量。企业作为微观市场主体,与市场最大的区别就在于其不仅能够配置生产要素还能通过有效利用生产要素实现价值增值。上市公司借助于资本市场,通过吸收和整合资金、人才、技术、管理等优势生产要素,依靠技术、人才和知识的溢出与扩散效应,通过产业关联和需求弹性相互作用,能够形成强大的产业增长动力,不断促进区域产业升级,形成对区域产业增长的持久推动力。

最后,产业内企业组织的优化调整和发展壮大是推动产业增长的动力之源。

① 根据2005年10月27日公布的,自2006年1月1日起施行的《中华人民共和国证券法》的第五十至第五十六条整理而成的。

企业组织是推动产业增长的微观机制,企业的盈利目标和生存压力,会迫使企业为了不断适应外界环境而自动进行组织结构调整和创新,以追求自身的不断发展壮大。产业内企业的组织创新是市场竞争下的必然结果,而产业的快速增长又是企业发展壮大的必然结果。要使我国产业快速增长并具有国际竞争优势,就需要不断促进产业内企业的发展壮大,培育具有国际竞争力的企业集团和跨国公司,尤其要以产业内上市公司为培育重点,借助于区域内上市公司的不断发展,实现产业的快速增长。

四、上市公司影响区域经济发展的区域空间层面

区域作为经济社会生活的基本单元,是时间与空间的集合,是经济社会的基本动力过程[206],是人类经济活动在一定地域范围内实施的载体[207]。最早对区域的研究始于地理学,地理学将区域作为研究的经典尺度,侧重于从"人地关系论"展开探讨。然而,随着社会生产力的进步和社会分工的不断发展,区域不再单纯地表现为一个地理范畴,更是一个经济范畴,是人类经济活动的载体,是一个特定尺度等级的经济区域[208],是按照经济活动内在联系形成的,受自然和人文环境要素约束和影响的,由个人、企业和政府三方面共同作用的,不断向前发展的经济区域。其中,企业作为区域经济运行的基本单位,是建立在生产要素地域空间组合基础之上的制度化经济组织,不能脱离特定的区域空间而独立存在,具有区域空间选择性与依托性[209]。这体现在区域是企业存在的地域空间载体,亦是企业生存和发展的资源供应单位,更为企业的交易提供了区域市场平台。同时,微观主体企业的发展又进一步影响了区域的经济发展水平,在提升区域竞争力方面发挥着关键性作用。

就上市公司而言,借助其在资金筹集、人才吸引、技术和管理创新方面的显著优势,依靠其规模效应、财富创造效应和市场知名度,通过对区位的择优选择、对中小企业集聚的带动、对产业结构调整的影响、对区域空间分工的深化以及对区域空间结构的优化,决定了区域产业结构、空间结构和经济发展水平。接下来,本书将进一步从这五个方面展开,从区域空间层面详细探讨上市公司对区域经济发展的影响。

(一)优化区域企业区位选择

企业作为区域经济的重要微观主体,其在区域内的地理分布既不是杂乱无章的,也不是遵循几何规律的人为规划性,而是在市场机制自发作用下,在对利

润最大化的无限追求中,遵从优位效益原则,寻优推移地散布于各个优势区位上。所谓"区位",即"位置",是事物在区域上的落脚点。相应的,"企业区位"就是指微观经济主体企业因其社会经济活动所占有的场所,是企业生存和发展的地域载体。区域是由一系列区位组成的,如果"区位"是一个点的话,"区域"则是同质性的面。地理位置是"区位"的一般本意,而经济学对"区位"的讨论则是由区位的地理位置条件、交通条件和信息条件三个方面决定的,即对区域内区位的考察和研究需要注重其外部的环境和条件[210]。正是由于每个区位所面临的客观因素不同,其对企业经济活动的作用和影响程度亦不相同,因此才会出现企业对区位的择优选择问题。

区域经济学对企业区位选择的关注,包括以成本学派为代表的古典区位理论、以市场学派为代表的新古典区位理论以及现代区域经济理论体系下的区位研究理论,经历了从成本最小化到利润最大化、从理想的最优区位到现实的满意区位选择的发展过程[211]。其中,古典区位理论主要包含杜能农业区位论、韦伯工业区位论,新古典区位理论主要包含克里斯塔勒中心地理论和廖什市场区位论,两者都侧重于从微观层面探讨优势区位的选择问题;而以勒施、普雷德、克鲁格曼等为代表的现代区域经济理论的区位研究学派更重视对多种因素的综合分析,在区位选择上,由理想区位开始向现实的满意区位过渡。可见,企业的区位选择过程,就是对运输成本、劳动力成本、要素禀赋、市场规模、市场需求、基础设施、政府服务、人文环境及国家政策和区域发展战略等大量现实因素综合考虑的结果。

上市公司作为区域内优秀企业的典型代表,在先进经营理念、卓越管理方法和高端智囊团的协助下,在对利润最大化的不断追求下,必然选择对自身生产经营最有利的区位。而且随着上市公司对所在区位信息收集的增多,认识不断加深,也会对初期错误的区位进行反思并修正,从而使自身的区位选择不断趋于合理。上市公司对自身区位选择的过程,就是其促进所在区域经济不断繁荣发展的过程。这是因为上市公司作为整合资金、人力、技术等生产要素的微观企业主体,在区域内落址,进行生产的过程就是调动区域生产要素积极性不断创造财富、繁荣区域市场的过程,而区域经济的发展又会优化区域环境,形成对企业区位选择的吸引。因此,"上市公司区位选择——区域经济繁荣——区域环境优化——吸引企业区位选择"一系列的动态循环过程,会促进区域经济的不断发展。

除此之外,上市公司自身区位的择优选择对区域经济发展的作用还会通过影响其他企业甚至相关产业的区位选择来实现。一方面,上市公司作为国家政策重点扶持的企业发展方向,当其在某一区位落址建厂时,必然引起当地政府的大力支持,上市公司区位条件的不断优化,上市公司非核心业务的外包以及相关价值链和产业链的打造,会引起上下游企业以及竞争合作企业围绕上市公司集聚,上市公司在优化区域企业区位选择的同时无疑促进了区域的经济发展。另一方面,上市公司及其相关企业的本区域集聚,本身就是"区位条件优越"信息的对外传递,上市公司落址、相关企业集聚以及最终产业集聚形成的初始区位优势因"路径依赖"而被逐渐放大,会不断吸引其他企业进入。企业选址、进入、落址的过程不仅是区位选择的过程,也是促进区域条件和环境不断优化的过程,是区域经济不断发展的过程。上市公司对区域内企业区位选择的优化作用,具体如图 2-15 所示。

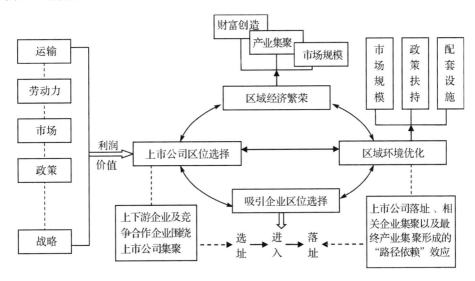

图 2-15　上市公司对区域内企业区位选择的优化作用

值得注意的是,随着知识经济时代和信息时代的到来,互联网技术的突飞猛进使得传统自然资源、劳动力以及运输成本等区位要素对企业经济活动的制约作用不断弱化,地理位置和空间距离对企业经济活动的空间约束急剧降低,企业经济活动的优势区位开始突破特定区域的限制。在此背景下,与知识和技能的传播与转化密切联系的区域创新环境成为企业经济活动区位选择的决定性因素,以"高端智能的大规模极化与聚合"为特征的总部经济开始盛行,并逐渐成为当今经济的主流形态[212]。正如勒施指出,在动态的过程中,企业最终的区位是没有的[213],企业经济行为本身的趋利性与节约性将引导其不断追求最优区位,新知识与新技能恰好为企业新区位的选择提供了技术支撑。但是,必须意识到虽然网络可以抵消距离的影响,可是区域自然禀赋的实质性差异、企业经济活动的要素聚集特性,以及空间距离的不可灭性仍然是影响企业区位选择的重要因素,企业的区位选择,尤其是上市公司对区位的择优选择行为仍是区域经济发展的重要推动力量。

(二)带动区域中小企业集聚

正如上文所述,中小企业围绕上市公司集聚,是区域内企业区位择优选择的结果。早在1909年,韦伯就将影响企业区位选择的因素划分为区域性因素和集聚因素,认为集聚是影响微观企业区位选择,改变企业区位状况而作用于区域经济发展的重要因素[214]。上市公司带动区域内中小企业集聚,对区域经济发展的影响,不仅表现在其对区域内企业区位选择的优化上,更体现在由中小企业集聚所产生的集聚经济利益上。正如魏后凯(2006)指出,企业生产经营活动在一定地域空间集聚中会带来相应的经济效益和成本节约的集聚经济利益[215]。具体来看,集聚经济又可以细分为因企业地理接近而产生的正的溢出结果的外部经济和因企业联合协作而导致的区域内生产经营活动总体规模扩大的规模经济两个方面。接下来,本书将对上市公司如何带动中小企业集聚,以及中小企业集聚后通过外部经济和规模经济如何促进区域经济发展展开详细的论述。

1.上市公司带动中小企业集聚

区域内上市公司带动中小企业集聚是通过供应链和价值链的战略管理实现的。首先,从供应链角度来看,供应链是从微观层面来考察企业间相互关联关系的,认为企业之间呈现出一种"供应商的供应商——供应商——需求商——需求商的需求商"的上下游企业供求关系链条[216]。供应链上的任何企业要想在市场竞争中处于不败之地,就必须对供应链进行战略管理,尤其对以大规模和多样化经营为普遍特征的上市公司至关重要。供应链强调对基于专业化分工而形成的企业经济活动的分解与考察,认为组成企业经济活动的若干环节可以分为具有相对或绝对优势的核心业务环节和不具有该优势的非核心业务环节,企业基于竞争力的培养,应该只发展核心业务,把非核心业务外包给其他企业予以完成。由此就产生了非核心业务外包而致力于核心业务发展以提升企业竞争力的供应链战略管理思想。上市公司在现代供应链战略管理思想的指导下,对非核心业务的外包必然会引起承接该业务的中小企业围绕上市公司集聚。

其次,从价值链的角度来看,企业是一个创造价值的经济实体,作为价值追求者,企业经营的最终目的是为了获得和创造更大的价值。1985年,波特首次提出价值链的概念,所谓"价值链"就是企业业务价值活动①有序连接而构成的

---

① 波特认为企业的每一项业务都是由包括设计、生产、营销、物流以及产品或服务支持等一系列的活动所组成的,正是这些活动创造了价值。这些创造价值的活动就可以被称之为业务价值活动,也即价值创造活动。

一条活动链,并将其作为企业竞争优势的分析工具,认为企业的资源和能力要成为竞争优势的来源,就必须对价值链进行战略管理,抓住价值增值率高或者增值额大的业务价值环节,而将其他环节分离给合作性企业,以期以优于竞争对手的方式创造价值[217]。然而随着企业竞争的日益激烈,企业的价值链不再仅限于波特主张的企业内部,而是以一个企业为核心,涉及供应商、竞争者、客户的价值网开始出现[218,219]。此时,核心企业不仅进行"供应链"上企业的纵向合作,也开始在同类企业间进行横向合作,以节约研发费用、共享市场信息、避免过度竞争和重复建设,形成整体竞争优势。区域内上市公司凭借其规模、资金、技术、人才等实力担当着"核心企业"的角色,基于供应链和价值链的战略管理,大量中小企业通过纵向与横向合作的方式,必然围绕上市公司集聚。

2. 中小企业集聚促进区域经济发展

大量中小企业围绕上市公司集聚,不仅使其在重新整合的供应链和价值链中占据了重要位置,而且产生外部经济和规模经济效应,加速了整个区域经济的发展。上市公司带动中小企业集聚是通过外部经济和规模经济对区域经济发展产生影响的。一方面,就外部经济来看,中小企业围绕上市公司聚集,有利于新生产技术、新管理理念、新知识技能相互扩散,形成纯粹溢出效益的技术外部经济、知识外部经济以及以市场为媒介的金融外部经济[220]。从而有助于企业采用先进设备、加强专业化分工与协作、提高纵向与横向联系水平,共同利用基础设施和本地市场,提高生产效率,增加财富创造,推动区域经济的不断发展。

另一方面,就规模经济来看,中小企业围绕上市公司展开纵向与横向的联合协作,必然导致区域内生产经营活动总体规模的扩大,不仅使每个企业在生产、交易等方面的成本费用递减,还能通过企业管理的专业化,竞争能力的提高以及市场支配力的强化,获得更多的便利条件,从而实现企业分散配置所不可能实现的规模经济效益。由此,从规模经济的角度看,集聚经济是一种量的集聚,随着企业数目的增多、产业规模的扩大,每个企业都会从大规模采购、专业化服务等方面获益;从外部经济的角度看,集聚经济主要是一种质的集聚,空间接近使企业之间产生正的溢出,促进生产要素或资源更有机的结合,使得每个企业获得更有利的生产函数。总之,中小企业围绕上市公司聚集会使区域经济发生一种变化,这种变化既不是物理的,也不是化学的,它更类似于核能聚变一类的形式,能够产生"非加和性"的效果,即当 $E = \sum_{i=1}^{n} e_i + p$,且 $p > 0$① 时,不断促进区域经济的发展。上市公司带动

---

① E 为中小企业集聚形成的企业集聚群在区域经济发展中的贡献;e 为各个企业在区域经济发展中的贡献;p 为中小企业集聚所形成的结构功能。因集聚效应的作用,$p > 0$。

中小企业集聚以促进区域经济发展的作用发挥具体如图 2-16 所示。

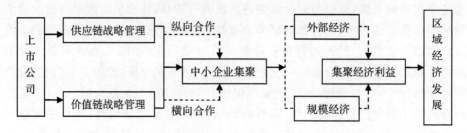

图 2-16　上市公司带动中小企业集聚促进区域经济发展

（三）推动区域产业结构调整

现代区域经济发展的本质是结构主导型发展，在这种发展中，区域产业结构很大程度上决定了稀缺资源的配置效率，对区域经济发展起着关键性的作用。区域产业结构是指特定区域内产业组成、产业发展水平以及产业间的技术经济联系，即资源在产业间的配置状态、各产业所占的比重以及产业间相互依存相互作用的方式[221]。区域经济从任何一个阶段向更高阶段的发展①都是通过产业结构的优化调整来推动的，表现为产业结构由低级到高级的不断演化过程。

产业结构调整作为影响区域经济发展的重要因素，是通过产业结构合理化②、产业结构高度化③和产业结构高效化④来实现的，其实质就是通过产业间比例的不断协调，借助于新的技术、新的知识和新的管理理念，大力发展高新技术、深加工度、高附加值的产业，并在微观主体企业的自身努力下，在区域市场和

---

① 美国经济学家钱纳里对 34 个准工业国和地区的经济发展研究后发现，这些国家和地区的经济发展都会从低级到高级地经历传统农业、工业化初期、工业化中期、工业化后期、后工业化以及现代化社会六个阶段。

② 产业结构合理化是指依据产业关联技术经济的客观比例关系，来调整不协调的产业结构，使产业与产业之间的协调能力加强，关联水平提高；通过促进产业结构的动态均衡和产业素质的提高，实现区域内各产业的协调发展。产业结构的"合理性"就体现在结构数量合理、过程合理、产出合理、对比合理、发展方向合理、发展速度合理等等。

③ 产业结构高度化是指，在遵循产业结构演化规律的前提下，通过一系列的知识、技术、管理创新，使产业结构从低水平状态到高水平状态的发展过程。这种发展过程就表现为第一、第二、第三产业优势地位顺向递进的发展过程；表现为从劳动密集型到资本密集型再到技术或知识密集型产业的发展过程；表现为从低附加值到高附加值产业的发展过程；表现为从低加工度到高加工度产业的发展过程。

④ 产业结构高效化是指区域内低效率产业比重不断降低而高效率产业比重不断提高的产业发展趋势，其根本目的是通过优化产业的资源配置能力，不断提高区域经济的效益水平。产业结构合理化体现的是产业结构对比性的要求，产业结构高度化体现的是产业结构对结构性的要求，二者都可以看作是提高经济效益的途径，合理化和高度化最终都是为了实现高效化。

区域政府的双重作用下,建立一个结构紧凑、相互协调、经济效益突出的产业体系。在推动区域产业结构调整的整个过程中,企业作为产业结构调整的微观主体,必须发挥积极性与主动性,尤其是作为区域内优秀企业代表的上市公司,在区域产业结构优化调整中更是扮演着重要的角色,是产业结构调整的主力军和生力军。具体体现在以下几个方面。

首先,上市公司凭借其在资金筹集、人才吸引、技术和管理创新方面的显著优势,通过溢出的外部经济性对区域内其他企业的辐射和带动,是实现科技成果转化的枢纽,为区域产业结构调整提供了技术、知识和管理支持;其次,通过资产重组,上市公司借助资本市场能够实现企业兼并和收购,有助于造就区域内大公司和企业集团,并且通过对供应链、价值链的战略管理,获取规模经济效益,成为调整区域内产业结构、促进产业升级的骨干和依托;最后,以上市公司为核心,大量中小企业集聚,获得集聚经济效应的同时,能够形成分工协作、互惠互利的产业网络,在提高产业集中度,提升产业质量的同时,带动区域内主导产业、支柱产业、基础产业和公共服务产业的协调发展,保证区域产业结构调整的顺利进行。上市公司推动产业结构调整以促进区域经济发展作用的发挥具体如图 2-17 所示。

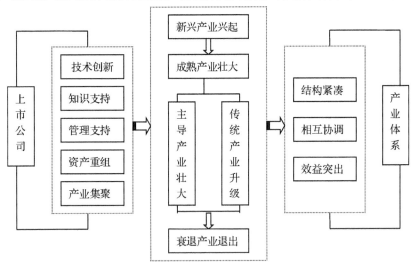

图 2-17　上市公司推动产业结构调整促进区域经济发展

产业结构作为影响区域经济发展的重要因素,近年来受到各地政府的高度重视,然而,各地区在满足自身产业体系发展要求的同时,难免会带来区域产业结构雷同。产业结构雷同,不仅会导致区域市场和区域资源的相互封闭,区域之间出现恶性竞争,浪费资金和人才投入,还会因为达不到规模经济和优化的市场占有率而损失产业经济活动规模。因此,区域产业结构的调整必须要在开放的视野下进行,要将区际合作考虑进来,要根据比较优势原理确定区域内优势资源和优势产业部门,并不断地做大、做强、做精、做深,将企业优势转化为产业优势,并体现在产业结构的优化升级上。只有在开放的区域范围内进行的产业结构优化,才能发挥区域的比较优势,实现产业环节在区域内的优化配置,才能保证区域经济又好又快的发展。区域内上市公司在一定程度上反映了区域内的比较优势,从这点来看,区域内上市公司的又好又快发展,对于借助产业结构调整,实现区域经济健康发展意义重大。

(四)促进区域空间分工深化

关于分工在经济发展中作用的论述,最早可以追溯到亚当·斯密的《国富论》,而将空间维度引入分工理论,对区域空间分工与区域经济发展相互作用的探讨则兴起于国际贸易理论,并经地域分工理论和空间分工理论而不断成熟完善。空间分工(spatial divisions of labor)的概念最早是由马西(Massey)于1979年提出的,她认为空间分工是指分工的空间表现形式,主要包括产业分工和职能分工两种,前者是指区域或城市根据各自的比较优势专业生产某一种或某一类产品,后者则指参与某一类企业内如生产、研发、管理等职能环节[222]。因此,空间分工不仅包含传统地域分工中区域间产业分工的含义,还强调多区位企业的出现所导致的区域间职能分工问题。无论是产业分工抑或是职能分工,各区域根据自身资源优势进行相关产业或相关职能部门的经济活动,都将有利于降低总产出的经济成本,提高区域分工与交换的经济性,带来专业化与效率的提升,形成更有效的区域空间生产体系。

区域空间分工的深化是微观经济主体企业区位选择的结果,区域内企业区位选择问题是空间分工的微观基础。因此,对区域空间分工的探讨,离不开对企业空间行为的研究。尤其是作为新型空间分工形式的职能分工,多区位企业是职能分工研究的重要微观基础,然而,并不是区域内所有企业都有能力产生相应的职能分化,成为多区位企业。只有那些具有一定的规模实力和经济实力的企业才会涉及多区位选择问题,而上市公司则是多区位企业的典型代表。

首先,就产业分工来看,微观经济主体企业的区位选择是促成区域之间产业分工的微观基础,是产业分工形成和深化的直接推动力量。产业分工是按照不同产品和产业对经济活动的影响进行分类的。一方面,立足企业的生产经营活动,从产品角度来看,区域内包括资本、劳动、原材料供应的资源禀赋状况,产品市场规模以及集聚经济因素等,影响和制约着企业区位决策,在权衡利弊、进行成本效益分析的基础上,企业的区位选择就促成了区域之间的产业分工。另一方面,微观企业的区位选择,从中观或宏观层面来看就表现为,区域或国家的产业专业化。表现为资源型产业更趋向于在资源地建厂,交通便利的区域更容易实现产业集聚,市场规模较大的中心城市更倾向于产业多样化,劳动力充裕且工资水平低的区域倾向于集聚劳动密集型产业,劳动力素质较高的区域则倾向于发展技术密集型或知识密集型产业,等等。可见,企业的区位选择是经济活动空间分布的微观基础,亦是促进区域空间产业分工不断深化的微观动力机制。上市公司作为企业的典型代表,具有企业的一般属性,通过自身的区位选择在区域空间产业分工中亦发挥着不可替代的作用。

其次,就职能分工来看,职能分工是从经济活动中生产或服务的不同过程来解释空间分工问题的,多区位企业职能部门的空间分离以及不同企业相同职能部门的集聚是职能分工和专业化的重要微观基础。因此,考察职能分工问题,首先需要认识多区位企业的存在及其重要性,要以多区位企业为研究的出发点[223]。所谓多区位企业,是相对于空间集中的企业而言的,是指随着交通、通信与信息技术的进步,大规模发展起来的可以建立跨区域层级的企业。区域内上市公司所具有的规模实力和经济实力,为其职能部门的空间分离提供了可能。基于对区域空间差异和比较优势的追求,在区域空间利润最大化的驱动下,上市公司不断创新管理,发展跨区域甚至跨国界的分工工序,是典型的多区位企业,在区域空间职能分工中扮演着举足轻重的角色。

接下来,本书将从上市公司职能部门的空间分离和相同职能部门的集聚两方面对上市公司促进区域空间职能分工深化的作用机制展开论述。就上市公司职能部门的空间分离来看,上市公司不断发展壮大所带来的规模实力和经济实力为生产过程不同阶段的分离提供了可能性,现代科学技术和信息技术的发展是上市公司职能部门空间分离的技术基础,标准化、模块化、流程化等管理创新是重要条件,追求区域比较优势、利用空间差异、获得竞争优势则是职能分工的重要推动力量。上市公司的职能分工最终形成管理部门、研发部门和生产部门的不同区位选择①,当然,随着交通与信息技术的进步,"距离消逝"成为可能,上市公司的生产部门可以在更广的范围内与最合适的区位实现最优的配置。

随着上市公司生产职能和管理职能的分解,伴随着各个职能部门的区位选择,就会出现管理和控制职能集中于中心城市而生产功能趋于分散的过

---

① 表现在负责上市公司整体战略决策、人力资源、财务管理、市场策略等重要职能的管理部门,会选择在交通信息和通信网络发达、商务服务便捷、高素质人才充裕、技术和知识溢出效应突出的中心城市落址;对产品进行设计、开发和测试的研发部门,则会将区位选择在研发资源比较集中的大城市,此类城市一般大学或科研机构密集,技术人员充分且具有一定市场规模;从事大规模流水线生产的生产部门,在区位选择时则更注重对区域要素禀赋、与供应商和市场的距离及由此产生运输成本、规模经济等因素的权衡,一般会布局在劳动力成本低、运输便捷的城市外围区域。

程[224,225]，从而出现不同企业同类职能部门集聚的空间分布形式。由此，上市公司这类多区位企业不同职能部门在空间上的集聚就体现在为企业经济活动在不同区域的重新配置，形成新的空间分工形式。这体现在企业总部向中心城市集聚，使中心城市在职能分工方面成为企业核心部门的集聚地，即总部经济形式的出现；企业生产部门向中心城市外围的中小城市转移，使中小城市成为某类产业分厂的集聚地；而依赖于高技术劳动力或专门资源的职能部门，如技术研发部门、资源开发部门等，则会集中在对应的劳动力或资源集聚区。上市公司同类职能部门集聚的结果，已经超越了新经济地理学的形式，从产业集聚转变为职能集聚，对应的空间分工形式也从传统的区域间产业分工演进为职能分工。上市公司通过职能部门的空间分离和同类职能部门的空间集聚，促进区域空间职能分工深化，具体如图2-18所示。

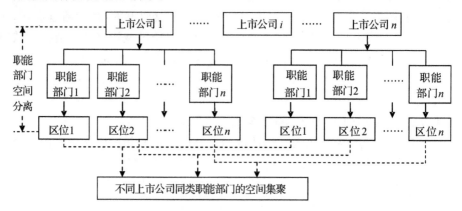

图 2-18　上市公司通过职能分工促进区域空间职能分工深化

（五）推动区域空间结构演进

区域经济发展需要以区域空间结构为依托，所谓区域空间结构，是指各种经济活动在区域内的空间分布状态与空间组合形式，是区域经济发展的"函数"[226]。区域空间结构在克服了各种经济活动区位指向差异性和地理空间约束性的同时，为地理空间分散分布的相关资源要素提供了空间平台，形成了一个能够发挥节约经济、集聚经济、规模经济等经济效益的，有助于实现区域经济活动有效运转的区域经济系统[227]。区域经济发展过程就是区域经济活动空间结构优化演进、空间过程逐次递推的过程①[228,229,230,231]。然而，无论是区域空间结

---

①　区域经济发展过程可以理解为从"核心-边缘结构"到"点-轴结构"，再到高级形式的"空间网络"，最后发展为城市化、工业化和区域经济一体化的"都市圈"的空间结构演进过程。

构的分异还是经济活动的集聚或分散,所有看似宏观或中观的区域空间结构演进都是微观经济主体空间行为选择的结果。尤其区域内企业之间的利益和权力结构的转化,都是区域空间结构演进、空间过程变迁的主要推动力量,并借助于产业传导机制,通过产业空间集聚形成新的经济中心,带动区域经济空间结构变化。上市公司作为区域内企业的一种特殊形式,在区域空间结构演进过程中除了发挥企业一般性功能外,其先进的外包合作与网络化经营管理理念,更是为区域空间结构的优化和演进注入了新的活力,成为区域空间结构演进新的推动力量。

首先,上市公司具有企业的一般属性,微观经济主体企业对区域空间结构形成及演进的作用机制,亦是上市公司促进区域经济发展作用发挥的具体途径。表现在区域内企业在进行区位选择时总是具有一定区位指向性,如原材料地指向、自然资源指向、劳动力指向、运输指向、市场指向等。受区位指向的影响,从静态的角度看,企业经济活动主要表现为点、线和面三种空间分布形态,相应地,区域空间结构形态就表现为点状、线状和面状。① 从动态角度看,区域空间结构是不断运动变化的,区域空间结构由低级向高级演进过程中,经济空间现象呈现出从离散型经济空间(核心-边缘结构)到点轴型经济空间再到网络型经济空间的发展趋势,从简单的杜能农业空间分异到非联系性城市体系,从城市群到都市连绵区再到都市圈的发展过程[232]。

任何经济活动都是基于一定的主体行为展开的,不对区域主体行为进行研究,就无法真正揭示区域空间结构演进的作用机理[233]。运用企业组织理论从微观角度来看,区域空间结构的演进就是在企业区位指向基础上,集聚力与扩散力平衡作用下的结果。表现在,企业出现后为优化整合各项资源,谋求利润最大化,必然进行企业间的联合,深化产业分工。企业联系和分工方式的发展,对集聚经济的追求会导致集聚机制,在集聚机制下,资源、要素和企业区位选择将不断向优势区位集聚,遵循积累—发展—再积累—再发展的运动轨迹,不断促进区域节点通过交通干线连接向区域轴线发展,从而出现区域集聚现象,形成产业密集带、城市带等区域经济空间结构。然而集聚机制在带来"中心-外围"空间组合关系形成的同时[234]亦会带来规模的不经济性,企业为克服因过度集聚所带来的负面影响,在寻找新的发展机会的同时必然会导致扩散机制的形成,在扩散机制作用下,企业在空间分布上趋于均衡。企业纵向联合、空间分散的生产组织方式最终会促进"点-轴"型城市体系空间结构发生变化,经过区域节点和轴线的延伸与交叉,城市与城市之间的企业网络体系,最后进入经济全面发展的网络型城

---

① 在区域空间结构形态中,"点"是区域空间结构中的节点,"线"指由线状空间要素组成的经济地带和经济渠道,纵横交错的"线"组成"网络","面"指范围广泛的区域。

市体系空间结构,并进一步深化为整合网络化与多种新模式的都市圈空间结构形式,实现区域空间结构从低级向高级的演进。

其次,借助于资本市场公开、透明的信息传导机制,在现代产权制度和公司治理结构的支撑下,不断地寻求最新的管理方式、引进先进的管理理念,实现柔性管理是上市公司区别于区域内其他企业的显著特征。近年来,外包合作与网络化经营已成为企业变革的大趋势,上市公司则是变革的积极推动者和落实者。通过外包合作与网络化经营的柔性管理理念,上市公司为区域空间结构的优化和演进注入了新的活力,成为区域空间结构演进新的推动力量。

集中力量发展优势业务,将非优势业务通过外包合作交给其他企业完成,企业从主要依赖内部资源转向内外部优势资源并重,通过管理和利用内外部资源网络提升企业、产业及区域竞争力,是外包合作与网络化经营的核心思想[235]。外包合作①是上市公司追求外部化带来的专业优势与成本优势、长期合作带来的交易费用节省的结果。外包合作在整合外部资源,追求专业化发展的同时,必然要求上市公司从传统的基于内部资源的企业战略转变为内外部资源并重的企业战略,即实现网络化经营。外包合作及由此带来的网络化经营,将引起上市公司利益和权力结构的转化,借助于产业传导机制,为区域空间结构的优化和演进注入了新的活力。

以现代信息技术和互联网络支撑下的外包合作与网络化经营,将打破传统经济形态下的空间组织结构由“点”到“线”,再到“面”的演进过程,实现区域空间结构由“点”到“面”的跳跃。表现在,上市公司进行外包合作和网络化经营第一步是寻找专业化的接包企业,由于上市公司与接包企业一般都是通过信息技术,借助于互联网交易平台而组成的利益统一体,因此这类专业化企业一般都会分布在有高成长性网络产业或信息产业的优势区位,通过专业化企业的集聚该区位势必得到迅速的发展,从而演变成区域的经济增长点。同时借助互联网技术,对接包企业的搜索可以是全球范围内的,此时形成的区域增长点将有别于传统经济条件下形成的增长点,是一种在崭新区域空间上的“新的区域增长点”。增长点通过将区域经济活动与区域内现有的城市体系结合,形成新的经济增长带,甚至是形成新的地域增长次经济区域。互联网在信息沟通和经济联系方面的及时、快速和便利打破了在传统经济形态下自然条件和交通通信条件的制约,使得

---

① 外包合作可以分为制造外包和服务外包,也可以分为管理外包(职能外包)与经营外包,还可以分为外部外包和内部外包。现实中,上市公司可以选择一种或多种业务进行外包合作,外包对象既可以是有股权关系的母子公司或孙公司,也可以是无股权关系的其他企业。

经济核心区域与外围区域的联系变得松动①，随着企业经济活动网络化经营和组织的增强，在互联网的作用下，区域空间结构的演进就可能实现由"点"到"面"的跳跃，形成有效的区域空间网络结构，实现区域空间结构从低级向高级的演进。

可见，上市公司作为企业的特殊形式，借助于资本市场，凭借其在资金筹集、人才吸引、技术创新和管理创新等方面得天独厚的优势，通过要素集聚机制、外部效应机制、市场共享机制和发展联动机制，能够从要素层面、产业层面和区域空间层面三个维度不断促进区域经济的发展。二十多年来，我国上市公司经历了从无到有，从弱到强的发展历程，在资产规模、盈利能力、核心竞争力等方面都有了稳步的提升，逐渐成为我国区域经济发展中最活跃、最具创造力和竞争力的微观主体，成为推动我国企业改革和经济发展的中坚力量。然而，我们必须意识到，上市公司作为股份制公司的典型代表，其组织形式虽然被誉为本世纪最伟大的发明，但是任何一项新的技术、新的管理手段、新的组织形式必须要应用得当才能造福人类，才能在经济发展的道路上锦上添花。

尤其对于我国来说，资本市场的产生并非是市场经济发展的产物，更多是行政力量干预的结果，资本市场长期承担着解决国有企业资金不足，推动国有企业改制的重任，通过上市筹集资金一度成为企业争先恐后上市的直接驱动力量。然而片面强调企业上市的融资功能，势必会导致企业的短视行为，尤其是2004年5月27日，经国务院批准证监会正式批复同意，在深交所主板市场内正式启动中小企业板块，以及2009年10月30日，我国创业板的正式上市，为中小企业提供了更方便的融资渠道，一方面给中小企业筹集资金带来了福音，另一方面也让那些"心怀不轨"的企业有机可乘。一部分中小企业为了获得上市资格融通资金不惜重金包装，却忽略了企业自身的发展需求以及未来的发展方向，从而导致深交所创业板的业绩"变脸"。我们必须意识到，资本市场中靠炒作起来的股价如果没有实际的业绩支撑，一旦股市泡沫破灭，上市公司只能自食恶果，区域经济的发展必将受到重创。因此，我们在强调鼓励企业上市的同时，更要帮企业树立正确的上市动机，上市融资只是手段，利用资本市场平台，借助上市公司的市场知名度和社会影响力如何追求更好的发展，以创造财富繁荣区域经济才是企业上市的最终目的。

当然，企业一旦选择上市，股价的高低就会成为企业所有者、管理者不得不

---

① 在传统经济形态下，由于受自然和交通等条件的限制，某一经济核心地的外围总是局限于一定的范围之内；同时，某一经济外围也往往仅依附于一个或几个核心地。但是随着经济活动网络化经营和组织的增强，互联网络将打破时间和空间的限制，使每一个区域核心的外围都将会得到无限的扩展；每一个经济外围也将不仅依附于一个或几个核心，而且表现为受多核心共同影响的多重属性。核心和外围区域能够通过网络寻找其更适合的发展空间。

关注的因素,在某种程度上,上市公司对股价的关注甚至高于对自身发展业绩的关注。然而,股价的高低不仅受上市公司业绩的影响,还会受资本市场中股票大盘走势整体氛围的影响。当上市公司股价与业绩南辕北辙逆势高涨时,上市公司某些股东或高管层一旦被短期利益蒙蔽,就会选择抛售股票变现,势必对上市公司发展带来致命打击。除此之外,当企业专注长远发展时,难免会出现因尝试新产品或进行结构重组,需要增加投入的情况。鉴于新产品投资或企业结构转型较长的投资回收期,短期内上市公司盈利能力必然下降,当碰到经济衰退时,投资回报也会减少,资本市场的压力就会接踵而至,管理层为了迎合市场对股价的要求,就不得不采取各种短视行为,导致上市公司抗压力减弱,不利于上市公司的长远发展。

那么,如何平衡好虚拟经济中股价与实体经济中财富创造——业绩的关系,是全世界上市公司都要面对的问题。很多企业为了不受资本市场压力的困扰,为了能够一心将企业做强做大,均选择拒绝上市。放眼世界来看,成立于1918年,总部位于美国堪萨斯州的科氏工业集团,作为一个典型的家族型企业,其业务遍及原油开采、炼化、贸易、管道运输、农业和畜牧业、金融服务、道路沥青等多个领域,是全球最大的非上市公司。作为全球直销龙头企业的美国安利公司,成立于1959年,总部位于美国密执安州亚达城,业务已经遍及90多个国家和地区,2013年,公司全球销售业绩达到118亿美元,连续7年保持业绩增长①。谈及是否有上市打算时,该公司总裁德·狄维士(Doug De Vos)指出,安利的财务状况非常健康,不需要通过上市来筹集资金。与此同时,他还强调安利作为家族企业的优势就在于所有的管理者都能在企业的大家庭中长大,目标一致,即都想方设法让公司有更好的明天。正是安利几十年如一日的价值和理念以及着眼于长远发展的目光与考虑,使安利有了如今辉煌的成绩。因此,德·钦维士指出在制定企业规划时,发展家族企业比上市公司更能着眼于长远利益,这也是安利不上市的原因。

在我国,亦有一部分优质企业不愿意上市,而这些不愿意上市的企业大部分都是家族企业,且主要基于三点考虑。第一,由于企业自身资金充足,根本没有必要上市融资;第二,既然是家族企业,考虑到上市后的是是非非,以及如何应对股民们的质疑,更多企业选择自己为自己的企业经营管理作决定;第三,家族企业一般都有熟悉的、一直浸泡其中的环境与文化,一旦上市,企业就会为了向股东、股民交代而必须无休止地追求利润增长,追求股价提升,与企业独有的文化环境不符。比如总部位于中国广东省深圳市龙岗区的华为技术有限公司,作为

---

① 数据来源于新浪财经网,网址:http://Finance.sina.com.cn.

一家生产和销售通信设备的民营通信科技公司,华为的产品和售后解决方案已经应用于全球170多个国家,服务全球运营商50强中的45家及全球1/3的人口①。在2013年《财富》世界500强中华为排行全球第315位,与上年相比上升38位。在2014年《财富》世界500强中华为排行全球第285位,与上年相比上升30位②。根据2014年上半年度经营业绩数据显示,该年上半年,华为实现销售收入共计1358亿元,同比增长19%,营业利润率18.3%③。公司创始人任正非在公司"蓝血十杰"的表彰会上一再强调,华为不会上市。至于不会上市的原因,任正非说:"一旦华为上市,就可能会让我们越来越怠惰,失去奋斗者的本质色彩。"

与华为一样不愿意上市的企业还包括方太集团。创建于1996年的方太集团,自成立以来就始终专注于高端厨电领域,坚持"专业、高端、负责"的战略性定位,向着成为一家受人尊敬的世界一流企业的愿景而不懈努力。谈到是否有上市打算时,方太集团总裁茅忠群曾直言不希望有杂音来干扰企业。在茅忠群看来,一旦上市企业就会走进单纯追求利润的不良怪圈,上市反倒会被股东施加压力,首要任务变成了一味追求利润与规模的扩张,这与方太做高端品牌的梦想会有冲突。所以茅忠群提出了方太的"三不原则",即"不上市、不打价格战、不欺骗",在他看来一个真正的高端品牌应该是经得起时间考验的,而不是用规模利润来决定的。与此类似的还有成立于1996年的贵阳南明老干妈风味食品有限责任公司,老干妈创始人陶华碧有一句"四不"名言:"不偷税、不贷款、不欠钱、不上市"。在她看来企业一旦上市陷入圈钱的欲望中,就有可能违背企业发展的初衷,最终可能倾家荡产。

当然,这些对上市"深恶痛绝"的企业,除了基于市场压力、企业文化等因素的考量之外,企业的秘密不能公开也是重要的原因之一,比如美国的安利公司,由于规模庞大且涉足敏感行业,该企业坚持没有上市,这样既可以避免了行业对公司内部的监察,也可以避免由于行业新闻而股价波动,从而影响企业形象的问题存在。

除此之外,优质企业不愿意上市的另一个不可忽视的原因就在于资本市场的收购兼并功能。从区域经济发展的视角来看,收购兼并是上市公司进入新经营领域最经济有效的方式,对区域内产业的发展、产业领域的拓展具有重要意义。但是从企业自身发展来看,资本市场一旦有新的投资者介入,就有可能导致企业原有股权结构发生重大变动,当入驻的新股东与企业原有股东就企业发展战略、发展方向产生矛盾时,甚至会颠覆企业目前的管理文化与发展愿景,这种

① 数据来源于搜狐网,网址:http://www.sohu.com.
② 数据来源于财富中文网,网址:http://www.fortune china.com.
③ 数据来源于凤凰科技网,网址:http://tech.ifeng.com.

现象在家族企业中将表现得更加突出。伴随改革开放的进程,我国一大批家族企业迅速崛起,并引入现代化企业管理模式,甚至最终上市成为公众公司,这一过程虽然为企业带来先进的管理理念与业绩提升,但由此而带来的诸多转变也开始让人应接不暇。其中最为重要的一点就是,这些白手起家的企业家难以接受企业股权与实际控制权被"侵蚀",上海家化联合股份有限公司(以下简称"上海家化")和国美电器的动荡就是最好的前车之鉴。①

事实上,虽然近年来我国上市公司在公司治理上取得了较大进步,但离真正

① 上海家化作为中国历史最悠久的日化企业之一,于2001年在上交所成功上市。2010年12月,上海家化的重组大幕正式宣布开启,董事长葛文耀接连开出一系列条件,为上海家化的未来规避风险,在层层筛选下,一批实力雄厚的外资和国内投资者纷纷退散。而中国平安作为少有的符合条件者之一,最终被上海家化选为良配。中国平安承诺会长期持有上海家化的股权,支持上海家化集团发展成中国的时尚产业集团。2011年11月,上海家化集团完成股权改制,实际控制人由上海市国资委变更为中国平安。从股权结构上看,平安集团直接和间接持有上海家化27.59%的股权。经历改制,脱离国资背景后的上海家化的发展却并非一帆风顺,改制后的上海家化管理层与大股东平安集团之间一直存在矛盾,矛盾的焦点则源自平安方面的违约,未能完成当初入股时的承诺。举例说,平安当初承诺投资70亿元要把上海家化打造成国内一流时尚产业集团,但这一承诺并未兑现,相反还在变卖集团的资产,另外,海鸥手表项目作为上海家化国际化战略重要组成部分,而平安方面却并不认同。到2012年12月18日上海家化股东大会上,双方矛盾最终公开化,平安信托董事长童恺正式进入董事会。2013年11月,与大股东平安信托矛盾爆发后,葛文耀最终以"退休"收场。随后,经大股东平安信托推荐,在上海家化股东大会选举中,强生医疗中国区原董事长谢文坚当选为上海家化的董事长。谢文坚入主家化后,便开始了去葛文耀化的进程,甚至以"公司内部控制被会计师事务所认为存在重大缺陷并出具否定意见,公司总经理作为公司内部控制制度的制定者及执行事宜的主要责任人,对此负有不可推卸的责任"为由辞退了在上海家化工作了23年的总经理王茁。这场风波给上海家化的发展带来了致命的打击,其股价已因内斗跌去六成,公司市值降低300亿元以上。然而,中国平安对于拥有上海家化第一大股东的位置似乎还不满足,于2015年开始酝酿对上海家化的要约收购方案,拟再掏出约83.6亿元对上海家化部分股东提出要约收购要求,要约收购顺利,中国平安持有上海家化的股份比例将达到58.87%。如果要约收购顺利完成,中国平安将实现对上海家化的绝对控股,上海家化的控制权之争就不可能再存在,高层内斗的局面也终于可以画上句号。

1986年,17岁的黄光裕跟着哥哥黄俊钦,揣着在内蒙古攒下的4000元,然后又借款3万元,在北京前门的珠市口东大街420号盘下了一个100平方米的名叫"国美"的门面。在那里,黄氏兄弟先卖服装,后来改卖进口电器,并于1987年正式改名"国美电器",到1993年时,国美电器连锁店已经发展至五六家,小门面变成了一家大型电器商城。1995年,国美电器商城从一家变成了10家;1999年国美从北京走向全国,并在之后迅速在全国88个城市开出330家门店。通过以上跳跃式的发展,国美成功开创了中国经营的连锁模式,赚取了丰厚的利润,同时黄光裕也开始进行资本运作,通过一系列的收购、兼并等商业活动,向多个商业领域尝试。2004年6月7日,国美电器以借壳方式在香港联交所成功上市,成为中国首家在境外上市的家电连锁企业。随后借助资本平台,黄光裕开始了一系列的业务扩张和资本运作,先后进军房地产行业、收购网络业务扩展网络平台、兼并永乐电器实施双品牌运作战略、收购陕西蜂星电器全国网络巩固通讯业务、全面托管大中电器、控股三联商社,最终完成了以规模扩张为核心战略的历史使命。然而好景不长,2008年11月,黄光裕因操纵股价被调查,最终招致牢狱之灾,入狱后黄光裕辞去国美电器董事职务,作为国美主席的身份同时自动终止。时任国美电器总裁的陈晓,于2009年1月接替黄光裕出任国美电器董事会主席兼总裁。上任后的陈晓为应对80多亿元的债务危机,力主引进美国贝恩资本进入国美成为国美第二大股东,并逐步控制了董事局。黄光裕控制权的稀释,导致他与陈晓之间出现了明显分歧。为重新夺回大权,双方上演了一幕又一幕令人眼花缭乱的股权大戏。2010年9月28日,黄光裕以大股东的名义提议召开临时股东大会,要求撤销陈晓的公司执行董事以及董事局主席职务,撤销孙一丁的公司执行董事的职务,撤销董事局增发股票的授权,并提名自己的妹妹黄燕虹担任公司执行董事,指定邹晓春为国美候选董事,以争取夺回自己在董事局里的控制权。最终国美电器股权之争的闹剧因股东会后陈黄双方私下谈判有了短暂的平息,谈判内容包括邹晓春、黄燕虹进入国美董事会,陈晓在一年内离职。2011年3月9日,国美电器董事局主席陈晓请辞,接替他人则是大中电器创始人张大中,与此同时,孙一丁将不再出任执行董事,但留任行政副总裁。至此,喧嚣多时的国美电器控制权争夺画上休止符。逝者已矣,来者可追,国美的企业发展已在新一届董事会的带领下跨入了新的历史时期。

规范的公司治理还有较大的差距。管理方式落后、创始人大股东忽略中小投资者利益、信息不公开等问题依然是困扰上市公司,尤其是家族上市公司的顽症。然而成长的道路本来就是充满挑战与坎坷的,正如凤凰涅磐、浴火重生,其羽更丰,其音更清,其神更髓。类似于国美的控制权之争的本质是企业所有股东、董事会及管理层在公司股权结构与治理结构层面的争夺与重置,是企业从家族化向现代企业制度转型的必经之路。因此,如何保证"以股东价值为指引实行专业治理"与"尊重并约束大股东利益"的最佳结合就成为企业上市后持续发展中至关重要的一环。上市公司作为股份公司的典型代表,其组织形式较家族企业而言,更加规范和有效,而且企业上市变身成公众公司,本身就走向了一个更大平台,可以调动更多资源,所以关键在于公司自身目标的取舍。在区域经济发展的大潮中,每个企业都必须认识到,上市并不是目的,而是手段,保证公司健康的现金流和持续稳健的扩张才是实现自身发展、贡献区域经济的正道。

五、本章小结

企业是区域经济运行的微观主体,区域经济的发展必须依靠区域内企业的发展壮大来实现。上市公司作为企业的特殊形式,借助资本市场,在资金筹集、人才吸引、技术创新和管理创新等方面拥有得天独厚的优势,是区域内大规模、高盈利、强实力和多区位企业的典型代表。上市公司对区域经济发展的影响,一方面由其作为企业的共性所决定,另一方面上市公司的个性在促进区域经济发展中亦发挥着不可替代的作用。本章从上市公司资金筹集能力、人才吸引能力、技术创新能力和管理创新能力四个方面入手,将上市公司作为企业所具有的共性与个性相统一,借助要素集聚机制、外部效应机制、市场共享机制和发展联动机制,分别从要素层面、产业层面和区域空间层面三个维度,初步建立了上市公司影响区域经济发展的理论研究框架,为实证研究提供理论依据。本章的逻辑结构与组织框架如图 2-19 所示。

具体来看,首先,上市公司对区域经济发展的促进作用主要是借助于要素集聚机制、外部效应机制、市场共享机制和发展联动机制实现的;其次,就要素层面来看,上市公司对区域经济发展的促进作用主要体现在上市公司的资金筹集效应、人才吸引效应、技术创新效应和管理示范效应四个方面;再次,上市公司通过促进区域产业组织优化,引导区域主导产业变迁,拓展区域产业业务领域,加快区域产业增长速度,在产业层面上对区域经济发展施加影响;最后,上市公司从区域空间层面上影响区域经济发展是通过优化区域企业区位选择,带动区域中

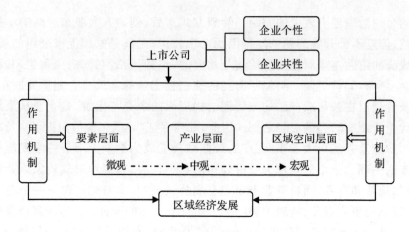

图 2-19　本章逻辑结构与组织框架

小企业集聚,推动区域产业结构调整,促进区域空间分工深化和推动区域空间结构演进五个方面达成的。

　　与此同时,在区域经济发展的大潮中,每个企业都必须要认识到,上市公司作为股份制企业的典型代表,借助于资本市场,有其他企业不可比拟的优势,但是上市并不是目的,而是手段,保证公司健康的现金流和持续稳健的扩张才是实现自身发展、贡献区域经济的正道。

第三章　东北地区上市公司发展历程
　　　　与功能演进

依托于资本市场,上市公司具有快捷、便利的融资条件和社会化资金来源,能够以资本为纽带整合人才、技术、管理与市场,借助要素集聚机制、外部效应机制、市场共享机制和发展联动机制,从要素层面、产业层面、区域空间层面不断推动区域经济的繁荣昌盛。那么,就现实情况来看,立足于东北地区,其上市公司发展现状如何?与全国平均水平相比,在公司规模、行业分布、产业结构、经营状况、地区分布等方面表现出什么样的区域特征?与经济发达的江浙地区相比,东北地区上市公司又存在哪些问题和不足?经历了怎样的发展历程?在东北地区经济发展中上市公司发挥了什么样的作用?接下来,本书将对东北地区上市公司的发展现状和主要特征进行详细描述,总结归纳上市公司在东北地区经济发展中扮演的角色,寻找东北地区上市公司发展中存在的不足和问题,为改善东北地区上市公司质量,为实现依托高质量上市公司发展东北地区经济提供经验数据支持。

一、东北地区上市公司发展现状

东北地区上市公司发展与我国资本市场息息相关,自1990年我国资本市场正式成立以来[①],中央和各地方政府就积极推动相关企业上市,东北地区亦不落后。1992年金杯汽车股份有限公司(简称金杯汽车,证券代码600609)在上海证券交易所挂牌交易,这标志着东北地区开始步入借助上市公司繁荣区域经济发展的

---

　　① 1990年12月上海证券交易所和深圳证券交易所先后开业,共有13只股票在两个交易所公开上市交易,标志着我国资本市场步入正式发展轨迹,开创了我国上市公司利用资本市场的新纪元。

道路。经过 20 年的发展,到 2012 年年底,东北地区已有上市公司 135 家(主板上市公司 105 家、中小企业板上市公司 20 家、创业板上市公司 10 家),股本规模达到 1111.21 亿元,总市值 7130.78 亿元。按照中国证监会行业分类标准①,在 19 个行业中,东北地区上市公司已覆盖 11 个行业,上市公司成为东北地区经济发展的中坚力量。接来下,本书将分别从规模特征、行业分布与产业结构、经营状况、地区分布等方面对东北地区上市公司的发展现状和区域特征进行详细的描述。

(一)东北地区上市公司的规模特征

1. 东北地区上市公司数量分布

上市公司作为区域内优质企业的典型代表,是提升区域竞争力的重要支撑力量,是区域经济发展的标杆和生力军。自我国证券市场成立以来,东北地区各级政府就积极为企业上市创造条件,不遗余力鼓励和推进企业上市。经过 20 年的发展,东北地区上市公司在数量上已初具规模,从 1992 年的 1 家到 2012 年的 135 家,在全国上市公司版图中开始占据一定的位置。东北地区历年上市公司数量及其在全国上市公司中所占的比重,具体如图 3-1 所示②。

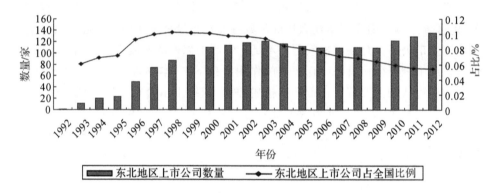

图 3-1　东北地区历年上市公司数量及其在全国上市公司中所占的比重

---

① 根据中国证券监督管理委员会公告〔2012〕31 号,《上市公司行业分类指引》(2012 年修订),当上市公司某类业务的营业收入比重大于或等于 50%,则将其划入该业务相对应的行业;当上市公司没有一类业务的营业收入比重大于或等于 50%,但某类业务的收入和利润均在所有业务中最高,而且均占到公司总收入和总利润的 30% 以上(包含本数),则该公司归属于该业务对应的行业类别;不能按照上述分类方法确定行业归属的,由上市公司行业分类专家委员会根据公司实际经营状况判断公司行业归属;归属不明确的,划为综合类。按照该类方法,将上市公司所属行业分为 19 个门类,并进一步细分为 90 个大类。以下本书中所涉及的行业分类均按此标准进行,不再赘述。

② 资料来源:根据国泰安数据库、中经网统计数据库以及上海证券交易所(http://www.sse.com.cn/)和深圳证券交易所(http://www.szse.cn/)提供数据整理。

从图 3-1 可知,东北地区上市公司长期保持着稳中有增的发展趋势,到 2012 年,东北地区上市公司达到 20 年来的历史最高值 135 家,其中上交所有 67 家,深交所有 38 家。同时,在多元化资本市场建设中,东北地区亦保持着较高的积极性,并取得了一定的成效。截至 2012 年,东北地区在中小企业板和创业板上市公司分别有 20 家和 10 家。上市企业的数量既是一个地区经济发展水平的反映,也是推进地区经济快速发展的重要因素。自 2005 年,深交所启动"中小企业上市资源培育工程"后,全国各地都在积极采取一系列的措施为中小企业"输血"和"加油",合力支持中小企业上市。东北地区各省市政府出台相关政策,加大中小企业上市培育力度,虽然 2012 年东北地区中小企业板和创业板上市公司数量较少,但是发展趋势良好,相信随着东北地区中小企业的不断发展壮大,必将在中小企业板和创业板中发挥其自有的优势。东北地区上市公司构成情况具体如表 3-1[①] 所示。

表 3-1　2012 年东北地区上市公司构成

上市公司	数量		比例	
主板	105 家	上海证券交易所:67 家	77.78%	上海证券交易所:63.81%
		深圳证券交易所:38 家		深圳证券交易所:36.19%
中小企业板	20 家		14.81%	
创业板	10 家		7.41%	
合计	135 家		100%	

就东北地区上市公司在全国上市公司中所占的比例来看,在 2000 年之前,东北地区上市公司在全国所占的比重处于逐渐上升阶段,并达到最高的 10.12%。然而,自 2001 年开始,东北地区上市公司所占比例开始逐渐下降,到 2012 年东北地区上市公司只占全国总数的 5.41%。为更好理解东北地区上市公司与全国水平发展程度上的差异,本书用上市公司区位熵,即地区上市公司数量与地区 GDP 的比值,来衡量上市公司发展与当地 GDP 的匹配程度,具体如图 3-2[②]所示。

---

　　① 资料来源:根据上海证券交易所(http://www.sse.com.cn/)和深圳证券交易所(http://www.szse.cn/)提供数据整理。

　　② 资料来源:根据上海证券交易所(http://www.sse.com.cn/)、深圳证券交易所(http://www.szse.cn/)以及中经网统计数据库提供数据整理。

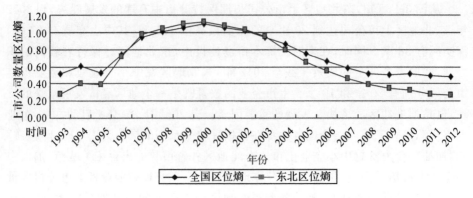

图 3-2　上市公司数量区位熵分布

从区位熵看,东北地区上市公司区位熵在 1997 年至 2003 年 7 年中以微弱的优势高于全国平均水平,然而从 2004 年开始,则处于迅速下降阶段,显著低于全国平均水平。上市公司数量在地域空间上的演变与我国经济发展水平以及资本市场的发展程度紧密相关。东北地区曾是我国重化工基地和经济发展的龙头地域,是新中国工业的摇篮,为建成独立、完整的工业体系和国民经济体系,为国家改革开放和现代化建设作出了重大的贡献。虽然自改革开放之后,东北地区经济发展逐渐步入衰退阶段,但是东北地区扎实的工业基础造就了一批优秀的制造业企业,并在我国资本市场建设中优先获得上市资格。然而,随着改革开放的不断深化,东北地区经济增长速度开始落后于全国平均水平,经济总量在全国经济版图上的重要性不断下降,"东北问题"开始凸显,区域内企业发展亦出现瓶颈,东北地区经济发展更多依靠传统优势企业支撑,企业发展速度的缓慢、发展质量的不足势必导致东北地区上市公司数量不足。因此,从 2004 年开始,东北地区上市公司区位熵就开始急速下降,丧失了以往的优势,且显著低于全国平均水平。这就说明东北地区作为一个整体,相对于其经济发展水平而言,上市公司的数量与 GDP 的匹配程度相对于全国水平是偏低的,东北地区上市公司的数量是偏少的。

2. 东北地区上市公司股本分布

股本(capital stock)亦称股份,是经公司章程授权、代表公司所有权的全部股份,既包括普通股也包括优先股。上市公司与其他公司比较,最显著的特点就是将上市公司的全部资本划分为等额股份,并通过发行股票的方式来筹集资本。股份总数为股本,因此,股本的大小能直接反映上市公司规模的大小,是上市公司自身实力的体现。当然,上市公司的股本并非一成不变,股本规模的大小会随着上市公司的送股、配股以及发行新股而增加,亦会随着上市公司股票回购而减少。就东北地区上市公司的股本规模来看,截至 2012 年年末,如图 3-3 所示①,沪深交易所 135 家上市公司股本总额为 1111.21 亿元,平均每个上市公司 8.23 亿元。而就全国来看,全国 2494 家上市公司总股本为 31834 亿元,平均每个上市公司 12.76 亿元。显然,东北地区上市公司在股本规模上低于全国平均水平。

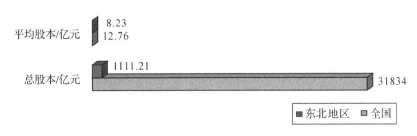

图 3-3　区域上市公司股本规模对比

　　进一步从东北地区上市公司的股本规模分布来看,如图 3-4 所示②,东北地区上市公司的股本规模集中分布在 2 亿~4 亿元,共有上市公司 40 家,占东北地区上市公司总数的 29.63%。其次,股本在 10 亿元以上的上市公司有 29 家,占东北地区上市公司总数的 21.48%。而股本在 1 亿~2 亿元和 4 亿~6 亿元的上市公司均有 24 家,在 1 亿元以下、6 亿~8 亿元、8 亿~10 亿元的上市公司均有 6 家。总体来看,东北地区上市公司股本分布比较均匀,尤其在老工业基地的发展背景下,一大批规模较大、实力雄厚的国有企业上市公司,充实了东北地区上市公司的股本规模。如 1997 年上市的国电电力发展股份有限公司(简称:国电电力,股票代码:600795),其股本规模高达 172.3 亿元。

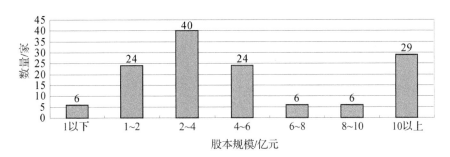

图 3-4　东北地区上市公司股本规模分布

---

① 数据来源:根据国泰安数据库提供数据整理。
② 数据来源:根据国泰安数据库提供数据整理。

（二）东北地区上市公司的行业分布与产业结构

1.东北地区上市公司行业分布

截至 2012 年,东北地区共有 A 股上市公司 135 家,按照中国证监会的行业分类标准,在 19 个行业中,东北地区上市公司已覆盖 11 个行业,东北地区上市公司行业分布情况具体如图 3-5① 所示。根据图 3-5 可以发现,在东北地区上市公司覆盖的 11 个行业中,制造业上市公司具有明显的优势。具体来看,在 135 家上市公司中,制造业上市公司就有 80 家,所占比例高达 59.26％。位居第二位的是批发和零售业,有上市公司 12 家,占东北地区上市公司总数的 8.89％,其次是电力、热力、燃气及水生产和供应业与房地产业,分别有上市公司 11 家和 10 家,占上市公司总数的 8.15％和 7.41％。除此之外,其余 7 个行业的上市公司比例均不足 5％,其中科学研究和技术服务业、水利环境和公共设施管理业以及文化体育和娱乐业的上市公司分别只有 1 家。可见,东北地区第三产业类上市公司的发展明显不足,因此,通过城市化推进第三产业发展,培育产业内优质企业仍是未来东北经济发展中产业布局的重点。

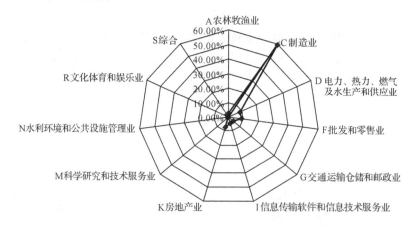

图 3-5　东北地区上市公司行业分布

对 80 家制造业上市公司进一步分析后可以发现,东北地区制造业上市公司主

---

① 资料来源:根据中国证券监督管理委员会〔2013〕4 号公告《关于对 2012 年 4 季度上市公司行业分类划分和确认》提供数据整理。

要涉及 22 种行业①,且主要集中于医药制造业、专用设备制造业、电气机械及器材制造业以及汽车制造业,分别占到制造业类上市公司总数的 13.75%、13.75%、11.25% 和 10%。可见,凭借东北老工业基地良好的装备制造业发展基础,辅以船舶制造国家工程研究中心、高档数控国家工程研究中心、国家水力发电设备工程技术研究中心、国家真空仪器装置工程技术研究中心、特高压变电技术国家工程实验室、高速列车系统集成国家工程实验室(北方)等科研支撑,东北地区上市公司仍主要集中于装备制造业,并在该行业领域形成一批优质上市企业,培育了一批具有广泛市场影响力的知名品牌。比如智能制造装备领域的沈阳机床(股票代码:000410)、中国一重(股票代码:601106)、特变电工(股票代码:600089)等,航空装备领域的哈飞股份(股票代码:600038),海洋工程领域的大连重工(股票代码:002204),轨道交通设备领域的中国北车(股票代码:601299)等,围绕上述上市公司,相关的配套企业在周边集聚,形成了集群化发展态势,极大地促进了东北地区装备制造业集群化和基地化发展。

与此同时,东北地区制造业上市公司在那些体现地区产业布局和经济发展重点的高科技、软硬件、新能源、新材料等行业所占比重过小,如属于计算机通信和其他电子设备制造业的上市公司只有两家,仪器仪表制造业类上市公司只有 1 家。因此,东北地区应该加快培育,积极发展战略性新兴产业,借助于资本市场的兼并收购功能,改造传统制造业上市公司,加快传统产业转型升级。东北地区制造业类上市公司具体的行业分布如图 3-6 所示②。

将东北地区上市公司的行业分布与全国水平进行比较,具体如图 3-7 所示③,东北地区上市公司的行业分布与全国平均水平相比,其在农林牧渔业,电力、热力、燃气及水生产和供应业,批发和零售业,房地产业以及综合业 5 个行业中占有显著优势。东北地区上市公司行业分布与其区域经济发展的宏观背景密切相关,位于东北亚中心地带的东北地区,曾是新中国成立以后第一个重点建设的重工业基地和农业基地。布局在东北地区的钢铁、能源、重机械、化工、汽车、军工等工业项目,

---

① 根据证监会对上市公司行业分类标准,东北地区制造业类上市公司涉及农副食品加工业、酒饮料和精制茶制造业、纺织服装服饰业、木材加工及木竹藤棕草制品业、造纸及纸制品业、石油加工炼焦及核燃料加工业、化学原料及化学制品制造业、医药制造业、化学纤维制造业、橡胶和塑料制品业、非金属矿物制品业、黑色金属冶炼及压延加工业、有色金属冶炼及压延加工业、金属制品业、通用设备制造业、专用设备制造业、汽车制造业、铁路船舶航空航天和其他运输设备制造业、电气机械及器材制造业、计算机通信和其他电子设备制造业、仪器仪表制造业、其他制造业 22 种行业。

② 数据来源:根据中国证券监督管理委员会〔2013〕4 号公告《关于 2012 年 4 季度上市公司行业分类划分和确认》提供数据整理。

③ 数据来源:根据国泰安数据库和中国证券监督管理委员会〔2013〕4 号公告《关于 2012 年 4 季度上市公司行业分类划分和确认》提供数据整理。

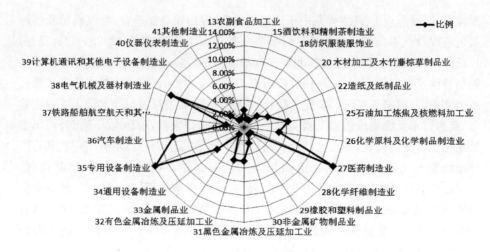

图 3-6　东北地区制造业类上市公司具体行业分布图

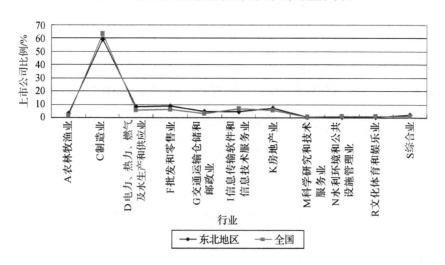

图 3-7　区域上市公司行业分布与全国分布

奠定了我国工业化的基础,发展至今,仍具产业优势、科研优势和人力资源优势;而东北地区辽阔的地域、肥沃的土地和丰富的生物资源,为农林牧渔业的发展提供了得天独厚的优势,作为商品粮生产基地,其在全国农业经济发展中的地位坚不可摧。因此,在以能源和原材料为主体的工业体系和商品粮生产基地为总体格局的宏观经济背景下,隶属该行业的上市公司就有一定的发展优势,所占比例也较大。总体来说,在东北地区上市公司中,行业分布仍然集中于装备制造业、冶金和石化等能源行业,体现地区产业布局和经济发展重点的高科技、软硬件、新能源、新材料等行业的上市公司比重过小。上市公司行业分布的单一化,必然会对东北地区经济发展产生一定的不利影响,因此,东北地区上市公司迫切需要加强技术创新,提高产品科技含量,通过提升上市公司竞争力以提高整个地区经济发展水平。

2. 东北地区上市公司产业结构

根据美国、日本等发达资本市场的发展经验显示,上市公司产业结构与整体经济产业结构应该保持较高的一致性。就我国来看,追求上市公司产业结构与整体经济产业结构发展趋势相一致,不仅是经济发展的根本要求,也是在资本市场上上市公司产业结构发展的基本目标[236]。然而,由于我国内地资本市场发展历程较短,资本市场发展还欠成熟,我国上市公司产业结构与发达资本市场相比,不仅在全国水平上表现出一定的偏差,在区域发展上更是与区域经济产业结构有一定的偏离。2012年,全国及东北地区上市公司数量三次产业之比与GDP三次产业之比,具体如图3-8①所示。

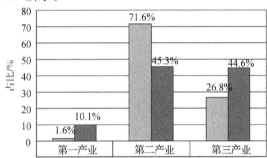

(a)全国上市公司数量三次产业与GDP三次产业比较

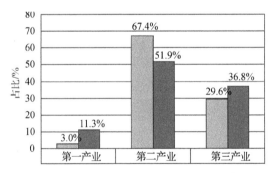

(b)东北地区上市公司数量三次产业与GDP三次产业比较

图3-8 上市公司产业结构与整体经济产业结构比较

① 资料来源:根据国泰安数据库、中经网统计数据库以及中国证券监督管理委员会〔2013〕4号公告《关于对2012年4季度上市公司行业分类划分和确认》提供数据整理。

根据图 3-8,就全国来看,上市公司数量中三次产业比重是 1.6∶71.6∶26.8,而在 GDP 构成中,三次产业比重为 10.1∶45.3∶44.6。可见,全国上市公司数量三次产业比与全国 GDP 构成中的三次产业比存在一定的偏差,这种偏差在第一和第三产业中表现尤为突出。而就东北地区来看,上市公司产业结构与区域经济产业结构之间亦存在一定程度的偏离,但偏离程度明显小于全国水平。在GDP 构成中,东北地区第一产业的比重有 11.3%,而上市公司数量中第一产业的比重仅为 3.0%;另外,GDP 构成中第三产业的比重为 36.8%,而第三产业上市公司仅有 29.6%;与此同时,第二产业上市公司的比重高达 67.4%,远高于第二产业在 GDP 构成中的 51.9%。但是,我们必须意识到,东北地区产业结构调整的步伐远远落后于我国经济发达地区,较重的历史包袱、较低的市场化程度以及金融业支持的欠缺使得东北地区产业发展普遍呈现出"重重工业、轻轻工业"即"重重轻轻"的特征。

产业结构作为影响区域经济发展的重要因素,是通过产业结构合理化、产业结构高度化和产业结构高效化来实现的,其实质就是通过三次产业比例的不断协调,借助于新技术、新知识和新管理理念,大力发展高新技术、深加工度、高附加值产业,以建立一个结构紧凑、相互协调、经济效益突出的产业体系。在区域产业结构优化的整个过程中,上市公司是重要的推动力量,区域产业结构是否合理有效,在一定程度上可以从区域内上市公司的产业结构中予以反映[237]。东北地区作为我国重要的重工业基地和商品粮生产基地,具有雄厚的工业基础和后备人才支撑。在农产品生产、石油、化工、设备制造、汽车生产等产业中具有一定的比较优势,是我国工业化建设中不可忽视的力量。因此,东北地区应大力发展优势产业,通过不断调整和优化轻、重工业结构,适当加大轻工业比重,将比较优势转变为竞争优势。当然,随着我国资本市场的不断发展,主板、中小板和创业板多元化资本市场体系的建立,要求东北地区应该放眼新兴产业,鼓励更多的金融保险、信息技术、文化娱乐、卫生教育类企业进入资本市场,以带动生产性服务业、现代型服务业的快速发展,以及通过上市公司产业结构的优化,带动东北地区产业结构的升级。

(三)东北地区上市公司的经营状况

上市公司作为信息最透明、监管最严格的企业群体,其经营状况最终要通过公开披露的会计信息予以体现。本书对东北地区上市公司经营状况的探讨,则是立足在国泰安数据库的基础上,围绕上市公司盈利能力、资产质量、债务风险和经营增长四个方面,细分净资产收益率、总资产报酬率、每股收益、总资产周转率、应收账款周转率、资产负债率、已获利息倍数、营业增长率、资本积累率九个具体指标展开。

1. 东北地区上市公司盈利能力状况

企业是以盈利为目的的,追求利润是上市公司的生存之本,是上市公司内外有关各方都关心的中心问题。具体来看,利润是投资者取得投资收益、债权人收取本金与利息的资金来源,是经营者经营业绩和管理效率的集中体现,也是职工集体福利设施不断完善的重要保障,是上市公司在日趋激烈的市场竞争中取胜的法宝。所谓盈利能力,是指上市公司获取利润的能力。本书以净资产收益率(ROE)①、总资产报酬率(ROA)②、每股收益(EPS)③三个指标来衡量东北地区上市公司的盈利能力,借助国泰安数据库相关资料,对东北地区上市公司历年来盈利能力变化趋势、2012 年盈利能力现状、2012 年制造业盈利能力现状等进行了全面梳理,具体如图 3-9、表 3-2、表 3-3 所示。

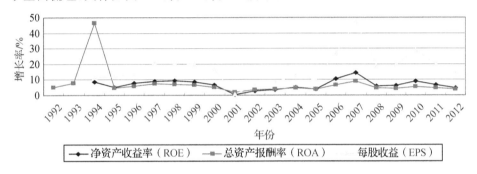

图 3-9　东北地区上市公司盈利能力变化趋势

表 3-2　2012 年上市公司盈利能力

	净资产收益率(ROE)	总资产报酬率(ROA)	每股收益(EPS)
全国	13.06%	2.49%	0.504 元
东北地区	4.51%	3.80%	0.142 元

---

① 净资产收益率(ROE)是指上市公司各年净利润与平均净资产(股东权益年初数与股东权益年末数和的平均数)的比率,是评价上市公司自有资本及其积累获取报酬水平最具代表性与综合性的指标,反映了上市公司资本运营的综合效益。ROE 越高,上市公司获利能力越强,运营效益越好。相应的,上市公司对其投资人和债权人权益的保障程度也就越高。

② 总资产报酬率(ROA)是指上市公司各年息税前利润总额(即利润总额与利息支出之和)与资产总额的比率,是反映上市公司资产综合利用效果的指标,也是衡量上市公司利用债权人和所有者权益获取盈利能力的重要指标。ROA 越高,表明上市公司资产利用效果越好,盈利能力越强。

③ 每股收益(EPS)是指上市公司净利润与股本总数的比率,是衡量上市公司盈利能力的重要指标,反映了上市公司股东持有每一股份所享有的上市公司利润或承担的亏损。EPS 越高,上市公司盈利能力越强。

表3-3　2012年制造业上市公司盈利能力

	净资产收益率（ROE）	总资产报酬率（ROA）	每股收益（EPS）
全国	7.75%	5.21%	0.3094元
东北地区	−0.01%	1.78%	−0.0003元

　　根据图3-9可知,自1994—2012年将近20年的时间里,东北地区上市公司净资产收益率、总资产报酬率和每股收益具有一致变动趋势。表现在从1994年到1997年,东北地区上市公司盈利能力处于上升阶段,到1998年开始下降,并于2001年达到历史最低水平,从2002年盈利能力开始趋于上升,并于2007年达到历史新高,紧接着经历大幅下降之后于2010年有所回暖,但是2011年和2012年继续呈现出下降趋势。

　　就2012年东北地区上市公司盈利能力与全国平均水平来看,如表3-2所示,东北地区上市公司在净资产收益率和每股收益方面显著低于全国平均水平,可见,跟全国平均水平相比,东北地区上市公司的资金增值能力较弱,收益数额较小,水平较低。进一步发现,2012年东北地区135家上市公司中,出现亏损的上市公司就有13家,其中属于制造业类上市公司的有8家,比例高达61.54%。就总体来看,净资产收益率和每股收益分别超过东北地区平均水平4.51%和0.142元的上市公司分别有76家和74家,而超过全国平均水平的上市公司分别只有32家和29家。就东北地区上市公司的总资产报酬率来看,其以1.31%的微弱优势稍高于全国平均水平,这意味着东北地区上市公司在举债方面的力度较大,对财务杠杆的利用比较充分。当然,必须意识到,虽然举债经营能够带来财务杠杆效应,能够帮助上市公司获得抵税的效益,但是一旦无法按时偿还债务本金与利息就会给上市公司带来一定的风险。因此,上市公司必须多方考虑,将债务限定在一个合适的范围内。

　　根据表3-3,单就制造业类上市公司来看,东北地区制造业类上市公司的净资产收益率、总资产报酬率和每股收益分别为−0.01%、1.78%、−0.0003元,与同期全国制造业类上市公司净资产收益率、总资产报酬率和每股收益平均水平的7.75%、5.21%和0.3094元相比,远低于全国平均水平。可见,虽然制造业类上市公司在东北地区上市公司数量中占据绝对的优势,但是在盈利能力方面却逊色许多,不仅低于全国制造业类上市公司平均水平,亦低于东北地区全部上市公司的平均水平。因此,提高制造业类上市公司的盈利能力,对改善东北地区上市公司经营状况至关重要。

2. 东北地区上市公司资产质量状况

上市公司的资产质量状况,是对上市公司所占用经济资源的利用效率、资产管理水平与资产安全性的综合反映。上市公司的资产质量状况在一定程度上反映了企业的经营状况,是投资者进行决策的重要参考依据,资产质量的优劣决定着上市公司的生存状态和获取利润的难易程度,制约着上市公司的长期发展战略。上市公司只有保持较高的资产质量,才有助于获利能力的不断提升,进而保证企业具备良好的偿债能力规避财务风险,才能在持续经营中获得优势。本书从总资产周转率①和应收账款周转率②两个指标展开,借助国泰安数据库相关资料,对东北地区上市公司资产质量状况进行评价。东北地区上市公司历年来资产质量变化趋势、2012 年资产质量状况、2012 年制造业上市公司资产质量状况具体如图 3-10、表 3-4、表 3-5 所示。

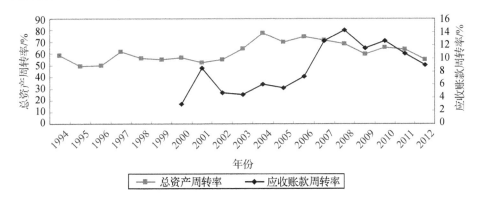

图 3-10　东北地区上市公司资产质量变化趋势

表 3-4　2012 年上市公司资产质量状况

	总资产周转率	应收账款周转率
全国	21.79%	11.77
东北地区	55.07%	8.94

---

①　总资产周转率是指上市公司在一定时期内营业收入与平均资产总额(资产总额年初数与资产总额年末数和的平均数)的比率,用来反映上市公司全部资产的利用效率。总资产周转率越高,表明上市公司利用全部资产进行经营的效率越高,进而对上市公司的盈利能力产生正的影响。

②　应收账款周转率是指上市公司在一定时期内营业收入与平均应收账款余额(应收账款余额年初数与应收账款余额年末数和的平均数)的比率,用来反映上市公司应收账款周转的速度。应收账款周转率越高,表明上市公司收账及时,应收账款账龄较短,相应的收账费用和坏账损失较小。进而上市公司具有较强的资产流动性和短期偿债能力。

表 3-5 2012 年制造业上市公司资产质量状况

	总资产周转率	应收账款周转率
全国	82.69％	9.05
东北地区	72.57％	7.87

根据图 3-10 可知,自 1994 年至 2012 年间,东北地区上市公司总资产周转率发展趋势比较平稳,总资产周转率最低年份是 1995 年的 49.47％,最高年份是 2004 年的 77.85％,发展到 2012 年东北地区上市公司总资产周转率为 55.07％。可见,东北地区上市公司对全部资产的使用效率较高,上市公司利用全部资产进行经营的效果较好。就应收账款周转率来看,应收账款周转率越高,表明其周转速度越快。东北地区上市公司自 2000 年至 2012 年间[①],应收账款周转率从 2000 年的 3.00 以后经历了较大幅度的增长,达到 2008 年的 14.23 之后,继而出现了小幅下滑,至 2012 年东北地区上市公司应收账款周转率为8.94。可见与以往相比,东北地区上市公司在 2012 年的经营过程中,对应收账款的管理效率有所下降,资产质量状况出现一定的下滑。

就 2012 年东北地区上市公司资产质量状况来看,根据表 3-4 所示,与全国平均水平相比,东北地区上市公司在总资产周转率方面具有显著优势,而就应收账款周转率而言,则与全国平均水平存在一定的差距,应收账款回收速度降低,较长的应收账款回收期,势必会导致坏账成本、收账成本等应收账款管理成本的居高不下,进而影响东北地区上市公司的盈利能力。上市公司的资产质量状况在一定程度上受行业环境的影响,分属不同行业的上市公司其资产质量状况不尽相同,因此对上市公司总资产周转率和应收账款周转率的判断与分析还应结合行业属性进行研究。鉴于东北地区上市公司主要分布于制造业,接下来,本书将立足于 2012 年制造业类上市公司数据,将东北地区和全国制造业类上市公司资产质量状况进行进一步比较,如表 3-5 所示。根据表 3-5 可以发现,无论总资产周转率还是应收账款周转率,东北地区制造业类上市公司较全国平均水平,均存在一定的差距。这说明,与全国制造业类上市公司平均水平相比,东北地区制造业类上市公司在整体资产的营运效率和应收账款变现速度方面存在一定的劣势,东北地区制造业类上市公司运用资产赚取利润的能力还需要进一步的提升,对应收账款的管理还需进一步加强。

3. 东北地区上市公司债务风险状况

通过借助银行贷款、发行债券以及融资租赁等方式举债经营,弥补自有资金

---

① 由于数据缺失,1994 年至 1999 年间上市公司应收账款周转率数据无法获得。

不足,已成为市场经济条件下上市公司经营的重要方式。上市公司通过举债经营在获得"财务杠杆效应①"和"抵税作用②"提高权益资本利润率的同时,亦伴随着较高的融资风险。上市公司一旦举债不当,出现资金断裂无法按时偿还本金及利息便有可能陷入财务危机,甚至招致破产清算,给企业带来致命的打击。因此,上市公司必须把握好负债的量与度,将债务风险控制在可接受的范围内。本书从资产负债率③和已获利息倍数④两个指标展开,借助国泰安数据库相关资料,对东北地区上市公司债务风险状况进行评价。东北地区上市公司历年来债务风险状况变化趋势、2012 年债务风险状况、2012 年制造业债务风险状况具体如图 3-11、表 3-6、表 3-7 所示。

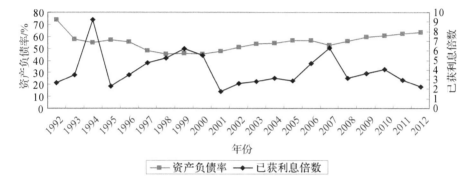

图 3-11 东北地区上市公司债务风险状况变化趋势

表 3-6 2012 年上市公司债务风险状况

	资产负债率	已获利息倍数
全国	85.80%	5.79
东北地区	63.27%	2.21

① 财务杠杆效应是指,当某一财务变量以较小幅度变动时,固定费用的存在导致另一相关变量会以较大幅度变动的现象。也就是指在企业运用银行借款、发行债券等负债资金筹集方式时所产生的普通股每股收益变动率大于息税前利润变动率的现象。

② 债务资金成本主要包括借款成本和债券资金筹集成本等。由于债务利息是在所得税前列支,利息有抵税作用,所以企业为此而负担的实际成本为:利息×(1 — 所得税率)。

③ 资产负债率又称负债比率,是指上市公司资产总额与负债总额的比率,用来反映在上市公司资产总额中,债权人提供资金所占的比重,是企业资产对债权人权益保障程度的度量。一般情况下,资产负债率越小,表明上市公司的长期偿债能力越强,也意味着上市公司对财务杠杆的利用程度不够。

④ 已获利息倍数是指上市公司一定时期息税前利润总额为利息费用的倍数,其中,上市公司息税前利润总额等于利润总额与利息支出之和,通常,在上市公司财务报表附注资料没有给出确定的利息费用数额时,可以用财务费用的数额来衡量利息支出。已获利息倍数是用以说明上市公司获利能力对债务偿付的保障程度,一般而言,已获利息倍数越高,表明上市公司的长期偿债能力越强。

表 3-7 　2012 年制造业上市公司债务风险状况

	资产负债率	已获利息倍数
全国	55.63%	5.01
东北地区	58.70%	1.21

根据图 3-11 可知,自 1992 年至 2012 年间,东北地区上市公司资产负债率变化不大,发展趋于平稳。除 1992 年,资产负债率达到 73.97% 的最高点外,1993 年至 2009 年,资产负债率都控制在 40% 到 60% 之间,到 2010 年之后,东北地区上市公司资产负债率开始突破 60%,发展到 2012 年资产负债率已达到63.27%。关于资产负债率指标,保守的观点认为其不应高于 50%,如美国将资产负债率一般都控制在 40% 到 50% 之间,而国际上认为资产负债率等于 60%的时候较为适当[238]。可见,根据国际标准东北地区上市公司在 1993 年至 2009年间具有较适当的资产负债率,到 2010 年之后该比率则稍显偏高,东北地区上市公司必须要控制其举债规模,加强对债务资本的管理。就已获利息倍数来看,从 1992 年到 2012 年,东北地区上市公司已获利息倍数波动幅度较大,已获利息倍数的最低点出现在 2001 年。就近几年的发展变化趋势来看,自 2007 年开始东北地区上市公司已获利息倍数一直处于下滑状态,已从 2007 年的 6.28 下降到 2012 年 2.21,降幅高达 64.81%。已获利息倍数不仅是对上市公司获利能力大小的反映,也是获利能力对偿还到期债务保障程度的反映;它既是上市公司举债经营的前提依据,亦是衡量上市公司长期偿债能力大小的重要标志。自 2007年东北地区上市公司已获利息倍数的持续下降,一方面与其盈利能力的持续下滑有很大关系,另一方面也是由举债力度加大而引起的。

就 2012 年东北地区上市公司债务风险状况与全国平均水平比较来看,如表3-6 所示,东北地区上市公司的资产负债率显著低于全国平均水平,与全国上市公司相比,东北地区上市公司在偿债能力上占有一定的优势,债务风险较低。而就已获利息倍数而言,则与全国平均水平相比存在一定的劣势。一般来说,上市公司举债规模的确定、融资方式的选择具有一定的行业差异性,对上市公司债务风险的判别、偿债能力的评价应该结合具体的行业属性进行。鉴于东北地区上市公司主要以制造业为主,因此,本书进一步比较分析东北地区和全国制造业类上市公司的债务风险状况,如表 3-7 所示。

根据表 3-7 可知,在资产负债率上东北地区制造业类上市公司与全国平均水平差距不大,上市公司资产对债权人权益的保障程度相当。在已获利息倍数上,东北地区制造业类上市公司则明显低于全国平均水平,这一方面与东北地区制造业类上市公司获利能力较弱有关,如 2012 年东北地区制造业上市公司平均利润总额为 0.13 亿元,显著低于全国制造业类上市公司平均利润总额 2.60 亿元;另一方面也说明,与全国制造业类上市公司平均水平相比,东北地区制造业类上市公司获利能力对债务偿付的保障程度较弱,债务风险相对比较高。

4. 东北地区上市公司经营增长状况

上市公司经营状况的好坏,不仅体现在盈利能力、资产质量和债务风险大小方面,还表现在上市公司经营增长状况方面。经营增长状况是对上市公司经营增长水平及发展后劲的综合反映,是对上市公司盈利能力、资产质量以及债务风险的综合体现,寻求生产经营的不断增长是上市公司在生存基础上,扩大生产规模、壮大企业实力的前提条件。通过营业收入增长率①和资本积累率②这两个财务指标,在借助国泰安数据库相关资料的基础上,本书对东北地区上市公司历年来经营增长变化趋势和 2012 年经营增长状况进行分析与评价,具体如图 3-12、表 3-8 所示。进一步,本书立足于制造业类上市公司,比较分析东北地区和全国制造业类上市公司的经营增长状况,如表 3-9 所示。

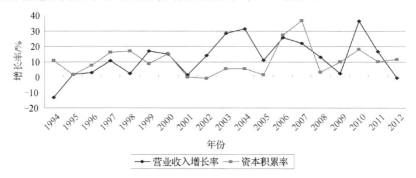

图 3-12　东北地区上市公司经营增长状况变化趋势

表 3-8　2012 年上市公司经营增长状况

	营业收入增长率	资本积累率
全国	7.92%	13.54%
东北地区	−0.62%	11.55%

① 营业收入增长率是指上市公司本年营业收入增长额与上年营业收入总额的比率。营业收入增长率反映了上市公司营业收入的增减变动情况,是评价上市公司经营增长状况和发展能力的重要指标。该指标若大于0,表示上市公司本年的营业收入有所增长,营业收入增长率越高,表明上市公司营业收入增长速度越快,市场前景越好;该指标若小于0,则说明上市公司本年的营业收入有所下降,市场份额出现了萎缩。

② 资本积累率是指上市公司本年股东权益增长额与年初股东权益的比率,反映了上市公司当年资本的实际增减变动情况。资本积累率若大于0,则该指标越高,表明上市公司的资本积累越多,应付风险、持续发展的能力越大;该指标若小于0,则说明上市公司的资本受到了侵蚀,股东利益受到了损害。

表 3-9　2012 年制造业上市公司经营增长状况

	营业收入增长率	资本积累率
全国	2.61％	9.14％
东北地区	−5.97％	2.32％

如图 3-12 所示，从 1994 年到 2012 年的近 20 年时间内，无论从营业收入增长率还是资本积累率来看，东北地区上市公司经营增长状况都极其不稳定，波动幅度较大。营业收入增长率作为衡量上市公司经营增长状况和发展能力的重要指标，只有维持在大于 0 的区间，才意味着上市公司经营状况和市场占有率良好。然而就东北地区上市公司来看，1994 年和 2012 年其营业收入增长率却低至−13.19％和−0.62％，上市公司业务发展出现停滞甚至负增长。就资本积累率来看，除 2002 年东北地区上市公司资本积累率出现负值以外，其他年份均大于 0，说明东北地区上市公司资本的保值增值性较好，所有者权益的增长趋势良好。尤其是 2007 年东北地区上市公司资本积累率达到了历史最高的 36.62％，资本的快速积累为东北地区上市公司的扩大再生产注入了新的活力，将东北地区上市公司的资本规模向前推进了一个台阶。

就 2012 年东北地区上市公司经营增长状况与全国平均水平比较来看，如表 3-8 所示，东北地区上市公司的营业收入出现负增长，远低于全国平均水平的 7.92％。由此可见，在全国上市公司版图中，东北地区上市公司在市场占有、经营业务拓展方面显然处于劣势。而就资本积累率来看，东北地区上市公司与全国平均水平基本持平，资本积累能力良好。进一步立足于制造业上市公司经营增长状况，根据表 3-9 来看，2012 年东北地区制造业类上市公司的营业收入增长率和资本积累率分别为−5.97％和 2.32％，不仅低于全国制造业类上市公司平均水平的 2.61％和 9.14％，亦低于东北地区整体上市公司的平均水平。可见，虽然制造业类上市公司在东北地区上市公司数量中占据绝对的优势，但是在经营增长方面却存在很大的不足，因此，未来东北地区上市公司，尤其是制造业类上市公司的发展，必须以创新为手段，以市场为基础，在不断提高科技含量的同时，加大市场开拓力度和产品推广力度，寻求企业规模和业务实力的不断壮大。

通过对东北地区上市公司经营状况的分析，可以发现，无论是盈利能力、资产质量、债务风险还是经营增长状况，东北地区上市公司的发展可谓跌宕起伏。尤其以盈利能力变化趋势最为明显，出现了 2001 年的最低点、2007 年的最高点，2010 年的业绩回温和自 2011 年以后的持续下滑。从 20 世纪 90 年代以来，东北地区宏观经济一直处于繁荣阶段,无论是 GDP 增长率还是企业的总资产贡献率都在逐步提高,但是上市公司的经营状况却并非一帆风顺。宏观经济发展作为影响企业经营的外在环境,必然会影响到大部分企业的经营,表现为处于经济繁荣期的企业,其成长性和盈利能力也会上升,而当经济处于衰退期时,企业的成长性和盈利能力也会萎缩。然而,我国上市公司经营状况出现与宏观经济的背离并非东北地区的特有现象。李远鹏于 2009 年就发现我国经济周期与上市公司经营绩效出现了背离,并进一步以 1996 年到 2006 年上市公司数据为样本,对背离之谜进行解释。他指出造成上市公司在宏观经济繁荣背景下业绩滑坡的根源在于 IPO 时的利润操纵,当控制了 IPO 效应后,上市公司的经营绩效和宏观经济周期的波动是具有一致性的[239]。

就东北地区上市公司经营状况波动较大的 2001 年和 2007 年来看,其与我国宏观环境发展背景亦息息相关。2001 年我国成功加入世界贸易组织,合格境外机构投资者的参与,使我国上市公司开始接受国内外投资者的审阅和检验,在上市公司发展过程中积累的历史遗留问题、制度性缺陷和结构性矛盾也逐步开始显现,上市公司发展出现瓶颈,资本市场进入持续 4 年的弱势调整阶段。在此背景下,东北地区上市公司并不能独善其身,经营状况开始恶化。2007 年,为了充分发挥会计作为"国际通用商业语言"的功能,实现我国会计实务与国际接轨,包括一项基本准则和 38 项具体准则的新企业会计准则体系开始在上市公司实施。"公允价值"计量方法的引入,股权分置改革的最终完成,使得上市公司业绩大幅提升,资本市场也迎来了前所未有的牛市,成为我国经济最活跃的"中心舞台"。2010 年,经历过金融危机洗礼的资本市场开始走出泥潭,东北地区上市公司的业绩亦开始增长。然而,2011 年作为"十二五"规划的开局之年,我国宏观经济出现增速放缓、银根收紧以及原材料价格高位运行的局面,东北地区不少上市公司面临成本上升、业绩下滑的双向挤压,表现在经营业绩上则是继续出现下滑趋势,在未来一段时间内,如何保增长、抗通货、调结构、促转型仍是我国经济面临的主要问题,尤其是在量化宽松政策、经济危机起伏的影响下,东北地区上市公司经营业绩如何提升,将成为公司经营的一项重要任务。

宏观经济周期作为系统性因素必然会影响到企业的经营业绩,然而上市公司作为信息最透明、监管最严格的公司,其经营业绩除受经济周期的影响之外,还会受到上市公司自身治理结构的影响。上市公司现代企业制度的建立,是以所有权与经营权的分离为前提,为缓解因两权分离所带来的股东之间、股东和管理者之间利益不一致的矛盾,降低委托代理成本,包括股东会、董事会、监事会、经理层在内的,涵盖决策机制、激励机制和监督约束机制的公司治理结构应运而生。作为现代企业制度得以真正确立的前提保证,公司治理不仅成为上市公司企业制度最重要的架构,亦是上市公司增强竞争力和提高经营绩效的前提条件。自贝利(Berle)与米恩斯(Means)的经典论著《现代公司与私有产权》于1932年问世以来,公司治理结构与企业绩效之间的关系一直是理论界和实务界研究与关注的焦点,早在2003年向朝进、谢明利用我国上市公司的相关数据,就证实了完善的公司治理结构能够显著提高上市公司的经营绩效[240]。

与此同时,上市公司所有权结构在公司治理中的效率问题也成为公司治理领域长盛不衰的焦点问题之一。在股权高度分散的英美国家,公司治理的主要问题是来自经理人与股东之间的代理冲突,而在股权高度集中的东亚和西欧国家,大股东具有足够的能力控制公司,此时公司治理问题的实质就演变为大股东与小股东之间的利益冲突。即大股东凭借其控制权地位进行侵害上市公司与小股东利益的"掏空"行为,有的大股东甚至把上市公司当成"提款机",想方设法"掏空"上市公司资产,损害上市公司价值。在我国证券市场上,这种现象尤其突出,大股东具有足够的动因和能力掠夺小股东。因此,为了保护小股东的利益,保证上市公司的良性发展,大量学者围绕上市公司股权性质、股权集中度、股权制衡度与公司绩效的关系展开了富有成效的研究:如刘燕娜等(2010)的研究发现,上市公司非流通股比例、股权制衡度、董事长兼总经理与公司经营绩效呈正相关关系[241];陶然(2012)发现股权集中度、第二大股东对第一大股东的制衡机制对上市公司经营绩效具有显著的正向影响[242]。就股权性质对上市公司经营业绩的影响来看,陈小悦和徐晓东(2003)认为第一大股东为非国家股股东的公司有着更高的企业价值和更强的盈利能力[243];张俊喜和张华(2004)以沪、深两地的上市公司为研究对象,比较了民营企业与非民营企业在经营绩效上的差异,发现民营企业在盈利能力、运营状况等方面的表现都优于非民营企业[244]。王化成等(2007)的研究亦证实控股股东会对上市公司的绩效产生显著的影响,就我国上市公司来看,家族控股的民营公司业绩显著高于国有公司[245]。除此之外,冯晓宪、李鹏(2010)以我国2007年上市公司为样本,实证检验后还发现上市公司每股收益与高层管理者的年薪及总体持股比例呈正相关[246]。

立足于色诺芬数据库与国泰安数据库的相关资料,对2012年东北地区135家A股上市公司的公司治理结构进行统计分析后发现,东北地区135家上市公司在董事会与监事会规模、独立董事人员配置、专业委员会设置方面均已达到相关法律要求,而且73.33%的上市公司已杜绝了董事长兼任总经理情况的出现。但就股权性质①和股权制衡度来看,东北地区上市公司却有其独特性。表现在,

---

① 本书对股权性质的衡量,是依据最终控制人类型进行界定,根据国泰安数据库的相关资料,东北地区上市公司最终控制人类型包含国有控股、民营控股和不存在控股股东三种情况。

首先就股权性质来看,东北地区 48.89% 的上市公司属于国有或国有控股公司,民营上市公司只占上市公司总数的 48.15%,呈现出以国有企业为主导的上市公司格局。其次就股权制衡度来看,第一大股东持股比例高达 30%①以上的上市公司就有 81 家,占东北地区上市公司总数的 60%。以第一大股东和第二大股东持股数量的比值来衡量上市公司股权制衡度,其最大值高达 294.33,股权制衡度高于 5 的上市公司有 71 家。可见,就东北地区上市公司来看,"一股独大"和"内部人控制"现象仍然比较严重。公司治理方面的缺陷和不足,必然导致东北地区上市公司经营状况显著低于全国平均水平。"扬汤止沸,不如去薪;溃痛虽痛,胜于养毒",因此,如何改善经营管理,提高经营效率将是东北地区上市公司增强竞争实力,优化经营绩效的核心所在。

(四)东北地区上市公司的地区分布

包括辽宁、吉林和黑龙江三省的东北地区,地处北纬 38~55 度,东经 120~132 度之间,土地面积 80.84 万平方公里,占全国总面积的 8.42%。北部和东部分别隔黑龙江、乌苏里江与俄罗斯相邻,东南以图们江、鸭绿江为界与朝鲜为邻,南邻黄海和渤海,西与内蒙古自治区相连。东北地区虽然冰天雪地,却有沃土良田,是个充满神奇色彩的资源宝库。这里有丰富的矿产资源,已探明的矿种就有84 种之多;有广阔的海域和多彩的海域资源;有浩瀚的"祖国林海"、最大的林区和种类繁多的珍稀野生动物。东北地区是我国重要的工业基地、商品粮生产基地和木材生产基地,具有综合的工业体系、完善的基础设施、丰富的农产品资源、良好的生态环境和充足的科教资源,是一片极具潜力的富饶之地。受东北地区自然条件、经济发展背景影响,与全国其他区域相比,以制造业为主体的东北地区上市公司,具有明显的区域经济发展特性。而且,在东北地区各省之间,上市公司的发展亦呈现一定的差异性。接下来,本书将从东北地区各省上市公司分布以及上市公司的省内分布两方面,对东北地区 2012 年 135 家上市公司的地区分布特征进行探讨。

1. 东北地区上市公司的各省分布特征

从 1992 年东北地区首家上市公司上市发行股票以来,到 2012 年年底,在沪深交易所发行 A 股的上市公司共 135 家,就 2012 年东北地区 135 家 A 股上市

---

① 黄杰、王宗军于 2007 年以大样本上市公司数据为基础,经过反复探索,发现第一大股东对上市公司相对控制和绝对控制的分水岭是持股比例 30%,即当第一大股东持股比例超过(或等于)30% 时,公司的经营业绩主要由第一大股东的根本意图决定。本书借鉴该研究成果,着重考察第一大股东持股比例高于 30% 的上市公司。

公司在各省的数量分布来看,呈现出辽宁省最多、吉林省次之、黑龙江省最少的不平衡分布态势,具体如图 3-13① 所示。区域经济环境是上市公司发展的重要支撑,经济发展水平直接影响上市公司的发展状况。就东北地区来看,2003—2012 年振兴十年,东北地区 GDP 翻了两番多,年均增长 12.7%,其中辽宁省更达到了 12.8%,而同期全国平均增速为 10.7%,东北增速比全国快两个百分点。辽宁省作为经济大省其经济发展水平一直处于东北地区的龙头地位,这就决定了辽宁省定会在上市公司发展中走到东北地区前列。

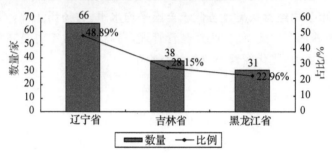

图 3-13　2012 年年底东北地区三省上市公司数量分布

　　进一步,计算各省上市公司数量区位熵分布,以衡量上市公司的数量与 GDP 的匹配程度,如图 3-14 所示。根据图 3-14,辽宁、吉林、黑龙江三省上市公司数量区位熵分别为 0.27、0.32 和 0.23,均低于 0.48 的全国平均水平,但与东北地区上市公司数量区位熵平均水平 0.27 相比,除黑龙江省区位熵最差之外,辽宁省与东北地区平均水平持平,而吉林省则略高于东北地区平均水平。吉林省在上市公司数量不占优势的情况下,仍然能保持较高的区位熵水平,主要缘于该省较低的经济总量。2012 年吉林省 GDP 为 11939.24 亿元,仅占东北三省 GDP 总量的 23.65%,低于辽宁省的 24846.43 亿元和黑龙江省的 13691.58 亿元。可见,就吉林省来说,在着手发展上市公司的同时还应该在其经济总量上下工夫。而对于辽宁省和黑龙江省来说,与其经济总量相比,上市公司发展中的不足亦较为突出,利用资本市场以大力发展上市公司仍然任重而道远。

　　由于地域差异和经济发展水平的不同,东北地区各省上市公司分布的不均衡性,不仅表现在上市公司的数量分布上,亦体现在股本规模和经营状况上,具体如图 3-15 和图 3-16② 所示。根据图 3-15 可以发现,由于辽宁省上市公司在

---

　　① 资料来源:根据上海证券交易所(http://www.sse.com.cn/)和深圳证券交易所(http://www.szse.cn/)提供数据整理。

　　② 资料来源:根据国泰安数据库提供数据整理。

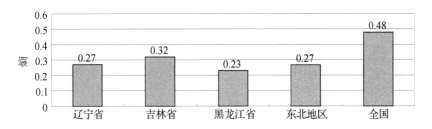

图 3-14　东北地区各省上市公司数量区位熵分布

数量分布上的绝对优势,其总股本和平均股本规模不可避免地在东北地区各省上市公司中处于最高水平。虽然吉林省上市公司在数量上多于黑龙江省上市公司,但就总股本和平均股本规模来看却低于黑龙江省上市公司。可见,与吉林省上市公司的数量相比,其自身股本规模普遍偏小。另外,与东北地区上市公司平均股本水平 8.23 亿元相比,辽宁省和黑龙江省上市公司的平均股本规模均具有一定的优势。

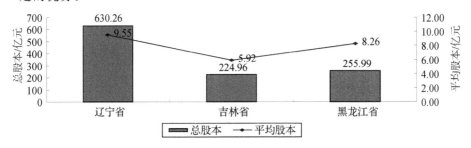

图 3-15　东北地区各省上市公司股本规模分布

　　根据图 3-16 可以发现,东北地区各省上市公司经营状况分布特征与其数量分布呈现出较大的反差,无论从盈利能力状况、债务风险状况还是经营增长状况来看,上市公司数量最少的黑龙江省表现最佳。尤其就经营增长情况来看,黑龙江省上市公司的营业收入增长率和资本积累率甚至高于全国平均水平;吉林省次之;而上市公司数量最大的辽宁省则相对最差,不仅远低于黑龙江省和吉林省上市公司水平,也低于东北地区和全国平均水平。辽宁省是典型的投资拉动型经济,上市公司的产品多集中在国家基础设施、工业化建设上,生活消费品环节薄弱,过度依赖国家投资,一旦国家投资放缓,辽宁省上市公司的盈利能力和发展状况就会受到波及,如何发展成消费主导型经济,刺激上市公司的市场主导力,对提高上市公司的经营质量至关重要。但是,就资产质量状况而言,辽宁省上市公司凭借其雄厚的资产实力,仍然占据一定的优势,无论在总资产周转率还是应收账款周转率方面均高于东北地区平均水平。

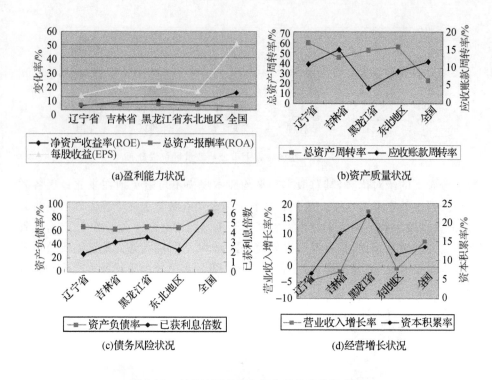

图 3-16　东北地区各省上市公司经营状况分布

为了对东北地区上市公司的经营状况有更直接的反映,本书采用因子分析法,通过考察东北地区上市公司的盈利能力、资产质量、债务风险和经营增长四个方面所涉及的九个具体指标,对东北地区上市公司经营状况进行量化,计算各上市公司经营状况评估值。利用 SPSS 软件,对九个指标进行因子分析后发现,"应收账款周转率"和"已获利息倍数"指标的因子载荷量均小于 0.5,其收敛效度较差,故予以剔除。进一步对删除后的七个指标进行相关性矩阵、KMO(Kaiser-Meyer-Olkin)和 Bartlett 检验,发现各指标相关性较高,KMO 值达到了0.701,Bartlett 检验的 Sig 值为 0.000,小于显著水平 0.05,适合进行因子分析。进行因子分析后得知,第一、二、三因子的方差贡献率累计为 74.705%,因此,以第一、二、三因子的方差贡献率为权数,构建上市公司经营状况评估函数:$F=38.621\% \times F_1 + 20.984\% \times F_2 + 15.100\% \times F_3$,计算东北地区各省上市公司的经营状况评估值,如图 3-17 所示。在东北地区中,黑龙江省上市公司经营状况最好,吉林省次之,辽宁省最差,且除黑龙江省上市公司经营水平高于东北地区平均水平外,其他两省均未达到东北地区平均水平,结果与上文分析一致。

虽然东北地区各省上市公司在数量分布、股本规模以及经营状况方面存在

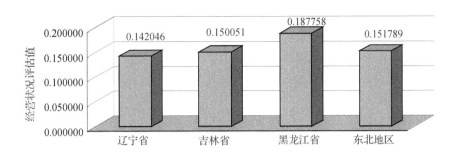

图 3-17　东北地区各省上市公司经营状况评估值分布

一定的差异性,但就各省上市公司行业分布与产业结构来看,具体如图 3-18 和表 3-10 所示①,除辽宁省上市公司涉及行业较多之外,东北地区上市公司行业分布都一致呈现出以制造业类为主,电力热力燃气及水生产和供应业与批发零售业次之,房地产业为补充,其他高新技术和高附加值行业零星分布的行业分布格局。在产业结构中,东北地区各省上市公司数量中三次产业比与各省 GDP 构成中的三次产业比存在一定的偏差,这种偏差在吉林省中表现尤为突出。

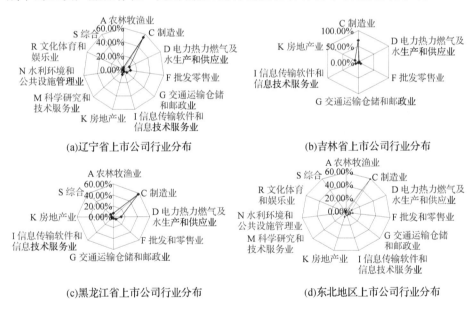

图 3-18　东北地区及各省上市公司行业分布

① 资料来源:根据国泰安数据库、中经网统计数据库以及中国证券监督管理委员会〔2013〕4 号公告《关于对 2012 年 4 季度上市公司行业分类划分和确认》提供数据整理。

表 3-10　东北三省各省上市公司产业结构与整体经济产业结构比较

	上市公司数量中三次产业比重	GDP 三次产业比重
辽宁省	3.03∶63.64∶33.33	8.69∶53.78∶37.53
吉林省	0∶71.05∶28.95	11.83∶53.40∶34.77
黑龙江省	6.45∶70.97∶22.85	15.44∶47.16∶37.41

　　根据图 3-18 可知，截至 2012 年，按照中国证监会的行业分类标准，在 19 个行业中，辽宁省、吉林省和黑龙江省上市公司分别已覆盖 11、6 和 8 个行业，东北地区中辽宁省上市公司涉及行业最多，且与东北地区上市公司行业分布格局趋同。进一步分析发现，东北地区各省上市公司行业分布中，均以制造业类上市公司所占比重最多，其中辽宁省有 54.55% 的上市公司属于制造业类上市公司，吉林省和黑龙江省制造业上市公司的比重分别为 68.42% 和 58.06%。除此之外，东北地区各省上市公司都普遍集中于电力热力燃气及水生产和供应业与批发零售业，房地产业上市公司在东北地区三省中亦具有一定的优势。就表 3-10 来看，在东北地区各省上市公司数量中三次产业比与各省 GDP 构成中的三次产业比均存在一定的偏差，表现为第二产业上市公司在各省上市公司数量中所占的比重远高于各省 GDP 中第二产业所占的比重，而第一产业和第三产业上市公司在各省上市公司数量中所占的比重远低于各省 GDP 中第一产业和第三产业所占的比重，这种偏差在吉林省中表现尤为突出。

　　2. 东北地区上市公司的省内分布特征

　　包括辽宁、吉林和黑龙江三省的东北地区，由于各省省内不同地区的地理环境、资源禀赋、经济发展水平、政策扶持力度等各不相同，上市公司在东北地区三省内的分布无论从数量上、股本规模上、经营状况上抑或是行业分布上看，均呈现出一定的差异性。

　　首先，就辽宁省上市公司地区分布来看。辽宁省位于东北地区的南部，共辖 14 个地级市、57 个市辖区、17 个县级市、19 个县、8 个自治县，其省会沈阳市。本书关于辽宁省上市公司的省内分布特征，主要从 14 个地级市展开，具体如图 3-19[①] 所示。

　　根据图 3-19 可知，首先，辽宁省上市公司虽然在 14 个地级市中均有分布，但是主要集中在沈阳市和大连市，分别占辽宁省上市公司的 31.82% 和 37.88%；

---

　　① 　资料来源：根据上海证券交易所(http：//www.sse.com.cn/)和深圳证券交易所(http：//www.szse.cn/)提供数据整理。

其次,鞍山市有上市公司 5 家,占辽宁省上市公司数量的 7.58％,除此之外,其他各市上市公司的数量均较少。辽宁省是典型的双核发展省份,省内经济主要是由作为省会城市的沈阳市和副省级城市大连市带动的,作为辽宁省的两大中心城市,沈阳市和大连市的地区生产总值基本上占到了全省的一半左右,在辽宁省经济振兴中起着领先作用,亦是上市公司的集聚地,全省 2/3 的上市公司在这里安家落户。接下来,本书将对辽宁省上市公司股本规模、经营状况、行业分布差异进行探讨来区分沈阳市、大连市和其他城市的上市公司发展情况,具体如表3-11 所示。

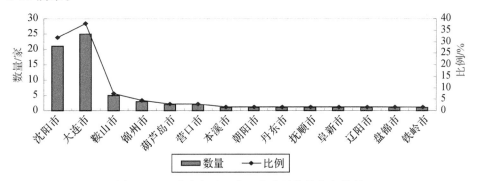

图 3-19　辽宁省各地区市上市公司数量分布情况

表 3-11　辽宁省上市公司分布情况

	股本规模(亿元)		经营状况评估值	行业分布
	总数	平均数		
沈阳市	89.35	4.25	0.156926	C:47.62％;D:19.05％;F,I,K:9.52％;R:4.76％
大连市	318.31	12.73	0.183021	C:36％;F:20％;A,D,G,K:8％;M,N,S:4％
其他市	222.6	11.13	0.090953	C:80.95％;G:9.52％;K:4.76％

根据表 3-11 可知,辽宁省上市公司在股本规模、经营状况、行业分布方面具有一定的差异性。表现为,上市公司最多的大连市,其股本规模亦最高,行业分布最广,经营状况最好,并且经营状况评估值远高于辽宁省其他市。作为辽宁省省会的沈阳市,虽然拥有辽宁省近 1/3 的上市公司,但与大连市相比,上市公司平均股本规模较小,远低于辽宁省上市公司平均水平,行业覆盖面亦较窄。首先,就沈阳市上市公司经营状况来看,虽然不如大连市上市公司的水平,但也优于辽宁省上市公司平均水平。需要注意的是,沈阳市上市公司的分布是以制造业为主的,且集中分布在钢铁工业、汽车工业、冶金工业、机械工业、航空工业等重工业,虽然在第三产业中亦有上市公司分布,但是与大连市比起来还是略逊一

筹。而大连市作为一座 20 世纪初刚刚建市的年轻城市,其产业结构相对要合理很多,2012 年大连市第二产业和第三产业占 GDP 的总量分别是 50.9% 和 42.9%,产业差距较小,第二产业中石油化工工业、造船工业、建筑业比较发达,第三产业中旅游业、金融业、对外贸易等方面在同等级城市中名列前茅,因此在该背景下发展起来的上市公司行业分布更广泛、结构布局更合理。除大连市和沈阳市外,其他 12 个地级市的上市公司,不仅数量较少,而且行业分布较为单一,除资产质量状况尚可之外,经营状况均较差,75% 的上市公司在营业收入上出现了负增长。

其次,就吉林省上市公司地区分布来看。吉林省位于东北地区中部,共辖 8 个地级市和 1 个自治州、20 个市辖区、20 个县级市、17 个县、3 个自治县,省会长春市。本书关于吉林省上市公司的省内分布特征,主要从 8 个地级市和 1 个自治州展开,具体如表 3-12① 所示。

表 3-12   吉林省各地级市州上市公司数量分布情况

	长春市	吉林市	通化市	辽源市	延边州	白城市	白山市	四平市	松原市
数量/家	19	9	6	2	2	0	0	0	0
比例/%	50	23.68	15.79	5.26	5.26	0.00	0.00	0.00	0.00

根据表 3-12,吉林省上市公司主要集中于长春市、吉林市和通化市,其中长春市有 19 家,占据吉林省上市公司半壁江山,而白城市、白山市、四平市和松原市至今无上市公司,吉林省上市公司在省内分布严重不平衡。吉林省上市公司的地区分布与其经济发展的空间布局具有较高的一致性,具体来看,吉林省经济发展呈现出明显的中部凸起、东高西低空间格局。中部城镇群地区经济发展水平明显高于东部和西部地区,尤以长春市、吉林市两市最为突出。长春市和吉林市作为吉林省两个最大的中心城市,其工业化、城镇化水平在全省处于最高水平,工业基础较为雄厚,交通便利,城市功能较为齐全,在吉林省经济发展中充当着引擎的作用,必然能够吸引较多的上市公司在此安家落户。

依附长白山区自然资源发展起来的延边州、通化市、白山市是吉林省较为明显的资源型地区,虽然近几年受长白山森林资源限制,森林工业的发展呈下滑态势,对地区经济发展带来了不利的影响,但是医药工业、长白山特产业以及旅游业发展较快,为该地区经济注入了新的活力,并带动了一批优质医药类上市公司的发展,如延边州的吉林敖东(股票代码 000623),通化市的通化东宝(股票代码:600867)、紫鑫药业(股票代码:002118)以及益盛药业(股票代码:002566)。

① 资料来源:根据上海证券交易所(http://www.sse.com.cn/)和深圳证券交易所(http://www.szse.cn/)提供数据整理。

与东部的延边州、通化市、白山市相比,西部的白城市和松原市在经济发展上则相形见绌,以石油资源为依托发展起来的松原市,随着石油资源的开采,经济开始下滑;而四平市和白城市是没有任何资源可用于开发的地区,且城市规模较小,工业基础也较为薄弱,无上市公司也不足为奇。

接下来,本书将对吉林省上市公司股本规模、经营状况、行业分布差异进行探讨来区分省会城市和其他市州的上市公司发展差异,具体如表 3-13 所示。根据表 3-13 可知,吉林省上市公司在股本规模、经营状况、行业分布方面亦具有一定的差异性。与辽宁省不同的是,吉林省省会城市长春市的上市公司除在股本规模和行业分布上较其他市州具有一定优势外,其在经营状况方面则劣于其他市州的上市公司。可见,虽然吉林省 50% 的上市公司分布在省会城市长春市,但是与其他市州上市公司相比,经营状况明显不佳。

表 3-13　吉林省上市公司分布情况

	股本规模(亿元)		经营状况评估值	行业分布
	总数	平均数		
长春市	129.6	6.82	0.143162	C:47.37%;D:5.26%;F:10.53%;G:5.26%;I:15.79%;K:15.79%
其他市州	95.36	5.02	0.172601	C:89.74%;F:5.26%;K:5.26%;

长春市 19 家上市公司中,属于制造业类的有 9 家,占比 47.37%;信息传输软件和信息技术服务业与房地产业各 3 家,占比均为 15.79%;批发和零售业 2 家,占比 10.53%,其余 2 家上市公司分别属于电力热力燃气及水生产和供应业、交通运输仓储和邮政业。进一步来看,9 家制造业上市公司均属于传统的装备制造业和能源产业,其中汽车制造业上市公司就有 3 家。可见长春市上市公司目前还分布于传统行业中,那些体现新能源、新技术的新兴产业则少之又少,而作为新的经济增长点的现代服务业则寥寥无几,在传统产业日渐衰落的今天,长春市以传统产业为主导的上市公司必然面临着较差的经营状况。

最后,就黑龙江省上市公司地区分布来看。黑龙江省是位于我国最北部的省份,共辖 12 个地级市和 1 个地区、64 个市辖区、18 个县级市、46 个县、1 个自治县,省会哈尔滨市。本书关于黑龙江省上市公司的省内分布特征,主要从 12 个地级市和 1 个地区展开,具体如表 3-14[①] 所示。根据表 3-14,黑龙江省 2/3 以

---

① 资料来源:根据上海证券交易所(http://www.sse.com.cn/)和深圳证券交易所(http://www.szse.cn/)提供数据整理。

上的上市公司均分布在省会城市哈尔滨市,牡丹江市和齐齐哈尔市各有上市公司2家,剩余2家上市公司则分别位于大庆和七台河市,包括鹤岗市、黑河市、双鸭山市、鸡西市、绥化市和大兴安岭地区的五市一区至今尚无上市公司,上市公司省内分布明显不合理。

表 3-14　黑龙江省各市区上市公司数量分布情况

	哈尔滨市	牡丹江市	齐齐哈尔市	大庆市	七台河市	佳木斯市	伊春市
数量	23	2	2	1	1	1	1
比例	74.19%	6.54%	6.54%	3.23%	3.23%	3.23%	3.23%

	大兴安岭地区	鹤岗市	黑河市	双鸭山市	鸡西市	绥化市
数量	0	0	0	0	0	0
比例	0.00%	0.00%	0.00%	0.00%	0.00%	0.00%

　　黑龙江省上市公司的分布格局与其在自然资源分布、主体功能区①背景下的经济发展定位密切相关。黑龙江省主要由山地、台地、平原和水面构成。其西北部为东北——西南走向的大兴安岭山地,北部为西北——东南走向的小兴安岭山地,东南部为东北——西南走向的张广才岭、老爷岭、完达山脉,土地约占全省总面积的24.7%;海拔高度在300米以上的丘陵地带约占全省的35.8%;东北部的三江平原、西部的松嫩平原,是中国最大的东北平原的一部分,平原占全省总面积的37.0%②。绥化建成区、松嫩平原农业综合开发试验区、三江平原农业综合开发试验区和长白山森林生态功能区属于黑龙江省的经济滞后区,其经济的发展主要来源于农业发展的支撑,目前尚未成形成机械化与规模化的农业大生产格局,对应的农产品深加工亦处于起步阶段,缺少优质企业的支撑,没有上市公司也就不足为奇。作为国家级限制开发区的大小兴安岭森林生态功能区和三江平原湿地生态功能区是黑龙江省经济落后区,故也没有上市公司。黑龙江省经济的发展主要集中于哈尔滨都市圈和哈大齐工业走廊,继续加强经济极化与经济超前区的经济集聚,仍然是在主体功能区规划下黑龙江省未来经济空间发展的主要走向。在经济集聚发展布局下,上市公司必然呈现出集聚式的空间分布。

---

　　①　主体功能区是基于不同区域的资源环境承载力、现有开发密度和未来发展潜力,以是否适宜和如何进行大规模高强度的工业化、城镇化开发为标准划分的,将特定区域确定为具有特定主体功能的一种空间单元。主体功能区规划是我国第一次颁布实施的中长期国土开发总体规划,立足于构筑我国长远的、可持续的发展蓝图。涉及国家影响力和控制力的提升、人口和产业未来的集聚、生态和粮食安全格局的保障。

　　②　数据来源:《国家地理》编委会. 国家地理·中国卷[M]. 北京:蓝天出版社,2009:106-109.

接下来,本书区分省会城市哈尔滨和其他市区对黑龙江省上市公司股本规模、经营状况、行业分布差异进行进一步探讨,如表 3-15 所示,可以发现,黑龙江省上市公司的分布情况与吉林省上市公司大体一致,虽然省会城市拥有全省大部分上市公司,且拥有较大的股本规模和多样化的行业分布,但是就上市公司的经营状况来看,省会城市上市公司却并不具优势。哈尔滨市 23 家上市公司中,属于制造业的有 11 家,占比 47.83%,与吉林省省会长春市制造业上市公司比例基本一致;电力热力燃气及水生产和供应业上市公司 3 家,占比为 13.04%;属于农林牧渔业、批发和零售业以及综合类上市公司各有 2 家,占比均为 8.70%,其余 3 家上市公司则分别属于交通运输仓储和邮政业、信息传输软件和信息技术服务业和房地产业。

表 3-15　黑龙江省上市公司分布情况

	股本规模(亿元)		经营状况评估值	行业分布
	总数	平均数		
哈尔滨市	226.13	9.83	0.130572	A:8.70%;C:47.83%;D:13.04%;F:8.70%;G:4.35%;I:4.35%;K:4.35%;S:8.70%
其他市区	29.87	3.73	0.308790	C:89.74%;F:5.26%;K:5.26%;

与长春市相比,哈尔滨市上市公司行业分布更加多样化。但是哈尔滨市上市公司亦有其独有的特征,56.53%的上市公司为国有企业,国有上市公司所占的比重远高于东北地区国有上市公司的平均水平 48.89%;中小企业板和创业板上市公司总共只有 4 家,只占该地区上市公司的 17.39%。在国有企业经营绩效严重下滑的背景下,加之缺乏高新技术类上市公司,哈尔滨市上市公司的经营业绩不尽如人意也就不足为奇。就东北三省来说,强化省会城市上市公司质量,在维持较高质量的同时鼓励其他市区企业积极上市,对当地经济振兴至关重要。

(五)东北与江浙地区上市公司的比较分析

包括江苏和浙江两省的江浙地区,作为长江三角洲经济圈的重要组成部分,一直是我国经济发展的龙头地域,在全国经济版图中占有举足轻重的位置。在江浙地区经济发展中,微观经济主体企业功不可没,尤其是作为优秀企业代表的上市公司的作用更是不容小觑。2012 年江浙地区共有上市公司 478 家(主板上市公司 189 家、中小企业板上市公司 211 家、创业板上市公司 78 家),股本规模达 2462.71 亿元,按照中国证监会行业分类标准,在 19 个行业中,该地区上市公司已覆盖 13 个行业。江浙地区上市公司不仅在数量上具有显著优势，在质量方面亦不逊色，根据中国社会科学院产业与企业竞争力研究中心发布的《中国企业竞争力报告(2012)》，在全国 31 个省区市上市公司竞争力得分排名中，江苏省和浙江省上市公司分别占据第 3 和第 10 位[247]。

在我国资本市场大舞台上，江浙板块始终是一个非常活跃的群体，扮演着非常重要的角色。东北地区与江浙地区相比，不仅在上市公司数量上显著不足，而且就上市公司区域分布密度①来看，两者仍具有较大的差异，东北地区上市公司的分布密度为 0.58，属于较低密度区，而江浙地区的分布密度为 3.07，属于上市公司高密度区[248]；就行业覆盖率来看，东北地区上市公司所涉及行业亦少于江浙地区，就中国证监会行业分类的 19 个行业种类来说，东北地区上市公司覆盖 11 个行业，行业覆盖率为 57.89%，而江浙地区覆盖 13 个行业，行业覆盖率为 68.42%，江浙地区上市公司在第三产业行业分布上明显优于东北地区；就上市板块构成来看，东北地区 2/3 以上的上市公司属于主板上市公司，而中小板和创业板上市公司只占上市公司总数的 14.81% 和 7.41%，对应的江浙地区主板、中小板和创业板上市公司比重分别为 39.54%、44.14% 和 16.32%，呈现出一种均衡分布的态势。除此之外，江浙地区上市公司发展与当地 GDP 的匹配程度亦高于东北地区，具体来看，江浙地区上市公司区位熵为 0.54，远高于东北地区上市公司区位熵 0.27。

接下来，本书在立足 2012 年东北地区与江浙地区上市公司相关数据的基础上，借助 SPSS 统计软件，采用 Mann-Whitney U 检验，分别从上市公司股本规模、板块构成、行业分布、省会城市分布密度、经营状况、股权性质、第一大股东持股比例，以及股权制衡度等八个方面对东北地区与江浙地区上市公司进行比较分析，以期发现二者的差异所在；在寻找东北地区上市公司不足的同时，为进一步发展上市公司繁荣区域经济提供参考。本书对上市公司特征的考察与定义具体如表 3-16 所示。另外，在本书研究中，上市公司相关资料与财务数据来源于上交所与深交所官方网站，以及国泰安数据库、中经网统计数据库和色诺芬数据库。

采用 Mann-Whitney U 检验，对东北地区与江浙地区两组上市公司特征进行考察后发现，两组样本上市公司在股本规模、板块构成、行业构成、省会城市分布密度、经营状况、股权性质和股权制衡度方面均存在显著的差异；而两组样本

① 参考张智先、王永锋 2007 年的研究成果，用该地区上市公司数量除以全国各省市平均上市公司数量下的该地区上市公司的应有数，并以 0.5、1、1.5 划分为四个区间，分别对应上市公司低密度区、较低密度区、较高密度区和高密度区。

上市公司在第一大股东持股比例方面的差异却不大。东北与江浙地区上市公司特征差异情况具体如表 3-17、表 3-18 所示。

表 3-16　上市公司特征考察与定义

上市公司特征考察	上市公司特征定义
股本规模	上市公司的股本值
板块构成	主板上市公司为 1,中小板或创业板上市公司则为 0
行业分布	制造业类上市公司为 1,否则为 0
省会城市分布密度	上市公司所在地为省会城市为 1,否则为 0
经营状况	利用因子分析法,通过考察东北与江浙地区上市公司的盈利能力、资产质量、债务风险和经营增长四个方面所涉及的九个具体指标,对两地区上市公司经营状况进行量化,计算各上市公司经营状况评估值①
股权性质	上市公司股权性质为国有或国有控股则为 1,否则为 0
第一大股东持股比例	上市公司第一大股东持股比例
股权制衡度	以第一大股东和第二大股东持股数量的比值来衡量上市公司股权制衡度

表 3-17　检验统计量ᵃ

	股本规模	板块构成	行业分布	省会城市分布	经营状况	股权性质	第一大股东持股比例(%)	股权制衡度
Mann-Whitney U	25830.0	18015.5	27220.0	25375.5	23664.0	22903.5	30340.5	26748.5
Wilcoxon W	140311.0	132496.5	36400.0	139856.5	1665.0	137384.5	39520.5	141229.5
Z	−3.541	−9.056	−3.549	−4.776	−2.506	−6.759	−1.059	−3.036
渐近显著性(双侧)	.000	.000	.000	.000	.012	.000	.290	.002

a. 分组变量:地区分组

---

①　利用 SPSS 软件,对九个指标进行因子分析后发现,"应收账款周转率"和"已获利息倍数"指标的因子载荷量均小于 0.5,其收敛效度较差,故予以剔除。进一步对删除后的七个指标进行相关性矩阵、KMO(Kaiser-Meyer-Olkin)和 Bartlett 检验,发现各指标相关性较高,KMO 值达到了 0.785,Bartlett 检验的 Sig 值为 0.000,小于显著水平 0.05,适合进行因子分析。进行因子分析后得知,第一、第二、第三因子的方差贡献率累计为 68.987%,因此,以第一、第二、第三因子的方差贡献率为权数,构建上市公司经营状况评估函数:$F = 32.654\% \times F_1 + 20.777\% \times F_2 + 15.557\% \times F_3$,以计算各个上市公司的经营状况评估值。

表 3-18　东北与江浙地区上市公司比较分析

	东北地区	江浙地区	Mann-Whitney U 检验 Z 值
股本规模(均值,单位:亿元)	8.23	5.15	−3.5411***
板块构成(主板上市公司比例)	77.78%	39.54%	−9.056***
行业分布(制造业上市公司比例)	59.26%	74.90%	−3.549***
省会城市分布(所在地为省会城市上市公司比例)	46.67%	25.31%	−4.776***
经营状况(经营状况评估值)	0.155569	0.218116	−2.506**
股权性质(国有上市公司比例)	48.89%	19.87%	−6.795***
第一大股东持股比例(均值)	36.25%	37.21%	−1.059
股权制衡度(均值)	22.41	10.63	−3.036***

注:*** 、** 、* 分别表示在 1%、5%、10% 的水平上显著。

　　根据表 3-17 和表 3-18 可以看出,在 1% 的显著性水平上,东北地区上市公司股本规模显著高于江浙地区上市公司。与江浙地区相比,东北地区上市公司较大的股本规模,是由其所处的股票交易板块所决定的。根据最新《证券法》的相关规定,虽然主板与中小企业板上市的基本条件完全一致,均要求公司股本总额不少于人民币 3000 万元,创业板要求发行前净资产不少于 2000 万元,发行后的股本总额不少于 3000 万元。但是,作为接纳国民经济中支柱企业和占据行业龙头地位企业的主板市场,在资产规模和经营规模方面具有显著的优势,必然对应着较高的股本规模。东北地区 2/3 以上的上市公司均为主板上市公司,而江浙地区主板上市公司只达到其上市公司总数的 39.54%,因此,东北地区上市公司股本规模必然显著高于江浙地区上市公司。

　　在 1% 的显著性水平上,东北地区主板上市公司明显多于江浙地区,东北地区 77.78% 的上市公司属于主板上市公司,而中小板和创业板上市公司只占上市公司总数的 14.81% 和 7.41%,对应的江浙地区主板、中小板和创业板上市公司比重分别为 39.54%、44.14% 和 16.32%。中小板和创业板是我国多层次资本市场体系的重要组成部分,为中小企业和科技创新企业提供了资本平台,在促进中小企业发展、培育战略性新兴产业、转变经济发展方式方面具有重要意义。东北地区作为我国老工业基地,长期的计划经济体制使得东北地区至今市场化程度不够,民营经济起步较晚,发展不足,2012 年 8 月 30 日,全国工商联发布了

2012 中国民营企业 500 强榜单,其中,辽宁省有 12 家企业上榜,黑龙江省有 4 家上榜,吉林省则只有 1 家上榜企业。相比之下,浙江省的上榜企业为 142 家,江苏省为 108 家。可见,在东北地区符合上市公司条件的中小企业原本匮乏的情况下,上市板块分布中难免会呈现出以主板为主、中小板和创业板为辅的上市公司板块分布格局。

　　而作为鱼米之乡的江浙地区,地处沿海地区交通便利,加之自改革开放后国家相关政策的扶持,民营经济遍地开花,成为我国民营经济的先发地区。根据2013 年江浙地区民营经济发展情况考察报告显示:杭州市 2012 年有私营企业20 万户、个体工商户 32 万户、全国 500 强民营企业 50 家;苏州市 2012 年有私营企业 23 万户、个体工商户 40 万户,拥有世界名牌 1 个、中国驰名商标 75 个、中国名牌产品 56 个、全国质量奖 2 个、全国 500 强民营企业 24 家;宁波市 2012年有私营企业 15 万户、个体工商户 36 万户、全国 500 强企业 18 家,拥有雅戈尔、奥克斯、方太、波导等一大批品牌企业。3 个城市民营经济占全市经济实体总数 95% 以上,增加值占 GDP 总量 85% 以上,安排就业在 90% 以上,对税收的贡献度在 50% 以上,其中宁波高达 76%①。中小企业板和创业板的成立,为民营经济发展提供了资本平台,大量的民营企业成为上市公司,在上市板块分布中便呈现出主板、中小板和创业板平衡发展的格局。仅就杭州市、苏州市、宁波市的中小企业板与创业板上市公司来看,分别有 46 家、50 家、12 家,分别占江浙地区中小企业板与创业板上市公司的比重达到 29.68%、37.31% 和 7.74%。可见,与江浙地区相比,东北地区在中小板和创业板上市公司发展方面显然是不足的,东北地区应该大力扶持中小企业的发展,鼓励中小企业通过上市不断发展壮大以繁荣区域经济发展。江浙地区上市公司的地区分布及板块构成具体如表3-19 和表 3-20 所示。

表 3-19　江苏省上市公司地区分布及板块构成　　　(单位:家)

	南京	苏州	无锡	南通	常州	扬州	镇江	徐州	连云港	泰州	盐城	宿迁
主板	31	15	20	7	6	5	3	2	5	3	2	0
中小企业板	10	34	14	13	6	3	4	2	1	0	3	2
创业板	6	16	5	3	5	0	1	3	0	2	0	1
总计	47	65	39	23	17	8	8	7	6	5	5	3

① 数据资料来源于洛阳网,网址:http://news.lyd.com.cn/system/2013/03/29/010239581.shtml。

表3-20　浙江省上市公司地区分布及板块构成　　　　　（单位：家）

	杭州	宁波	绍兴	台州	金华	嘉兴	温州	湖州	衢州	丽水	舟山
主板	29	23	14	4	5	6	4	3	1	0	1
中小企业板	29	12	22	21	9	12	4	7	1	2	0
创业板	17	0	2	2	7	3	3	1	1	0	0
总计	75	35	38	27	21	21	11	11	3	2	1

在1％的显著性水平上,东北地区制造业上市公司比例显著低于江浙地区,无论是经济发达的江浙地区还是经济欠发达的东北地区,制造业上市公司都占了半壁江山,上市公司以制造业居多的行业分布格局与我国产业发展现状息息相关。东北老工业基地曾是新中国工业的摇篮,大量的工业企业聚集于此,东北原油产量曾占全国的2/5,木材产量曾占到全国的1/2,汽车产量曾占全国的1/4,造船产量曾占到全国的1/3,东北地区所创造的工业产值为国家的改革开放和现代化建设作出了历史性的重大贡献[①]。虽然自1990年以来,随着体制性和结构性矛盾日趋显现,东北老工业基地企业设备和技术老化等问题逐渐暴露,竞争力开始下降,就业矛盾不断突出,经济发展步伐也相对放缓,但是良好的工业底子,优越的资源储备决定了工业企业在东北经济发展中的主导地位不可动摇,因此,以制造业上市公司为主是东北老工业基地上市公司行业分布的必然结果。

然而,就江浙地区来看,作为我国目前经济极具活力的区域之一,虽然在产业转型升级、现代服务业发展方面均走在全国前列,但亦是典型的工业主导型发展区域。江浙地区制造业类上市公司共涉及25种行业[②],较东北地区上市公司在行业分布上更为广泛。江浙地区制造业类上市公司具体的行业分布如图3-20[③]所示。

根据图3-20可以发现,与东北地区上市公司集中于装备制造业的行业分布不同,江浙地区制造业类上市公司的行业分布则更均衡和广泛,且结构更加优

---

① 数据资料来源于新浪财经网,网址:http://finance. sina. com. cn/rou/20120513/045712052460. shtml。

② 根据证监会对上市公司行业分类标准,江浙地区制造业类上市公司涉及农副食品加工业、食品制造业、酒饮料和精制茶制造业、纺织业、纺织服装服饰业、皮革毛皮羽毛及其制品和制鞋业、木材加工及木竹藤棕草制品业、家具制造业、造纸及纸制品业、文教工美体育和娱乐用品制造业、化学原料及化学制品制造业、医药制造业、化学纤维制造业、橡胶和塑料制品业、非金属矿物制品业、黑色金属冶炼及压延加工业、金属制品业、通用设备制造业、专用设备制造业、汽车制造业、铁路船舶航空航天和其他运输设备制造业、电气机械及器材制造业、计算机通讯及其他电子设备制造业、仪器仪表制造业、其他制造业25种行业。

③ 资料来源:根据上海证券交易所(http://www. sse. com. cn/)和深圳证券交易所(http://www. szse. cn/)提供数据整理。

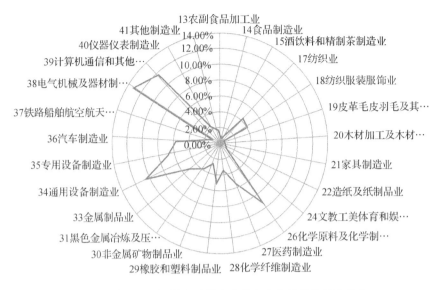

图 3-20　江浙地区制造业类上市公司具体行业分布

化，以高新技术和信息制造产业为主导的格局明显,高能耗行业占比持续下降,
并逐渐形成了服务业与工业经济双轮驱动的局面。江浙地区制造业结构的优化
升级和技术升级与创新密不可分,大量依靠劳动密集型产业起家的浙江制造业
开始注重科技投入,用先进技术牢牢占据市场制高点。根据浙江省工商局的统
计数据显示,为适应竞争发展的需要,众多浙江制造业类上市公司积极优化产业
结构,不惜花巨资进行技术改造和产品升级。自 2012 年以来,全省制造业在技
术改造中投入研发资金 302.90 亿元,比上年同期增长 26.44%;新产品研发投
入资金 557.88 亿元,同比增长 10.19%。技术改革研发资金投入的持续增加,
提升了江浙地区制造业的综合实力,制造业类上市公司的行业分布不仅日趋合
理,上市公司的核心竞争力亦有了不断的提升①。

　　在加快第二产业内部结构升级的同时,江浙地区更注重加快文化创意、信息
软件、旅游休闲、金融服务、电子商务和物联网等现代服务业发展,并取得了一定
的成绩。以我国电子商务发源地之一的杭州市来说,其拥有占全国 1/3 的互联
网企业、占全国 1/7 的电子商务网站、占全省 1/2 的网店数、居国内 22 个城市群
之首的网商数;杭州市已形成了一批淘宝村、电商园、智慧园区等新兴产业群,
2012 年,又被确定为全国首批电子商务示范城市,依托电子商务覆盖的广阔领
域,如今杭州市的电子商务已经形成了一套完备的产业链体系,金融业、物流业、

---

　　①　数据资料来源于博锐管理在线,网址:http://www.boraid.cn/article/html/214/214293.asp。

服务业、电子信息等相关产业融会贯通,融合发展,杭州市的产业结构不断优化[1]。因此,东北地区上市公司需要不断提高自身的技术含量,加快产业转型升级,只有这样才能顺应经济发展形势,不断发展壮大以繁荣区域经济。

在1‰的显著性水平上,东北地区上市公司在省会城市的分布比例明显高于江浙地区,可见与江浙地区相比,东北地区上市公司在地区分布上更热衷于省会城市,地区分布合理性欠佳。就江浙地区上市公司的地区分布来看,虽然省会城市上市公司数量仍然占有显著优势,但是总体来看上市公司地区分布更为合理,呈现出"遍地开花"的分布格局,这种均衡的分布格局在浙江省表现得更为突出。江浙地区上市公司地区分布情况具体如图3-21[2]所示。

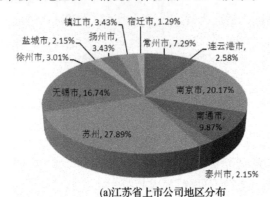

(a)江苏省上市公司地区分布

(b)浙江省上市公司地区分布

图3-21 江浙地区上市公司地区分布

---

①　数据资料来源于商路通咨询网,网址:http://www.3566t.com/news/ewec/1508567.html。

②　资料来源:根据上海证券交易所(http://www.sse.com.cn/)和深圳证券交易所(http://www.szse.cn/)提供数据整理。

　　江浙地区上市公司在空间上更趋于均衡的分布格局与其一体化经济发展战略密不可分。以上海市、南京市、杭州市为龙头的长三角一体化战略自2008年上升到国家发展战略高度以来，江浙地区作为长三角区域的重要板块，不断加快对交通、邮电、通讯、电力、信息等基础设施的整合，加快对资本、技术、劳动力等生产要素的优化组合，并辅以经济、金融、财政、税收、企业制度、资产管理、社会保障等各项制度和政策支持，以实现区域经济融合。发展至今，江浙的区域经济一体化格局日渐显现，地区差异逐渐缩小，行政区划壁垒降低，产业互补与共生的趋势日趋明显，形成各具特色的经济发展格局。具体来看，江苏省以大公司和外资企业为依托，在化学原料及制品制造业、机械工业和电子信息制造业等重化工领域和信息技术领域具备了一定的基础与优势；而浙江省则以中小企业和区域特色经济为支撑，在传统劳动密集型制造业上具有明显的竞争优势。与此同时，江浙地区力争最大限度发挥特大中心城市的引领扩张辐射作用，以调动和激活每个城市的能量，拉动周边中小城市的发展，形成特色城市群、城市带、城市经济区和现代农业区。

　　江浙地区经济一体化的发展，离不开产业集聚的空间支持。自20世纪90年代以来，产业集群已经发展成为区域经济中颇具特色的经济组织形式，集群内企业通过互动合作与交流，发挥规模经济和范围经济效益，产生强大的溢出效应，从而带动某一地区经济的繁荣。发展产业集群是区域经济一体化重要的抓手，能够有效提升产业竞争优势，避免重复建设，推动地方经济增长，促进中小企业发展。产业集群不受行政区划限制的，哪个地方经济上有条件、更合理，就会在哪里进行布置。目前江浙地区已形成了多个特色鲜明，在全国处于领先地位的产业集群，培育了一批具有较高声誉的行业龙头企业和较高素质的优秀企业家，成就了一批上市公司。地理上相邻，人文上相近，经济上互补，让江浙地区经济一体化走得早、走得稳、也走得实；东北地区应该借鉴江浙地区经济发展经验，因地制宜推动特色产业发展，以造就一批优质企业上市，推动区域经济更好、更快发展。

　　在5%的显著性水平上，东北地区上市公司的经营状况差于江浙地区，与江浙地区上市公司相比，无论在数量上还是质量上东北地区都略逊一筹。作为微观经济主体的企业，其经营状况的好坏会直接影响区域经济发展水平，而区域经济又会反作用于企业。一方面，作为我国经济发展最活跃的江浙地区，其上市公司的经营状况势必会优于东北地区。另一方面，东北地区上市公司较差的经营质量与其所处的产业分布密切相关。正如上文分析，东北地区上市公司主要分布于传统制造业和高密度资源消耗性行业，在经济转型的今天，产能过剩、效率低下、能耗高附加值低等逐渐成为传统产业发展的桎梏,只有提高科技含量,向新兴产业转型升级才是上市公司立足于未来市场经济的唯一出路,也是提高上市公司市场竞争力、改善上市公司经营状况的唯一方式。因此,东北地区上市公司在追求量的增长的同时,更应该注重质的提高,只有这样,才能更好地促进区域经济的发展。

在1%的显著性水平上,东北地区国有上市公司比例显著高于江浙地区。作为"新中国工业的摇篮",东北地区拥有大量的国有企业,发展至今,东北地区仍然深受计划经济体制的影响,不相信市场的力量,不相信民营的力量,不相信中小微的企业力量。地方政府仍青睐于大项目,大投资,大国企。在东北地区中国有企业主导的经济格局必然带来国有企业上市公司较高的比例分布。这也从侧面反映出,与我国民营经济最发达的江浙地区相比,东北地区在民营经济的发展和扶持力度上还相差甚远。在我国,民营经济经过 30 多年的发展,已经逐步成为区域经济中最具活力的部分,截至 2012 年年底,我国非国有经济的工业产值占工业总产值的 1/2 以上,所创造的国民生产总值占整个国民生产总值的 70% 以上。民营经济用 1/3 的资源,为国家整体经济增长提供了 63% 的贡献,它已经成为当今我国区域经济增长的基础,成为整个经济发展中一股不容忽视的力量①。早在 2006 年,胡大立的研究就发现地区经济发展水平与地区民营经济发达程度是呈强正相关性,民营经济发展的差距是造成区域经济发展差距的重要原因,因此缩小区域经济差距,必须以大力发展民营经济为突破口[249]。民营经济的发展不足、实力弱小、发展差距大,在很大程度上导致了东北地区经济活力不足,成为制约经济发展的症结所在。只有通过推进民营经济发展,才能进一步减少国有经济比重,进一步优化产业结构,进一步加快农业现代业、工业新型化,进一步加快发展方式转变,进一步提高创业创新活力,形成大众创业、万众创新的局面,激发东北地区经济发展内生动力和外在活力。也只有通过推进民营经济发展,才能涌现出一大批优秀企业家,形成一大批知名民营企业,造就一大批全国著名产品,不断优化东北地区上市公司的所有权性质。

在1%的显著性水平上,东北地区上市公司的股权制衡度明显差于江浙地区。目前,除了美、英等具有发达资本市场的国家外,集中的所有权分布模式是世界范围内公司所有权结构的常态[250,251],我国上市公司亦不例外。在大股东控制与利益侵占问题日益突出的今天,股权制衡就成为有效约束大股东剥削行为的重要手段,在完善公司治理结构中发挥了重要作用。国外研究普遍认为,股

---

① 数据资料来源于搜狐网,网址:http://roll.sohu.com/20120822/n351284716.shtml.

权适度集中且具有一定股权制衡特点的所有权结构既可以起到对大股东的激励效应,又可以在一定程度上约束大股东对公司利益的侵占。如 Gones 等(2005)通过对公司内多个大股东事后讨价还价行为的探讨,辅以理论模型验证,发现多个大股东之间的互相约束和监督能够有效限制和控制股东的侵占行为,从而保护中小股东的利益[252]。Lehman(2000)、Volpin(2002)和 Benjamin(2005)等利用不同国家上市公司数据,同样得出结论,认为股权制衡对约束和控制股东的剥夺行为,提高上市公司价值具有重要的意义[253,254,255]。在我国,学者的研究同样发现,股权制衡力量对约束控制性大股东的剥削行为具有重要意义。如陈晓、江东(2000)[256],宋敏等(2004)[257],叶勇等(2005)[258],田利辉(2006)[259]的研究均发现股权制衡对控股股东具有显著的监督与制衡作用,强调股权制衡度有助于提高上市公司价值。同时,需要注意到,股权性质在代理问题的产生与解决,以及所有权的行使方式上具有十分显著的差异,对公司决策与绩效产生的影响也不尽相同[260]。按照"终极产权论"[261]的观点,我国上市公司可以分为国有与非国有,在我国国有上市公司"一股独大"和"内部人控制"现象尤为普遍,就东北地区上市公司来看,第一大股东持股比例高达 30% 以上的上市公司就有 81 家,占东北地区上市公司总数的 60%。以第一大股东和第二大股东持股数量的比值来衡量上市公司股权制衡度,其最大值高达 294.33,股权制衡度高于 5 的上市公司有 71 家。因此,以国有上市公司为主的东北地区,必然会面临着较差的股权制衡度。

由此可知,与江浙地区相比,东北地区上市公司无论在数量上还是在质量上都存在一定的差距,呈现出板块分布不合理、地区分布不均衡、经营质量不突出、国有经济占主导的上市公司发展格局。东北地区上市公司所呈现出的区域发展特征,与东北地区的经济发展环境密切相关。受特定地理区位限制,长期以来东北地区在全国经济版图中所占的份额一直维持在较低的水平上。在经济发展水平不高、产业结构不合理、创新意识薄弱、政策扶持力度不够以及重工业基地的历史背景下,地方政府对上市公司发展的区域支撑力度不够,不可避免地会带来上市公司数量与质量发展上的不足。因此,要想大力发展上市公司以促进东北地区经济繁荣,就必须加大对中小企业和科技创新企业的扶持力度,积极鼓励中小企业上市[262];加大对省会城市之外地区的政策扶持力度,积极建设省域副中心城市和经济开发区,并积极引导和鼓励该地区企业上市;除此之外,还应该加大对上市公司的监管力度,引导上市公司完善公司治理,创新和改革经营管理,不断提高上市公司质量。

二、东北地区上市公司发展历程

上市公司作为区域内企业的一种特殊形式,通过在证券交易所公开发行股票,是资本市场的重要参与主体,是资本市场健康、稳定发展的基石,亦是资本市场投资价值的源泉。二十多年来,我国上市公司经历了从无到有、从弱到强的发展历程,在资产规模、盈利能力、核心竞争力等方面有了稳步的提升,日渐成为我国区域经济发展中最活跃、最具创造力和竞争力的微观主体,成为推动我国企业改革和经济发展的中坚力量。上市公司的发展与我国所处的社会经济环境密切相关,1990 年上交所和深交所的先后成立为我国上市公司的发展壮大提供了制度土壤,从此上市公司开始在中国经济发展的舞台上扮演着重要的角色。对上市公司发展历程的探讨,离不开我国特有的经济社会发展背景,而东北地区上市公司发展历程则是我国经济体制改革、国有企业转型在区域市场上的缩影。

(一)1991—2000 年:政府主导发展阶段

与成熟市场经济国家相比,我国资本市场在发展过程中面临着迥然不同的初始条件和外部环境。作为一个在经济体制转轨条件下建立起来的资本市场,其更多的是政府行政意愿干涉的产物。与此相对应,我国上市公司发展之初亦完全听命于政府,成为服从和服务于政府目标的行政制度安排的产物。让哪些企业上市,一定时期内上市多少家,不是在严格准则约束下企业自我选择的结果,而是政府行政力量推动的结果。上市公司发展的计划经济色彩,在股票发行管理体制的"三阶段"历程中表现得淋漓尽致。

具体来看,第一阶段,在 1997 年之前,我国实行"总量控制"的上市公司股票发行管理体制。国务院每年确定股票总体发行额度计划,下达给各省市地区和国务院有关部委,要求其对申请发行股票的企业层层筛选后推荐给证监会复审。第二阶段,自 1997 年至 2000 年,开始实行"总量控制和家数控制相结合"的上市公司股票发行管理体制。与上一阶段不同,证监会必须在国务院确定的发行总规模范围内对各省市和各部委下达发行家数指标,从发行家数方面对其上报的企业进行限制,并在总规模内给上报企业核定发行规模。前两个阶段的额度指标管理审批制度,使得我国最初的上市公司均为国有企业,私有制企业被排除在资本市场大门之外。审批制是一种带有较强行政色彩的股票发行管理制度,在我国证券市场建立初期,由于法规不够健全,市场各方参与者不够成熟,各行业及各地区发展又不平衡,要求上市的企业过多且质量参差不齐,只能对股票发行申请采用了审批制,进行宏观调控和严格审查。第三阶段,"核准制"实施阶段。2000 年 3 月 16 日,中国证监会发布了《关于发布〈中国证监会股票发行核准程序〉通知》,标志着我国股票发行体制开始由审批制向核准制转变。我国《证券法》在借鉴国际证券市场有益经验的基础上,并经国务院批准,我国上市公司新股发行正式实施核准制。股票发行核准制改变了由政府部门预先制订计划额度、选择和推荐企业、审批企业股票发行的行政本位,确立了由主承销商根据市场需要推荐企业,证监会进行合规性初审,发行审核委员会独立审核表决的规范化市场原则。至此上市公司股票发行结束了以额度的行政分配为主导的计划发行体制。

在我国特定经济制度背景下,东北地区上市公司在 2000 年之前亦完全处于政府主导发展阶段,这对上市公司的选择是一种集中体现政府意志的行政化行为。1992 年,邓小平南方讲话之后,我国掀起了一轮关于证券、股市、股份制的改革浪潮。股份制成为国有企业改革的方向,资本市场的建立、完善和发展成为中国经济体制改革的重点领域。由中央或地方国资委独资或授权经营的国有企业分离出部分优质资产进入上市公司,成为我国上市公司发展的主流形式。然而在计划经济体制下成长起来的国有企业,囿于其在产权界定和权责分配上的混乱以及管理思想的僵化,现代企业制度的建立更多的是徒有虚名。为了获得上市资格,地方政府不遗余力帮助企业改制,以满足监管机构的相关要求。在改革动力机制缺乏的时代背景下,东北地区国有企业的股份制改革以及股票公开发行亦不例外,其更多来自政府的外力推动而非内在需求。

就这一阶段东北地区上市公司的发展情况来看,在上市公司股票发行额度指标管理的审批制度下,证券主管部门采取分配上市指标的方法来选择上市企业,使上市指标成为一种稀缺且又珍贵的资源;东北地区各省政府及国务院有关部委,为获得紧俏的上市指标,甚至出现了"捆绑上市"的现象。如 1999 年 8 月在上交所上市的东北高速公路有限公司(简称"东北高速",股票代码 600003),就是在该历史情况下利用交通部上市额度对黑龙江、吉林两省高速公司"两路一桥"捆绑上市形成的产物,是我国资本市场上"捆绑上市"的典型代表。① 在政府主导下,1991—2000 年东北地区上市公司的发展情况如图 3-22② 所示。

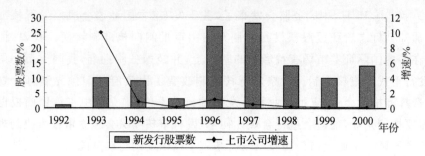

图 3-22　1991—2000 年东北地区上市公司发展情况图

(二)2001—2004 年:政府主导企业配合发展阶段

2000 年 3 月 16 日,中国证监会发布了《关于发布〈中国证监会股票发行核

---

① 　资料与数据来源于上海证券交易所所披露的"东北高速(600003)招股说明书"以及"东北高速公路股份有限公司 1999 年年度报告",网址为:http://www.sse.com.cn/。东北高速成立于 1999 年 7 月 21 日,公司注册资本为 121320 万元,注册地址为吉林省长春市人民大街 122 号。公司所处行业为公路交通业,主营业务集中于高等级公路的投资、开发、建设和经营管理。东北高速是国内道路交通行业中跨省区强强联合、资本重组的大型股份制交通企业,其规模位居东北地区同行业龙头。东北高速是在贯彻国务院"利用资本市场解决高速公路建设资本金不足"精神的特定历史背景下,由黑龙江省高速公路公司(简称龙高集团)、吉林省高速公路公司(简称吉高集团)和华建交通经济开发中心(简称华建开发),分别代表黑龙江省交通厅、吉林省交通厅和交通部,拿出哈尔滨-大庆高速公路、长春-四平高速公路、哈尔滨松花江大桥共两路一桥的资产,捆绑组建而成的。公司于 1999 年 7 月 5 日正式向社会公开发行人民币普通股 A 股 30 000 万股,每股面值 1.00 元。作为被允许先上市后改制的特例,东北高速股票于 1999 年 8 月 10 日在上交所上市,股票代码为 600003。东北高速是在我国特定历史时期按照"总量控制和家数控制相结合"的证券发行管理体制下将黑龙江、吉林两省高速公司捆绑上市形成的产物。其发起人选择、股权结构设计都是行政安排的结果:龙高集团作为黑龙江省交通厅的 100%控股公司持有东北高速 30.18%股份,为东北高速第一大股东;吉高集团作为吉林省国资委的 100%控股公司持有东北高速 25%的股份,为东北高速第二大股东;华建开发作为招商局集团 100%控股公司持有东北高速 20.09%的股份,为东北高速第三大股东。9 名董事的名额依据此配置为黑龙江省 4 名、吉林省 3 名、华建 2 名,董事长人选归第一大股东龙高集团,总经理人选归吉高集团,为了平衡双方权益,公司的注册经营地点定在长春。通过"捆绑式"获得上市资格的东北高速,并不是基于企业自身发展的需求,更多受政府行为的影响,是政府部门为满足某种政治性地位扩张需求,并非纯粹的市场经济行为结果。因此,政府主导的"捆绑上市"不仅影响了资源配置效率,而且围绕着龙高集团、吉高集团两大股东的资源争夺、利益争夺和权利争夺,摩擦一直不断,使东北高速深受治理冲突的困扰,公司治理缺陷严重,带来公司业务扩张失败、财务业绩下滑,为日后东北高速的发展埋下了隐患。从 2009 年 12 月 31 日起,东北高速公路股份有限公司对外公布临时公告"ST 东北高分立重组上市预案",称"东北高速拟通过本次交易分立为龙江发展和吉林高速"。到 2010 年 3 月 18 日,上交所发布公告核准黑龙江交通发展股份有限公司(以下简称"龙江交通",证券代码 601188)和吉林高速公路股份有限公司(以下简称"吉林高速",证券代码 601518)A 股股票自 3 月 19 日起开始上市交易,由此,我国证券市场上首例上市公司分拆重组案划上了圆满的句号。

② 　资料来源:根据上海证券交易所(http://www.sse.com.cn/)和深圳证券交易所(http://www.szse.cn/)提供数据整理。

准程序〉的通知》,标志着我国股票发行体制开始由审批制向核准制转变。2001年3月17日,我国股票发行核准制正式启动。这是我国股票发行监管制度的一项重大改革,是促进我国证券市场进一步规范发展的一项重要举措。根据《股票发行核准程序》的相关规定,我国上市公司新股发行取消审批制,正式实施核准制。将政府推荐企业发行上市改为由证券公司选择、保荐人保荐的市场化行为,上市公司股票发行体制从审批制过渡到了核准制。为了适应核准制的要求,落实证券公司及其从业人员的责任,中国证监会在总结经验、借鉴境外资本市场做法的前提下,于2003年年底颁布了《证券发行上市保荐制度暂行办法》,正式推出了证券发行上市保荐制度。但是,核准制实施之初,仍免不了受政府意志的左右,上市公司股票发行还是被限定在国家下达的发行规模内,并受地方政府的审批,此时的核准制仍然是计划色彩较浓的通道制,政府仍然是推动上市公司发展的主导力量。

同时,随着我国资本市场的不断完善和上市公司的不断发展,企业通过公开发行股票取得上市资格在资金筹集、产权界定、管理创新等方面的优势彰明较著,一大批符合上市条件的企业也开始跃跃欲试。尤其是2001年我国加入世界贸易组织之后,资本市场开始引入合格境外机构投资者,我国上市公司开始走上世界舞台,接受国内外投资者的审阅和检验,但同时在上市公司发展过程中积累的历史遗留问题、制度性缺陷和结构性矛盾也开始显现。无独有偶,在早期股票发行审批制下,地方政府为了获得上市资格追求政绩,包装了一大批国有企业上市,从而引发了"琼民源"、"郑百文"、"银广夏"、"中科创业"、"蓝田股份"、"德隆"等一系列震惊我国资本市场的舞弊大案,使投资者的信心跌入谷底,上市公司增长速度较之前出现大幅下滑,上市公司发展进入停滞期,发展面临严峻的考验。

从2001年开始,资本市场进入持续4年的弱势调整阶段,股票指数大幅下挫,以上证指数来看,从2001年6月14日的历史最高2245.44点,到2005年6月6日跌破1000点,低至998.23点[①];同时,新股发行和上市公司再融资的难度加大、周期延长。从2001年开始到2004年,东北地区上市公司亦不能独善其身,上市公司增加的速度较之前有所下降,甚至在2004年出现了负增长[②],具体如图3-23[③]所示;与此同时,东北地区的经济发展也同样受到波及,就东北地区经济增长额和经济增长率来看,从1998年开始到2002年一直处于较低的发展

---

① 数据来源:中国证券监督管理委员会.中国资本市场二十年[M].北京:中信出版社,2012:16.
② 2004年东北地区有4家上市公司因经营不善被退市处理,分别是000730环保股份、600669鞍山合成、600878北大车行、600670东北华联;除此之外,600816鞍山信托完成资产重组,注册地变更为上海市。
③ 资料来源:根据上海证券交易所(http://www.sse.com.cn/)和深圳证券交易所(http://www.szse.cn/)提供数据整理。

水平,尤其是伴随着 2001 年资本市场弱势调整期熊市①的到来,东北经济增长出现了大幅的下滑,具体如图 3-24②所示。

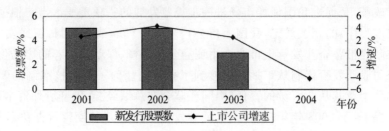

图 3-23 2001—2004 年东北地区上市公司发展情况

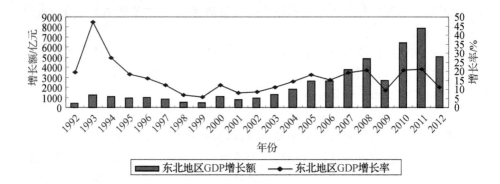

图 3-24 1992—2012 年东北地区经济发展情况

为了提高上市公司质量,恢复投资者信心,推进资本市场稳定发展,2004 年 1 月 31 日,国务院出台了《国务院关于推进资本市场改革开放和稳定发展的若干意见》,明确了上市公司在我国经济发展中的重要地位,提出通过完善上市公司法人治理结构、建立现代企业制度、提高盈利能力水平以规范上市公司运作,提高上市公司质量。并通过完善上市公司市场退出机制切实保护投资者的合法权益。同年 5 月 17 日,经国务院批准,证监会正式批复同意深交所在主板市场内设立中小企业板块,并于 5 月 27 日正式启动。中小企业板定位于为业绩突出、具有成长性和高科技含量的中小企业提供融资渠道和发展平台,促进中小企业快速发展,是解决中小企业发展瓶颈的重要探索。中小企业板作为我国资本

---

① 熊市即空头市场。当资本市场处于弱市时,股票的价格呈上期下降的趋势,投资人感到恐慌,以至于纷纷卖出所持有的股票,保持空仓观望的状态。此时,空方在市场中是占主导地位的,做多氛围严重,一般就称为空头市场或熊市。

② 资料来源:根据色诺芬数据库提供数据整理。

市场建设中的特有产物,是现有主板市场的组成部分,是我国构建多层次资本市场体系的重要举措,解决了中小企业面临的资金困境问题,极大地调动了各地区中小企业上市的积极性,将为我国资本市场发展注入新的活力。

(三)2005 年至今:政府配合企业主导发展阶段

我国上市公司是在向市场经济转轨过程中由试点开始而逐渐发展起来的,早期由于制度设计过分强调行政干预,相应的改革措施不到位,股权分置问题、上市公司改制不彻底及治理结构不完善等一些在发展初期并不突出的问题,随着上市公司的不断发展,逐步浮出水面并演化成制约上市公司进一步发展的障碍。为提高上市公司质量,规范上市公司运作,我国针对上市公司进行了一系列的综合改革、治理规范和制度重构,包括推进股权分置改革、大力发展机构投资者、改革新股发行制度、推进市场化并购重组等。经过这些努力,诸多长期困扰上市公司发展的深层次矛盾和制度性障碍逐渐消除,市场化运行机制逐步强化,投资者信心得到恢复,上市公司发展出现了转折性变化。

具体来看,2005 年中国证监会《关于上市公司股权分置改革的指导意见》颁布,随着股权分置改革积极稳妥的推进,上市公司两类股份、两个市场、两种价格并存的历史终于画上了句号。至此,长期影响市场发展的历史遗留问题和深层次矛盾有了一定的缓解,上市公司股份全流通时代的到来,强化了各类股东的共同利益,为上市公司市场定价机制和资源配置功能的发挥奠定了基础。2005 年询价制度的推出,完成了上市公司新股发行制度由行政主导向不断强化市场约束的演进。新股发行价格从按发行市盈率上限确定到采取累计投标询价,新股发行方式从市值配售到资金申购,是我国资本市场的一场深刻变革,是我国上市公司向规范化和国际化迈出的一大步。新股发行体制改革为所有企业公平、公正和公开竞争上市资格提供了市场准入的制度支持,也为众多优质企业先后在主板和中小板市场上市融资提供了制度便利。2005 年 10 月,国务院发布了《国务院批转证监会关于提高上市公司质量意见的通知》,随后,中国证监会陆续推出包括清理大股东占用、提高公司治理水平、构建综合监管体系、强化信息披露、推动市场化并购重组、加强中介机构监督等一系列有利于提高上市公司质量的改革措施,切实保护投资者的合法权益,促进了上市公司的健康稳定发展。

为了适应创业和创新的需要,在大力发展中小企业板的同时,2009 年 10 月 23 日,我国创业板在深交所正式上市。与主板市场不同,创业板以成长型创业企业为服务对象,重点支持具有自主创新能力的高科技企业上市。作为一个门槛低、风险大、监管严格的股票市场,创业板为中小企业提供了更方便的融资渠道,为风险资本营造了一个正常的退出机制,也是一个孵化科技型、成长型企业的摇篮,更是中国调整产业结构、推动经济改革的重要手段。至此,我国已经完成了以主板为主导,以中小板为依托,以创业板为推手的多层次资本市场建设,为中小企业上市提供了市场平台与政策支持。

从法律制度层面来看,2006 年新修订的《公司法》《证券法》开始实施,资本市场的法律和执法体系逐步完善,基础性建设全面加强,上市公司的质量有了新的提升;2007 年新《企业会计准则》在上市公司范围内的实施,实现了我国会计准则的国际趋同,有力规范了上市公司的会计行为,确保了上市公司会计信息的公开透明;2008 年《企业内部控制基本规范》连同 2010 年《企业内部控制配套指引》的相继发布与实施,标志着我国"应用＋评价＋审计"模式的内部控制法制化体系已初步形成,这对全面提升上市公司经营管理水平和风险防范能力具有重要的理论价值与现实意义。随着上市公司外部发展环境和内部治理环境的不断优化,公司治理、会计准则、内部控制规范等相关法规制度的不断完善,由政府监管、行业自律、上市公司自我约束和社会监督组成的全方位、多层次的监管体系基本确立,为我国上市公司的规范有序运行提供了重要的保障。

在上市公司的发展过程中,政府往往肩负着推动者和监管者的双重职责。从 2005 年开始,政府在上市公司发展中的职能定位实现从管理者到监管者的转变,体现为政府监管的重点从行政审批转向信息披露,监管模式从机构监管转向功能监管。一大批经营管理不善的上市公司在退市制度的约束下,退出资本市场,实现了优胜劣汰,也保证了资本市场的新陈代谢,抑制了投机炒作。自 2005年以来东北地区退市的上市公司就有 11 家,其中 2005 年 4 家、2006 年 4 家、2007 年 2 家、2010 年 1 家;除此之外,通过并购重组变更注册地的上市公司有10 家①。与此同时,深交所中小企业板以及创业板的设立,在全国范围内掀起了中小企业上市培育的大讨论,地方政府在企业上市中更多扮演了服务者的角色,为中小企业提供资金支持、政策支持、配套支持、中介支持以实现其上市目的。在上市公司发展中,政府配合企业主导的阶段已经到来。

就中小企业上市培育的必要性来看,中小企业是区域经济健康协调发展的重要保证,是国家尤其是地方财政收入的稳定来源,在繁荣经济、扩大就业、促进社会安全等方面具有重要作用。借助于中小企业板和创业板资本平台,加快上市步伐,是中小企业迅速融资发展壮大的捷径,是制度创新、管理创新和技术创新的重要手段,是企业优先获得各类先进资源和要素的保障,是建立现代企业制度的必经之路,也是进一步调整区域经济结构、提高区域经济运行质量的重大举

---

① 资料来源:根据上海证券交易所(http://www.sse.com.cn/)和深圳证券交易所(http://www.sse.cn/)提供数据整理。

措。为此,2005 年年初,由深交所牵头,国家发展和改革委员会、科技部、全国各高新园区等政府部门共同推动的"中小企业上市资源培育工程"启动,之后,深交所在全国除港澳台和西藏以外所有地区进行了广泛动员,与各省区市地方政府签订《中小企业上市合作备忘录》,并与山东等省份的地方政府和证监局建立中小企业培育中心,仅 2008 年全国各省区市地方政府就出台了 47 项中小企业上市培育的政策。2009 年《国务院关于进一步促进中小企业发展的若干意见》(国发〔2009〕36 号)出台,要求各省区市要全面支持中小企业发展。自 2008 年以来已有近 50 个地方政府,出台或细化了推动中小企业改制上市的有关措施,以期把握资本市场机遇,发挥资本市场功能,以资本市场为契机带动地方经济持续快速、协调健康发展。东北地区亦不示弱,仅就吉林省来看,2006 年吉林省出台了《吉林省人民政府批转省上市办关于加快资本市场培育和发展指导意见的通知》,致力于对中小企业提供资金、政策、中介等配套支持,以帮助中小企业上市。2010 年年初吉林省先后出台了《吉林省人民政府关于加快资本市场发展的若干意见》《吉林省股权投资基金管理暂行办法》,并推出了具体的上市培育方案《吉林省 100 户企业上市培育工程实施方案》,初步建立企业上市培育体系,希望借此推动本土企业的长期发展和地区经济繁荣。中小企业上市培育是一个系统的、动态的工程,必须整合政府、企业、金融、保险等资源和要素,以资本市场为纽带,重视政府对中小企业上市的引导与市场化机制的有机结合,过社会各界通力合作,不断探索为中小企业提供上市服务与支持。

虽然东北地区相关政府部门积极采取各种措施为中小企业上市提供便利,但是效果却不尽如人意,东北地区中小企业在资本市场上的发展远低于江浙等经济发达地区,也未达到全国的平均水平。具体来看,东北地区第一家中小企业板上市公司出现在辽宁省,于 2006 年上市;第一家创业板上市公司亦出现在辽宁省,于 2009 年上市。从 2006 年到 2012 年 7 年时间里,东北地区中小企业板上市公司仅有 20 家,创业板上市公司仅有 10 家,60% 的中小企业板上市公司和80% 的创业板上市公司都位于辽宁省,吉林和黑龙江省中小企业板与创业板上市公司则寥寥无几,以黑龙江省来看,2006 年至 2009 年 4 年间无一企业在中小企业板或创业板上市,2010 年和 2012 年分别各有 1 家中小企业板上市公司和创业板上市公司,2012 年情况稍有所好转,新增中小企业板上市公司 2 家,创业板上市公司 1 家,东北地区中小企业上市情况具体如图 3-25① 所示。当然,我们必须认识到,中小企业上市培育并不是一朝一夕之事,我们在强调中小企业主体

①　资料来源:根据上海证券交易所(http://www.sse.com.cn/)和深圳证券交易所(http://www.szse.cn/)提供数据整理。

资格,刺激中小企业上市需求的同时,地方政府必须整合资金、人才、信息、市场、技术等资源,与金融机构、风险与创业投资机构以及证券、产权交易、资产评估、会计、法律、咨询等中介机构建立沟通协调机制,按照"企业为主、政府推动、中介尽责"的原则,形成中小企业培育的联动工作机制,构建东北地区中小企业上市的良好格局。东北地区上市公司在政府配合企业主导阶段的发展情况如图3-26[1]所示。

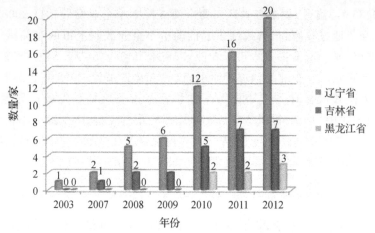

图 3-25　2006—2012 年东北地区中小企业上市情况

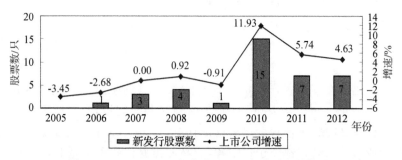

图 3-26　2005—2012 年东北地区上市公司发展情况

三、东北地区上市公司功能演进与作用发挥

在发达市场经济国家中,筹集资金和资源配置是在经济发展中,上市公司最

---

① 资料来源:根据上海证券交易所(http://www.sse.com.cn/)和深圳证券交易所(http://www.szse.cn/)提供数据整理。

基本的两大功能。但是放眼国内,为国有企业改制服务是上市公司义不容辞的责任。东北地区上市公司作为我国上市公司发展浪潮中的一份子,在东北地区经济发展中,必然承担着资金筹集、国有企业改制与资源配置的相应功能,并在不同的历史时期有不同的侧重。纵观东北地区上市公司功能演进的过程,就是重视资金筹集到强调国有企业改制再到资源配置功能开始显现的过程。相应的,上市公司在满足东北地区经济发展资金需求、推动东北地区经济体制改革及优化东北地区资源配置方面扮演了重要的角色,发挥了重要的作用。

(一)资金筹集功能:满足东北地区经济发展需求

从我国上市公司的起源来看,国有企业对资金的需求是上市公司产生的直接推动力量,上市公司从一开始就被当作单纯的资金筹集工具,被定位于为国有企业改革脱困和发展服务。在此背景下,国有企业上市利用资本市场的功能被局限在狭窄的范围内,尤其是资金筹集功能的孤军独战,圈钱解困、缓解债务压力也就理所当然地成为上市公司的主要功能[263],企业通过上市转换控制权、实现国有企业改制、优化资源配置的功能被不断削弱,甚至淡出政府部门和国有企业的视野。

上市公司发展初期,过分强调资金筹集的功能错位现象与我国当时所处的国情休戚相关。我国长期以来实施的是计划经济体制,在计划经济条件下,国家把全社会的生产要素集中起来,用行政手段统一分配,国有企业被当作政府部门的附属机构而非经济实体,其所有的生产经营活动都按照政府行政指令进行,且在生产经营之外承担了医疗、教育、住房、就业等诸多社会职能。这种高度集中统一的计划经济体制,严重压抑了国有业企的积极性、主动性和创造性,导致企业经营效率低下,盈利能力较差,使企业失去了生机与活力。而过多社会责任的承担,无疑会给企业带来较高的非生产性支出,将企业拖入财务困境。政府作为全社会资本流动的中介,通过在财务上的统收统支,滋生了国有企业吃“财政大锅饭”的现象,使得银行成为政府财政的附属物和被动的出纳机构,融资机制在国有企业运行中的作用微乎其微,给地方政府和银行带来了沉重的负担。

为了改变这一局面,我国开始推行“拨改贷”与“利改税”两项改革政策,致力于全面加强国有企业经济责任制建设,提高国有企业经营效益,使国有企业逐步走上自主经营、自负盈亏的道路。具体来看,所谓“拨改贷”,是指国家对基本建设投资拨款改为贷款的简称,是固定资产投资管理体制的一项重要改革。1979年“拨改贷”首先在广东、北京、上海 3 个省市及纺织、轻工、旅游等行业试点;1980 年国家又进一步扩大“拨改贷”范围;1985 年 1 月起,“拨改贷”在全国各行业全面推行,并于 1989 年全面完成。“利改税”是我国改革国家与国有企业利润分配关系的重大措施。其核心内容是将所得税引入国有企业利润分配领域,把国有企业向国家上交利润改为缴纳税金,而税后利润则全部由企业享有。"利改税"的试点工作始于 1980 年,在总结我国 18 个省区市几百户国有企业推行经验的基础上,1983 年,开始对国有企业实行"利改税"的第一步改革,把企业过去上交的利润大部分改为以所得税的形式上缴国家,针对税后利润较多的企业,再采取递增包干、定额包干、固定比例和调节税等多种形式进行征缴。此时,国家与国有企业利润分配关系仍然处于税利并存的局面,为完全实现以税代利,1984 年进行了第二步改革,将国有企业原来上缴国家的财政收入改为分别按 11 个税种向国家缴税,实现了工商税制与利润分配方法的全面改革。国有企业从以往过多的行政干预中摆脱出来,成为自主经营、自负盈亏、独立核算的经济实体,打破企业吃国家"大锅饭"的弊端。然而,"拨改贷"和"利改税"的实行,给企业增加活力的同时也带来了压力,一方面政府开始缩减对国有企业的资金投入,另一方面以缴纳所得税方式参与企业纯收入分配,同时,囿于国有企业自身的发展不足和经济实力薄弱,大量企业在自有资金难以增加的困境下只能依靠银行贷款维持经营运作,从而导致国有企业资产负债率水平在较长的一段时间内一直居高不下。

在资金困境和债务负担的双重压力下,上市公司这一资本市场新生事物的出现,为国有企业带来了曙光,发展上市公司,通过上市筹集资金成为我国国有企业缓解资金压力和走出高负债困境的重要途径。如 1999 年 8 月在上交所上市的东北高速公路有限公司,其成立与上市就是为了贯彻和落实国务院提出的"成立东北高速、华北高速、现代投资和五洲交通四家公司运作上市,利用资本市场筹集资金以解决高速公路建设资本金不足"相关精神。1999 年,东北高速以溢价方式向社会公开发行人民币普通股 A 股 30 000 万股,每股发行价 4.00元,扣除相关发行费用后共募集资金 117959 万元,不仅解决了高速公路建设资金不足的问题,同时东北高速也成为东北地区公路交通行业的龙头企业,为东北地区经济发展做出了突出的贡献①。从 1993 年到 2012 年 20 年间,东北地区上市公司仅通过首次公开发行(IPO)就筹集资金 814.51 亿元,历年资金筹集情况具体如图 3-27②所示。

根据图 3-27 可知,从 20 世纪 90 年代中期开始,尤其是 1996 至 2002 年间以及 2010 年,政府把上市公司资金筹集的功能发挥到了极致,除少数几家上市

---

① 资料与数据来源于上海证券交易所所披露的"东北高速(600003)招股说明书"以及"东北高速公路股份有限公司 1999 年年度报告",网址为:http://www.sse.com.cn/。

② 资料来源:根据国泰安数据库提供数据整理。

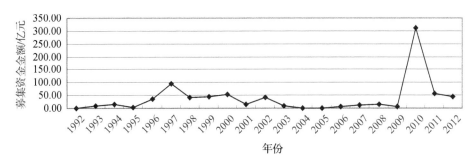

图 3-27　东北地区上市公司历年首次公开发行资金募集情况

公司采用平价发行外,94.41%的上市公司均采用溢价发行股票,溢价发行价格达到股票票面面值 10 倍以上的上市公司就有 30 家,最高的甚至达到 85 倍。然而在大规模的资金筹集背后,并非所有上市公司的资金筹集活动都是充分有效的,募集资金后擅自改变资金使用用途,不重视给股东分红的现象屡见不鲜。如红阳能源(600758)在 1996 年 10 月 16 日,未经股东大会和董事会批准,以委托资产管理的形式擅自将募股资金 8000 万元,以月息 18‰的高息借给广发证券公司上海业务部,该行为受到中国证监会没收非法所得 685.7 万元,罚款 50 万元和提出警告的处罚[①]。当企业上市所筹集的资金使用处于低效率或无效率状态时,大规模的资金筹集将适得其反。除此之外,广大的投资者们之所以愿意购买上市公司股票,就是因为他们预期通过股票投资能够获得比国债无风险收益更多的投资报酬,如果股票发行人不能满足投资者的期望投资收益,必将影响投资者对上市公司以及资本市场的信心。自 2000 年以后我国资本市场的萎缩,就是对那些不按市场规律的制度设计和上市操作行为的最好惩罚与警示。

(二)国有企业改制功能:推动东北地区经济体制改革

与西方发达市场经济国家相比,我国上市公司大多脱胎于国有企业,具有独特的生成机制和股权结构。上市公司自产生伊始,就被赋予搞活国有企业的使命,从某种意义上看,它是政府推动经济体制改革、缓解改革压力的渠道。然而上市公司发展初期,政府过分强调其资金筹集功能,精血诚聚于利用上市公司圈钱解困,忽视了上市公司为国有企业改制服务的特殊使命。直至"琼民源"、"郑百文"、"银广夏"、"中科创业"、"蓝田股份"、"德隆"等一系列财务舞弊案件爆发,以及伴随着 2001 年资本市场弱势调整期熊市的到来,政府及国有企业才意识到,仅凭上市圈钱并非企业发展的长远之策,企业的活力源于保障企业真正成为

---

① 　资料来源于国泰安数据"中国上市公司违规处理研究数据库"。

完全自主的市场主体的现代企业制度。

　　1999年党的十五届四中全会通过了《中共中央关于国有企业改革和发展若干重大问题的决定》，强调"建立现代企业制度，是发展社会化大生产和市场经济的必然要求，是公有制与市场经济相结合的有效途径，是国有企业改革的方向"①。所谓现代企业制度，是指符合社会化大生产要求，适应市场经济体制的"产权清晰、权责明确、政企分开、管理科学"的企业制度②。建立现代企业制度，关键在于对国有企业实施股份制改造，上市公司作为股份制企业的典型代表，拥有完善的现代企业产权制度、现代企业组织制度和现代企业管理制度，是国有企业改革的方向和建立现代企业制度的标杆。上市公司推动东北经济体制改革也是通过其对现代企业制度建立与发展的推动作用实现的。

　　国有企业要想获得上市资格，成为上市公司，首先必须明晰企业的产权划分和归属主体，在此基础上对外向特定主体或社会公众公开发行股票，引导出多元化的投资来源。同时，根据投资者的股份份额，确立对等的责任和权利，形成产权归属明晰化、产权结构多元化、责任权利有限化的现代企业产权制度。至此，企业不再是国家行政机关的附属物，国家也不再是企业的唯一投资主体，这项制度打破了国家对企业债务负无限责任的传统体制。在所有权与经营权分离的前提下，企业必须建立包括股东大会、董事会、监事会和经理层在内的、相互制衡的公司治理结构，在确保企业产权关系有效实施基础上，凭借法人财产权开展各项经济活动，独立地承担民事权利和民事义务。国有企业成为上市公司的过程就是建立产权归属明晰化、产权结构多元化、责任权利有限化和治理结构法人化的现代企业制度的过程，也是上市公司发挥国有企业改制功能辐射国有企业改制的过程。

　　为了确保国有企业改制的顺利进行，保证国有企业在股权结构、董事会建设、监事会建设以及经理层选聘和职责发挥等方面的顺利进行，我国相继出台了《公司法》、《证券法》、《关于在上市公司建立独立董事制度的指导意见》，《上市公司治理准则》，《上市公司章程指引》，《上市公司股东大会规则》，《上市公司股权激励管理办法（试行）》，《上市公司高级管理人员培训工作指引》等一系列的法律法规和部门规章，用来规范上市公司的公司治理，以确保国有企业现代企业制度

---

①　资料来源于人民网，网址为：http://dangshi. people. com. cn/GB/151935/176588/176597/10556622. html。

②　1993年11月党的十四届三中全会中《中共中央关于建立社会主义市场经济体制若干问题的决定》，明确指出，我国国有企业的改革方向是建立"适应市场经济和社会化大生产要求的、产权清晰、权责明确、政企分开和管理科学"的现代企业制度，要求通过建立现代企业制度，使企业成为自主经营、自负盈亏、自我发展、自我约束的法人实体和市场竞争主体。资料来源于人民网，网址为：http://theory. people. com. cn/GB/49154/49155/8057946. html。

建设的顺利开展与有效落实。上市公司推动国有企业改制功能的发挥成效如何,国有企业改制完成到何种程度,归根到底就是对企业产权制度、组织制度和管理制度的考察,即对公司治理情况的考察。因此,可以通过建立上市公司公司治理指标体系进行定量的评价。

南开大学于 1999 年成立的公司治理研究中心①,其通过构建包含股东治理、董事会治理、监事会治理、经理层治理、信息披露、利益相关者治理在内的 6 个一级指标、19 个二级指标和 80 个三级指标的评价体系,形成了被誉为"中国上市公司治理状况晴雨表"的上市公司治理指数,为本书系统考察上市公司治理情况与衡量上市公司国有企业改制功能的发挥提供了数据支持。2012 年 11 月 25 日,在"2012 中国公司治理指数与评价报告"的发布与研讨会上,李维安教授在中国公司治理评价报告中指出,我国上市公司治理水平整体上呈现逐年提高的趋势。就东北地区上市公司 2012 年公司治理状况来看,其整体状况比上一年有一定程度的改善,公司治理状况较差的公司数量明显减少,质量有所提高,反映出东北地区依托上市公司推动国有企业改制已经取得了预期的效果,借助上市公司推动东北经济体制改革的目标已基本达成。

(三)资源配置功能:优化东北地区资源配置

资本市场的核心功能是资源配置,上市公司作为资本市场的微观企业主体,是通过价格发现机制与信息传导机制来发挥资源配置功能,以实现对东北地区资源配置的优化,作用于区域经济的发展。一般来讲,资源的流向是通过价格引导的,真实的价格能够反映上市公司真实的价值。上市公司借助一级市场和二级市场的股票定价功能在发现其价值的同时,引导资源从价值低的上市公司流向价值高的上市公司,优化资源配置。另外,作为信息传导机制的上市公司信息披露行为,将上市公司的有效信息传递给资本市场,帮助投资者作出理性决策,引导资源不断流向效益好、回报率高、成长性好的上市公司,以实现对资源配置的不断优化。

首先,就上市公司价格发现机制来看。作为在经济体制转轨条件下的行政产物,我国资本市场从诞生之日起,功能就被严重扭曲。功能的扭曲导致上市公司被当作单纯的融资工具,上市公司单一地承担为国有企业改制、脱困服务的重

---

① 南开大学的公司治理研究中心于 1999 年成立,2004 年成为教育部人文社科重点研究基地,2012 年正式更名为南开大学中国公司治理研究院。作为国内最早发布的权威公司治理指数,自 2003 年发布以来,中国上市公司治理指数已经连续发布了十年,作为中国上市公司治理状况的晴雨表,南开治理指数不仅填补了我国公司质量状况评价研究领域的空白,也意味着我国公司治理评价研究领域已全面与国际接轨。

任,其资源配置功能被严重削弱。在此情况下,我国形成了一个独具中国特色的一级融资市场和二级交易市场,国有股热衷于二级市场套现,不仅直接损害了投资者的经济利益,导致上市公司股票价格整体下滑,也使得上市公司的价格发现机制虚置,资源配置功能名存实亡。我国上市公司价格发现机制扭曲的根源在于股权分置问题。股权分置是我国资本市场建立之初为确保国有企业上市后不失去控制权、国有资产不流失而做出的特殊制度安排。所谓股权分置,是指国有企业上市公开发行股票前,国家股、国有法人股、一般法人股及相关孳息股份暂不上市流通[264]。

在股权分置制度背景下,上市公司股票形成了具有中国特色的"流通股"和"非流通股"之分的股权分置现象。由于非流通股不参与市场定价,上市公司定价机制遭到严重扭曲,资源配置功能近乎失效。一方面,公司股价难以对大股东和管理层形成市场化的激励与制约,从而使公司治理缺乏共同的利益基础;另一方面,由于股份存在流通股市场竞价和非流通协议转让两种价格,上市公司资本运营缺乏市场化操作基础。上市公司市场定价机制和资源配置功能的发挥必须以股票市场的全流通为前提,因此我国股权分置改革势在必行。2004年《国务院关于推进资本市场改革开放和稳定发展的若干意见》拉开了股权分置改革的序幕,2005年4月股权分置改革试点工作正式启动,证监会发布《国务院国资委关于国有控股上市公司股权分置改革的指导意见》,带动股权分置改革进入稳妥推进阶段,截至2011年4月底,沪深两市98.79%的上市公司已完成或者进入了股权分置改革程序,对应股本占比为99.06%。① 到2012年年底,东北地区135家A股上市公司均已完成了股权分置改革。

其次,就上市公司信息传导机制来看。信息披露是上市公司与投资者、监管者的主要交流渠道,也是上市公司资源配置功能发挥的有效途径。我国证监会自成立以来,就十分重视信息披露制度的建设和监管工作。从1993年开始,证监会结合我国上市公司发展实际,通过借鉴成熟市场经验,颁布实施了一系列上市公司信息披露制度。② 目前,我国已初步形成了以《证券法》为基础,以行政法

---

① 数据来源:中国证券监督管理委员会.中国资本市场二十年[M].北京:中信出版社,2012:34.
② 具体包括:1993年证监会发布的《公开发行股票公司信息披露实施细则》;1993年证监会《公开发行股票公司信息披露的内容与格式准则》(1999年进行了修订)、《公开发行证券的公司信息披露编制规则》、《公开发行证券的公司信息披露规范解答》;1998年中国证监会指导沪深两个证券交易所颁布了《证券交易所股票上市规则》;1999年《中华人民共和国证券法》的出台(2005年进行了修订),为进一步加强上市公司信息披露监管、提高上市公司透明度提供了有利的保障;2007年,中国证监会发布了涵盖公司发现、上市后持续信息披露各项要求的《上市公司信息披露管理办法》,标志着我国上市公司信息披露体系基本完善。

规、部门规章为补充,从原则性规范到操作性规范,涉及信息披露内容、形式和手段的,全方位、多层次的,与国际市场接轨的上市公司信息披露制度框架。

然而,法律约束是一个逐步发挥作用的过程,尤其鉴于上市公司发展初期监管部门对上市公司信息披露违规行为的监管乏力和惩罚力度不够,我国上市公司一度出现虚假信息披露和财务舞弊行为猖獗的现象[265]。以吉林省紫鑫药业①(股票代码:002118)信息披露违规来看,作为紫鑫药业利润增长引擎的人参产业,其有一套天衣无缝的交易链条,人参交易的各个环节都被董事长郭春生家族及其各个交易方牢牢把控,上市公司以及各大股东为了支撑其业绩高速增长,背后是其调节紫鑫药业的收入规模以及利润分成所形成的一系列庞大的自买自卖和虚假交易。与此同时,紫鑫药业紧紧抓住吉林人参产业规划对人参产业实施政策优惠的契机,还大肆注册空壳公司,自买自卖套取政府补贴。然而这一系列的交易在紫鑫药业 2010 的年度报告中却没有悉数披露,紫鑫药业存在隐藏关联交易的虚假信息披露行为;与此同时,相比于紫鑫药业 2009 年的营业收入,2010 年的营业收入同期增长 150%,其高速增长的销售收入中有近 1/3 来自与子公司有控制关系的关联方。然而紫鑫药业在 2010 年年报信息披露中却避重就轻,隐藏其与众多客户之间的关联关系。紫鑫药业除隐藏其与采购方之间的关联关系之外,还隐藏了其与上游供应商之间的关联关系,仅 2010 年,紫鑫药业供应商关联交易占采购交易额的比例就超过 90%。最终,紫鑫药业通过家族成员和下属企业员工虚假注册空壳公司进行自买自卖虚构业绩的财务造假行为被媒体曝出,营业收入增长与应收账款增长不成正比,紫鑫药业利润的真实性遭到质疑。2011 年 8 月 17 日,上海证券报《自导自演上下游客户紫鑫药业炮制惊天骗局》的报道一出,震惊了整个资本市场,曾经因人参概念而产生惊人业绩的紫

---

① 紫鑫药业的前身为由敦化市康平保健食品有限责任公司与敦化市吉泰经贸有限责任公司于 1998 年 5 月 25 日共同发起设立的通化紫金药业有限责任公司。2001 年 2 月,经吉林省人民政府批准,通化紫金药业有限责任公司依法整体变更为通化紫金药业股份有限公司,并于同年 5 月 28 日更名为吉林紫鑫药业股份有限公司,2007 年 3 月 2 日于深交所中小企业板挂牌上市,股票简称"紫鑫药业",股票代码"002118",股票发行价为 9.56 元,首日开盘价为 18.57 元。上市后,紫鑫药业虽然产品种类丰富,但是单类品种销售规模普遍较少,在激烈的市场竞争下,公司上市后 2007 年、2008 年、2009 年三年的业绩一直处于不温不火的态势,股价也是波澜不惊。2010 年 7 月 1 日,紫鑫药业对外发布定向增发预案,以不低于 11.29 元的发行价格募集资金 10 亿元用于人参产品系列化项目。从 2010 年进军人参产业开始,紫鑫药业的经营业绩迅速提升,2010 年披露的的年报显示实现营业收入高达 6.4 亿元,相对于 2009 年来说,同期增长了将近 150%;2010 年披露的年报显示净利润高达 1.73 亿元,同期增长约 183%,并且在全部的营业收入里,人参系列所带来的营业收入占总营业收入的 55%。2011 年上半年,紫鑫药业的经营业绩仍然持续增长,2011 年报中显示 2011 年实现营业收入高达 3.7 亿元,净利润高达 1.11 亿元。好景不长,2011 年 7 月 13 日,一家知名财务论坛曝出,有人举报紫鑫药业财务造假,至此紫鑫药业隐藏关联交易虚假信息披露的行为开始浮出水面。

鑫药业,其业绩从一开始便是其实际控制人郭春生利用关联企业虚构交易与利润的产物。紫鑫药业随即停牌,接受相关调查。停牌延续至 2011 年 10 月 24 日,紫鑫药业进行为期 2 个多月的停牌自查。2011 年 8 月 31 日,针对紫鑫药业的财务造假行为中审计机构的不作为,中国注册会计师协会相关部门已派出检查组进入紫鑫药业审计机构——北京中准会计师事务所,对其进行专案检查。2011 年 10 月 19 日,中国证监会针对紫鑫药业发放了《调查通知书》,对紫鑫药业涉嫌财务造假,证券违法违规行为进行立案稽查。2014 年 2 月 21 日,证监会正式公布对紫鑫药业的《行政处罚决定书》,责令紫鑫药业改正披露虚假信息等违法违规行为,并给予警告,同时处以 40 万元罚款。除此之外,证监会对涉及财务造假的相关人员也分别给予警告,并给予罚款处罚①。

紫鑫药业只是上市公司信息披露违规的冰山一角,根据国泰安"中国上市公司违规处理研究数据库"中相关资料整理发现,我国上市公司信息披露违规现象十分严重,截至 2012 年年底,证监会、上交所和深交所针对上市公司信息披露违规行为共发布处罚公告 1317 份,涉及上市公司 698 家,其中东北地区上市公司有 66 家,占违规上市公司比重的 9.52%,远高于 2012 年东北地区上市公司在全国上市公司中 5.41%的份额。可见,与全国上市公司相比,东北地区上市公司违规概率加大,诚信度较差。而且这些上市公司在违规手段采取上具有多样性和复杂性,在违规方式发生上具有共生性和并发性,在违规年限上具有一定的持续性[266]。历年来发生信息披露违规的上市公司数量及占当年全国上市公司的比重情况如图 3-28②所示。

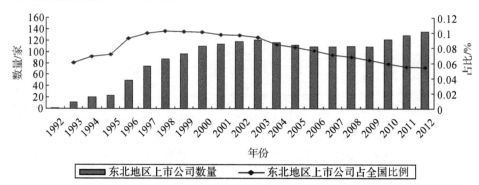

图 3-28　历年信息披露违规上市公司数量及占当年全国上市公司的比重情况

---

　　①　资料来源:根据国泰安数据库、中国证券监督管理委员会(http://www.csrc.gov.cn/pub/zjh-publicl)提供数据整理。

　　②　资料来源:根据国泰安数据库提供数据整理。

资本市场被虚假信息充斥,直接导致投资者信心丧失,信息传导机制无法发挥预期效果,进而影响上市公司资源配置功能的发挥。然而,随着上市公司自身发展的不断规范,上市公司信息披露法制环境开始完善,从 2005 年开始,信息披露违规上市公司在当年全国上市公司中的比重趋于下降,上市公司信息披露出现好转。《中国上市公司信息披露指数报告(2012)》的研究成果亦证实,与以往相比,2011 年我国上市公司信息披露水平有所上升,呈现出积极的态势。我国上市公司信息披露水平的整体上升不仅得益于资本市场的发展,同时也意味着,资本市场的法律和诚信环境、监管和执法效率有了进一步的提升。虽然与全国上市公司信息披露指数的总体均值 84.3927 相比,2011 年东北地区上市公司信息披露指数 83.5501 仍略低于全国平均水平[267],但是东北地区上市公司信息披露水平的发展趋势是良好的,相信随着我国资本市场法律制度和监管体系的不断完善,我国将建成机制健全、透明高效、运行安全的市场体系,形成更加公开、公平和公正的资本市场环境,届时,包括东北地区在内的,我国上市公司信息传导机制将日趋有效,资源配置功能亦会逐步突出,并占据资本市场功能的核心地位。

四、本章小结

本章立足于东北地区上市公司发展现状,从数量规模、行业分布、产业结构、经营状况、地区分布等方面对东北地区上市公司发展现状进行了详细的描述,并通过与江浙地区的比较分析以发现东北地区上市公司所具有的特征。进而,在对东北地区上市公司发展历程回顾的基础上,本章对上市公司在东北地区经济发展中扮演的角色及功能演进过程进行归纳总结,以实现对东北地区上市公司的全局性把握。

首先,从上市公司规模来看,东北地区上市公司的数量较少,股本规模偏小,上市公司的数量与 GDP 匹配程度偏低;从上市公司行业分布及产业结构来看,东北地区上市公司主要以制造业为主,行业覆盖面较窄,上市公司产业结构与东北地区整体经济的产业结构出现了一定程度的偏差;从上市公司经营状况来看,历年来东北地区上市公司经营状况,无论是盈利能力、资产质量、债务风险还是经营增长情况,其发展历程可谓跌宕起伏。到 2012 年年底,东北地区上市公司除在总资产报酬率和总资产周转率上较全国水平有一定优势外,其他方面均低于全国水平,较差的经营能力在制造业类上市公司中表现得尤为明显。

同时,在东北地区各省之间,以及省内各市区之间,上市公司的发展亦出现一定程度的不平衡。表现在，数量分布上呈现出辽宁省最多、吉林省次之、黑龙江省最少的不平衡分布态势，股本规模与行业覆盖上辽宁省最为突出，黑龙江省次之，吉林省最差；从上市公司经营状况来看，上市公司数量最少的黑龙江省则表现最佳，辽宁省最差。进一步分析东北地区上市公司的省内分布特征，辖沈阳市和大连市两个副省级城市的辽宁省，其上市公司在股本规模、经营状况、行业分布方面均以大连市最优、沈阳市次之；而与辽宁省不同，虽然吉林省和黑龙江省的上市公司大部分分布在省会城市，但是与其他市区相比，其上市公司的经营状况却明显不佳。最后，通过与江浙地区的比较分析后发现，东北地区上市公司无论在数量上还是在质量上都有一定的差距，呈现出板块分布不合理、地区分布不均衡、经营质量不突出、国有经济占主导的上市公司发展格局。

在对东北地区上市公司发展历程回顾的基础上，本章对上市公司在东北地区经济发展中扮演的角色及功能演进过程进行了总结归纳。作为我国经济体制改革、国有企业转型在区域市场上的缩影，东北地区上市公司发展经历了1991年至2000年的政府主导发展阶段，2001年至2004年的政府主导企业配合发展阶段以及自2005年以来的政府配合企业主导发展阶段。相应的，东北地区上市公司承担着资金筹集、国有企业改制与资源配置的功能，并在不同的历史时期有不同的侧重。纵观东北地区上市公司功能演进的过程，就是重视资金筹集到强调国有企业改制再到资源配置功能开始显现的过程。上市公司在满足东北经济发展资金需求、推动东北经济体制改革以及优化东北地区资源配置方面扮演了重要的角色，发挥了关键的作用。

第四章　东北地区上市公司对区域经济发展影响的实证分析

通过对东北地区上市公司发展现状的描述以及与江浙地区的对比分析,发现东北地区上市公司无论在数量上还是质量上都有一定的不足,呈现出板块分布不合理、地区分布不均衡、经营质量不突出、国有经济占主导的发展格局。那么,在此背景下,上市公司能否在东北经济发展中发挥应有的作用,就成为依托高质量上市公司振兴东北经济策略选择的决定性因素。孙峰华等(2004)指出,作为现代公司制的最高形式,上市公司的数量和质量直接影响着区域经济增长速度,影响着区域产业发展前景,与此同时,上市公司的空间分布格局也在一定程度上反映出区域经济发展的差异性[268]。可见,上市公司从经济增长、产业结构和空间结构上对区域经济发展起着举足轻重的作用。接下来,本书亦从区域经济增长、产业结构调整和空间格局优化三个方面展开,对上市公司在东北地区经济发展中发挥的作用和扮演的角色进行实证检验。

一、上市公司对东北地区经济增长的影响

就上市公司对区域经济增长的影响来看,郭金冰(2012)[269]、董雅丽(2013)[270]、马社胜和江宏业(2013)[271]分别立足于新疆、甘肃、广西上市公司和经济增长数据,从上市公司数量和规模特征入手,通过建立实证分析模型,考察上市公司发展与区域经济增长之间的关系,并一致认为上市公司的发展状况好坏决定着区域经济增长潜能的大小和核心竞争力的强弱。然而上市公司对区域经济增长的促进作用,不仅体现在上市公司数量和规模的扩张上,更体现在上市公司质量和绩效的提高上。接下来,本书将从上市公司数量和质量两个维度,立足于东北地区经济增长和上市公司发展相关数据,建立定量分析模型,对东北地

区上市公司与区域经济增长之间的关系进行实证检验。

(一)上市公司对东北地区经济增长的贡献度分析

上市公司借助于资本市场,凭借其在资金筹集、人才吸引、技术创新和管理创新方面的特有优势,吸收和整合这些优势资源,并投入到生产经营中去作用于产出的增长,必将带来突出的产出能力,创造社会财富,贡献区域经济。那么上市公司的产出能力该如何衡量?是否能用上市公司的盈利性指标衡量其对区域经济增长的贡献?张新(2003)从上市公司绩效入手,对中国经济增长的可持续性进行考察,就发现,错误地将经济规模指标与企业盈利指标相比较,错误地用净资产收益率等盈利指标衡量企业经营绩效,是导致"我国宏观和微观经济之间存在本质性背离"悖论的根本原因所在。依据张新的观点,经济总规模与企业盈利能力完全属于不同的经济范畴,两者并不具有可比性,在微观层面,与经济总规模能够匹配的应当是企业规模[272]。因此,从上市公司的数量与规模特征出发来考察其对区域经济增长的贡献是具有理论与实践意义的,而单纯的将上市公司净资产收益率等盈利指标等同于企业经营绩效,考察其对区域经济增长的贡献,则会影响最终评价的客观性。鉴于此,为了对上市公司产出,以及上市公司对区域经济增长的贡献有一个准确而又客观的认识,本书借鉴收入法核算体系下GDP的计算方法,汇总东北地区上市公司总产值,将总产值数据与东北地区经济增长(GDP)数据进行比较,衡量上市公司对东北地区经济增长的贡献度。

1. 东北地区上市公司总产值的测算

按照收入法GDP核算体系,GDP是由劳动者报酬、资产折旧、生产税净额以及营业盈余构成的。据此,上市公司的职工收入、资产折旧、税收都应作为上市公司对经济增长的贡献,即上市公司总产值=劳动者报酬+营业税金及附加+期间累计折旧+营业盈余。其中,上市公司劳动者报酬主要包括职工的工资、福利、奖金等;累计折旧则包括固定资产折旧、油耗资产折耗以及生产性生物资产折旧;营业盈余则是由营业利润和生产补贴组成。考虑到数据的可获得性和完整性,本书用应付职工薪酬代替劳动者报酬,由于生产补贴占营业盈余的比重一般较小,用营业利润代替营业盈余。

此时,上市公司总产值=应付职工薪酬+营业税金及附加+期间累计折旧+营业利润=(期末应付职工薪酬-期初应付职工薪酬)+营业税金及附加+(期末累计折旧-期初累计折旧)+营业利润。需要指出,本公式并没有包括存货部分,因此可能对上市公司总产值产生一定的高估或低估。此外,在上市公司总产值计算中,除1998年以前上市公司累计折旧数据来自色诺芬数据库外,其他所有财务数据均来自国泰安数据库。

据此公式,东北地区上市公司总产值就是将该地区所有上市公司总产值进行加总,即 东北地区上市公司总产值 = $\sum_{n}^{i}$ 上市公司总产值$_i$。1992 年至 2012 年东北地区上市公司总产值及其增长率具体如图 4-1 所示。根据图 4-1,在 2010 年之前,东北地区上市公司总产值虽有小幅波动,但整体上处于上升的趋势,而 2011 年开始,上市公司总产值开始下滑,出现了负增长。

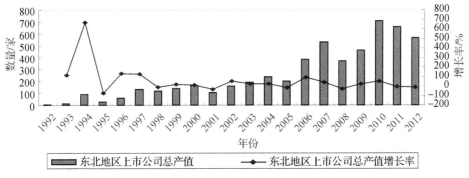

图 4-1 东北地区上市公司总产值及其增长率情况

进一步,对东北地区各省上市公司总产值在东北地区上市公司总产值中所占比重进行分析,具体如图 4-2 所示。根据图 4-2,可以发现除 1997 年外,辽宁省上市公司总产值在东北地区上市公司总产值中所占的比重一直处于领先地位,且远高于吉林省和黑龙江省。吉林省和黑龙江省上市公司总产值则呈现出你追我赶的发展态势,总体来看,吉林省更占优势。

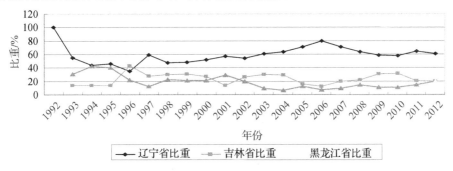

图 4-2 东北地区上市公司总产值地区分布比重

2.上市公司对东北地区经济增长的贡献度分析

国内生产总值(GDP)作为衡量某一区域一定时期国民经济总量增长状况的最佳指标,不仅可以反映一个地区的经济表现,还可以反映该地区的财富总量。东北地区曾作为我国重化工基地和全国经济发展的龙头地域,是新中国工业的摇篮,为建成独立、完整的工业体系和国民经济体系,为国家的改革开放和现代化建设做出了重大的贡献。然而随着改革开放的不断深化,东北地区经济发展逐渐步入衰退阶段,经济增长速度开始落后于全国平均水平,经济总量在全国经济版图上的重要性不断下降,"东北问题"开始凸显。2003年10月,中共中央、国务院发布《关于实施东北地区等老工业基地振兴战略的若干意见》,将振兴东北上升到国家战略高度,关于如何振兴东北经济成为广大专家学者研究的焦点。经过近10年的努力,2012年东北地区实现地区生产总值50477.25亿元,GDP增长率达到11.24%,占全国生产总值的9.73%。虽然,东北地区经济增长取得了质的飞跃,但与我国发达地区相比,差距仍然存在。自1992年至2012年来东北地区GDP及GDP增速具体如图4-3①所示。

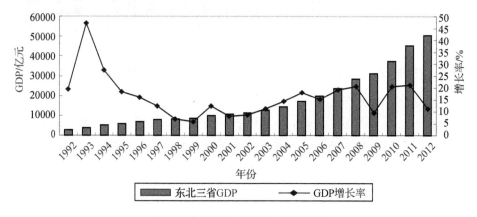

图4-3　东北地区GDP及GDP增速

区域内企业是实现区域经济增长的源泉,而上市公司作为优秀企业的代表,对当地经济增长更是具有举足轻重的作用。从1992年到2012年,东北地区上市公司总产值从5.5557亿元增长到565.1861亿元,年均增长59.55%,超过同期GDP年均增长速度43个百分点,成为东北地区经济发展中最具活力的企业主体。近年来,随着东北地区上市公司的快速发展,上市公司数量不断增加,规模不断扩大,上市公司总产值占GDP的比重也不断上升。1992年,东北地区上市公司总产值占GDP的比重仅为0.21%,到2007年东北地区上市公司总产值对GDP贡献达到历史最高的2.26%,发展到2012年该比重为1.21%,1992年

---

① 资料来源:根据中经网统计数据库整理。

至 2012 年期间东北地区上市公司总产值及其占 GDP 的比重具体如图 4-4[①] 所示。虽然,上市公司对东北地区经济增长的贡献日益显著,但是我们也必须意识到东北地区上市公司总产值占 GDP 的比重还很小,大力发展上市公司以带动东北地区经济发展任重而道远。

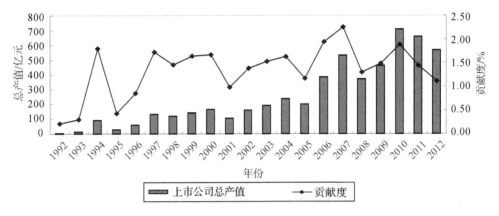

图 4-4　东北地区上市公司总产值及其占 GDP 的比重

　　以上从静态的角度反映了东北地区上市公司总产值对当地 GDP 的贡献,从动态的角度,来测算东北地区上市公司总产值增长额对当地 GDP 增长额及 GDP 增长率的贡献度来看,由于 1995、1998、2001、2005、2008、2011 以及 2012 年度东北地区上市公司总产值出现了负的增长,因此上市公司总产值增长额对东北地区 GDP 增长额及 GDP 增长率的贡献度小于零。就近 5 年来的发展状况看,东北地区上市公司的总产值经历了 2010 年的飞速增长之后,开始逐年萎缩,且与 GDP 增长额呈反向变动趋势,对 GDP 增长额及 GDP 增长率的贡献度开始下降。东北地区上市公司总产值增长额对 GDP 增长额及 GDP 增长率的贡献度具体如图 4-5[②] 所示。

　　为了更清晰地了解东北地区上市公司对 GDP 的贡献度,本书进一步从地区分布展开,分省份从静态和动态两个维度进行比较分析,东北地区各省上市公司对当地经济增长的贡献度具体如图 4-6、图 4-7 和图 4-8[③] 所示。

　　根据图 4-6,从静态的角度来看,1993 年至 1995 年,黑龙江省上市公司总产值占其 GDP 的比重最高,但好景不长,从 1996 年开始至今,黑龙江省上市公司对其经济增长的贡献度一直处于最次的地位;从 1996 年开始到 2004 年,吉林省

---

　　① 资料来源:根据中经网统计数据库和国泰安上市公司数据库整理。
　　② 资料来源:根据中经网统计数据库和国泰安上市公司数据库整理。
　　③ 资料来源:根据中经网统计数据库和国泰安上市公司数据库整理。

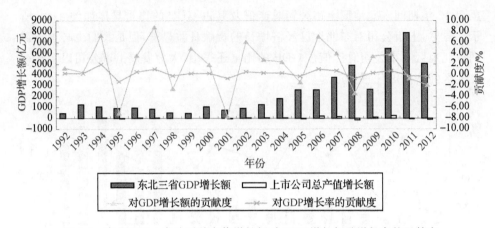

图 4-5　东北地区上市公司总产值增长额对 GDP 增长额及增长率的贡献度

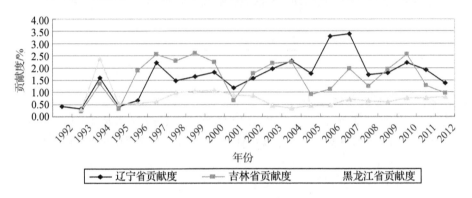

图 4-6　东北地区各省上市公司总产值占当地 GDP 的比重

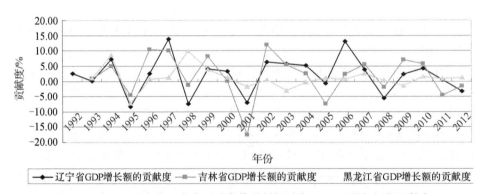

图 4-7　东北地区各省上市公司总产值增长额对当地 GDP 增长额的贡献度

上市公司对当地经济增长的贡献开始显现,并超过辽宁和黑龙江两省,但是之后,除 2010 年以 0.35% 的微弱优势超过辽宁省占据首位之外,一直处于辽宁省

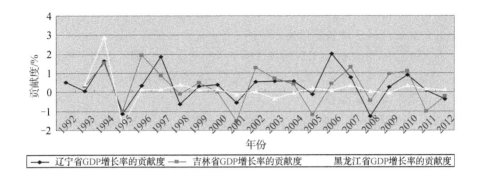

图 4-8 东北地区各省上市公司总产值增长额对当地 GDP 增长率的贡献度

之下；辽宁省，作为东北地区第一家上市公司的诞生地，上市公司对该地区经济增长的贡献直到 2005 年开始，才逐渐显现，并在东北地区中占据首要地位。总体来说，东北地区各个省份上市公司占当地 GDP 比重的变化趋势具有一定的一致性，除黑龙江省上市公司对当地经济增长在 2010 年后仍保持了逐步上升趋势外，辽宁省和吉林省上市公司对 GDP 的贡献都有了一定的下降。

从动态的角度，根据图 4-7 和图 4-8 可以发现，东北地区各省上市公司总产值增长额对当地 GDP 增长额及 GDP 增长率的贡献，在变化趋势上具有一致性，表现在均于 1995 年、2001 年和 2008 年出现了大幅的下降，而在 1994 年和 2010 年出现了大幅的上升。但是就近年的变化趋势来看，黑龙江省上市公司总产值增长额对当地 GDP 增长额及 GDP 增长率的贡献则出现了一定的差异，表现在从上市公司对 GDP 增长额的贡献来看，2012 年较 2011 年有所上升，而上市公司对 GDP 增长率的贡献却有所下降，该现象的产生与黑龙江省 GDP 增速放缓有直接关系。

（二）上市公司对东北地区经济增长的影响分析

1. 样本选取与数据来源

本研究立足于 1992 年至 2012 年我国东北地区经济增长及 A 股上市公司的年度数据，以宏观经济指标国民生产总值 GDP 为被解释变量，以上市公司资金筹集额①、总市值、总产值、规模和数量为解释变量，借助 EViews 统计软件，

---

① 资金筹集、人才吸引、技术创新和管理创新作为上市公司所具有的优势能力，除上市公司通过资本市场直接筹集到的资金能够查找到相关数据外，人才、技术与管理方面的数据都难以获得且无法找到合适的替代指标。由于上市公司对资金、人才、技术与管理要素的整合和利用最终会投入生产经营并以产出的形式予以体现，故可利用上市公司总产值指标对这些优势能力进行整体的衡量。

对东北地区上市公司发展与区域经济增长之间的关系进行实证分析,为上市公司促进东北地区经济增长提供数据支持。

在本研究中,东北地区 GDP 数据来源于中经网统计数据库,上市公司累计融资额、总市值数据来源于色诺芬数据库,上市公司其他数据则均来源于国泰安数据库。

2. 变量定义与模型设计

GDP 作为衡量经济增长的常用指标,不但能反映一个地区的经济表现,还能反映出该地区的经济实力与财富水平,因此,本书以 GDP 作为被解释变量,来衡量东北地区的经济增长状况。

上市公司作为创造财富的微观企业主体,对盈利不断追求的过程就是创造财富贡献区域经济增长的过程。表现为,上市公司借助资本市场筹集资金,不仅反映出上市公司自身的发展前景,更为区域经济增长提供了初始资本积累,增加了当地的总需求[273];上市公司的股票市场价格乘以发行总股数,为该公司在市场上的价值即市值,一般来说,上市公司经营规模越大、发展状况越好其市值也就越高,上市公司市值越高对区域经济增长的贡献也就越大;上市公司总产值是从盈利、税收、员工福利等方面对上市公司财富创造能力的综合体现,是上市公司整合资金、人才、技术与管理要素的必然结果,也是上市公司作用于区域经济增长最直接的途径;除此之外,上市公司的规模与数量与区域经济增长亦密切相关,如董雅丽(2013)[274]、马社胜和江宏业(2013)[275]的研究结果显示,上市公司规模大、数量多的地区其经济增长也就越快。在本研究中,具体的指标选取及变量定义如表 4-1 所示。

表 4-1　指标选取及变量定义表

变量类型	预测符号	变量符号	变量名	定义
被解释变量		GDP	经济增长水平	东北地区国内生产总值 GDP 的自然对数
解释变量	+	Lraise	资金筹集额	东北地区上市公司历年通过首次公开发行股票、配股和增发股票筹集资金额的自然对数
	+	Lvalue	总市值	东北地区上市公司总市值的自然对数
	+	Loutput	总产值	东北地区上市公司总产值的自然对数
	+	Lscale	规模	东北地区上市公司所有者权益的自然对数
	+	Lnumber	数量	东北地区上市公司数量的自然对数

3. 实证检验与结果分析

由于 1992 年至 2012 年东北地区经济增长及上市公司年度数据为时间序列数据，为避免伪回归问题的出现，首先运用 ADF 单位根（augmented dickey-fuller）检验并且对时间序列的平稳性与非平稳性进行判断，以决定每个变量单整的阶数，具体如表 4-2 所示。

表 4-2　ADF 单位根检验结果

变量	ADF 统计量	ADF 临界值（5%水平）	概率 P 值	平稳性
GDP	−3.220236	−3.710482	0.1134	否
Lraise	−2.772852	−3.673616	0.2225	否
Lvalue	−2.254380	−3.658446	0.4372	否
Loutput	−2.028537	−3.040391	0.2731	否
Lscale	−1.615880	−3.710482	0.7428	否
Lnumber	−0.974900	−3.733200	0.9191	否
D(GDP)	−4.394879	−3.673616	0.0130	是
D(Lraise)	−4.525351	−3.690814	0.0109	是
D(Lvalue)	−4.964002	−3.673616	0.0044	是
D(Loutput)	−9.189130	−3.040391	0.0000	是
D(Lscale)	−4.625907	−3.673616	0.0084	是
D(Lnumber)	−5.075308	−3.733200	0.0050	是

从表 4-2 的单位根检验结果可以看出，原序列的 ADF 值都大于 5% 的临界值，且概率 P 值都大于 0.05，拒绝了不存在单位根的原假设，即原序列都存在单位根，为非平稳序列。六个变量差分序列的 ADF 值都小于 5% 的临界值，且概率 P 值都小于 0.05，即差分序列不存在单位根。因此 GDP，Lraise，Lvalue，Loutput，Lscale，Lnumber 六个变量满足进一步协整分析的条件。

协整分析是从时间序列的非平稳性入手，探讨非平稳经济变量之间的长期均衡关系。在多个变量协整关系的分析中，最常用的是 Johansen 协整检验方法。接下来，本书利用 Johansen 协整检验进一步计算迹统计量 Trace 和最大特征值 Max-Eigenvalue 统计量，如表 4-3 所示。

表 4-3　Johansen 协整检验结果

协整向量原假设	特征根	迹统计量检验	最大特征根检验	概率 P 值
没有协整关系	0.992437	239.0202	92.80475	0.0000
至少存在一个协整关系	0.972705	146.2155	68.42030	0.0000
至少存在两个协整关系	0.904239	77.79519	44.57201	0.0000
至少存在三个协整关系	0.643902	33.22318	19.61841	0.0194
至少存在四个协整关系	0.510459	13.60477	13.57147	0.0944

迹统计量检验结果和最大特征根检验结果均表明,在 0.05 的显著性水平上,GDP,Lraise,Lvalue,Loutput,Lscale,Lnumber 六个变量存在 4 个协整关系。EViews 在进行 Johansen 协整检验的同时,给出了标准化后的协整关系值,从各系数的显著性水平来看,这些系数是完全显著的,均能通过 t 检验。根据对数似然值最大的协整关系式整理成协整方程可以得到:

$$GDP = -0.08073Lraise + 0.03351Lvalue + 0.03097Loutput$$
$$+ 1.30673Lscale - 1.00589Lnumber$$

通过该协整关系式,发现东北地区的国内生产总值 GDP 与上市公司总市值 Lvalue、总产值 Loutput 和规模 Lscale 都是正相关的长期均衡关系,即上市公司的总市值、总产值和规模的上升能够带来东北地区经济的增长;与此同时,东北地区国内生产总值 GDP 与上市公司的资金筹集额 Lraise 和数量 Lnumber 之间却存在着长期的反向均衡关系。

鉴于协整分析的重点是检验变量之间的长期均衡比例关系,并不对这些变量之间的因果关系进行说明,故需要用格兰杰因果检验(Granger Causality)进行进一步的验证。本书以东北地区经济增长水平 GDP 为被解释变量,以上市公司资金筹集额 Lraise、总市值 Lvalue、总产值 Loutput、规模 Lscale 和数量 Lnumber 为解释变量,进行格兰杰因果关系检验,具体结果如表 4-4 所示。

通过格兰杰因果关系检验,发现在滞后 2 期的条件下,上市公司资金筹集额 Lraise、总产值 Loutput、规模 Lscale 和数量 Lnumber 均是东北地区国内生产总值增长的格兰杰原因,但是上市公司的总市值 Lvalue 不构成对东北地区经济增长的格兰杰因果关系。可见,就上市公司对东北地区经济增长的影响来看,东北地区上市公司资金筹集额、总产值、规模和数量能够非常显著地影响当地经济的增长水平。与此同时,东北地区经济的增长也会影响该地区上市公司总市值、总产值的增长和上市公司规模的壮大。

表 4-4　Granger 因果关系检验结果

零假设	卡方统计量	概率 P 值	结论
上市公司资金筹集额不是经济增长的格兰杰原因	23.94048	0.0000	拒绝原假设
经济增长不是上市公司资金筹集额的格兰杰原因	1.751657	0.4165	接受原假设
上市公司总市值不是经济增长的格兰杰原因	3.936932	0.1397	接受原假设
经济增长不是上市公司总市值的格兰杰原因	6.020333	0.0493	拒绝原假设
上市公司总产值不是经济增长的格兰杰原因	12.26976	0.0022	拒绝原假设
经济增长不是上市公司总产值的格兰杰原因	15.69624	0.0004	拒绝原假设
上市公司规模不是经济增长的格兰杰原因	5.513601	0.0635	拒绝原假设
经济增长不是上市公司规模的格兰杰原因	24.58433	0.0000	拒绝原假设
上市公司数量不是经济增长的格兰杰原因	15.94766	0.0003	拒绝原假设
经济增长不是上市公司数量的格兰杰原因	0.365735	0.8329	接受原假设

　　为了全面地反映东北地区上市公司与经济增长之间的动态关系,进一步通过绘制 IRF 脉冲响应函数对上市公司资金筹集额 Lraise、总市值 Lvalue、总产值 Loutput、规模 Lscale 和数量 Lnumber 与东北地区国内生产总值 GDP 增长的相互冲击作用进行测算。下面,分别给出各变量一个标准差大小的冲击,来考察东北地区经济增长的脉冲响应结果,具体如图 4-9 所示。

　　在上市公司各项指标对东北地区经济增长的脉冲响应函数图 4-9 中,实线表示 GDP 受到冲击后的走势,两侧的虚线表示走势的两倍标准误差。可以看出,东北地区国内生产总值 GDP 受到上市公司总产值 Loutput、规模 Lscale 和总市值 Lvalue 的一个正向冲击后,从第一期开始 GDP 开始上升,并且这种上升趋势将呈现出一个长期、持久的状态,即东北地区上市公司在总产值、总市值和规模上的发展能够长期促进东北地区经济的增长。而就上市公司的资金筹集额 Lraise 和数量 Lnumber 来看,其对东北地区经济增长的影响则表现出一种持久的、负向的冲击作用。

　　一般情况下,IRF 脉冲响应函数捕捉到的是一个变量对另一个变量的动态影响路径,而方差分解可以以变量的预测误差方差百分比的形式反映每个扰动项因素影响各个变量的相对程度。根据东北地区经济增长的方差分解图可以进一步发现,上市公司数量 Lnumber 对东北地区经济增长 GDP 的贡献率从第二期开始逐渐提高,到第三期基本稳定在 20% 的水平;上市公司总产值 Loutput 和资金筹集额 Lraise 对经济增长 GDP 的贡献率第二期开始显现,到第四期后

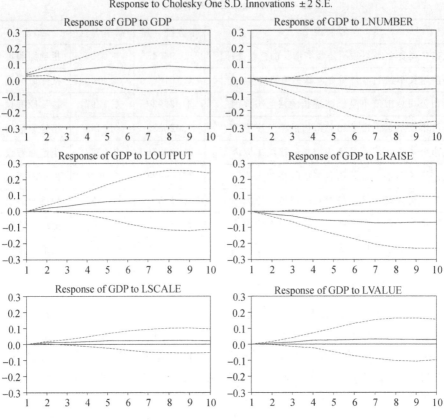

图 4-9　上市公司各项指标对经济增长（GDP）的脉冲响应函数

　　基本稳定在 20％的水平；而上市公司规模 Lscale 和总市值 Lvalue 对经济增长 GDP 的贡献率则维持在较低的水平上。具体如图 4-10 所示。

　　总的来说，本书的实证研究结果支持在 1992 年至 2012 年期间，东北地区上市公司发展与区域经济增长存在一个长期、动态的互动关系，即上市公司的总市值、总产值和上市公司规模能够显著促进东北地区的经济增长，且方差分解结果显示，上市公司总产值对东北地区经济增长的贡献度最大，远高于上市公司的总市值和规模的贡献度。上市公司资金筹集额和数量则与东北地区经济增长呈现出反向的变动趋势，这主要是因为东北地区上市公司的数量较少，从资本市场筹集到的资金相对有限，所以上市公司对东北地区经济增长的推动作用还未能显现，正如陈昭、卿前龙（2008）指出，在我国经济发达地区经济增长与上市公司数量会形成一种相互促进的良性循环，而经济落后地区经济增长会与上市公司数量形成一种相互促退的恶性循环，并且这种"马太效应"会愈演愈烈，由此构成我

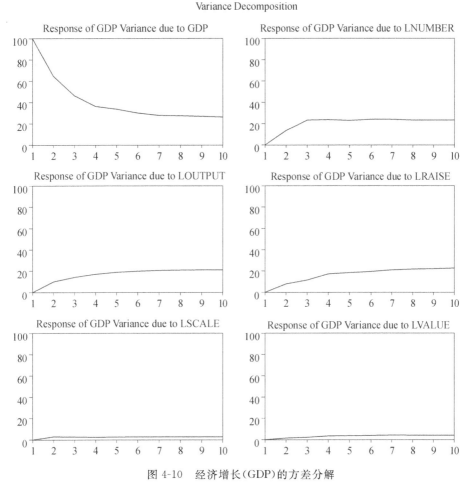

图 4-10　经济增长（GDP）的方差分解

国区域经济增长的一个程式化事实[276]。东北地区经济不发达的现实状况，必然会制约上市公司的发展，进而限制上市公司促进区域经济发展作用的发挥。与此同时，本书的实证研究结果还发现，东北地区经济的增长也会影响该地区上市公司总市值、总产值的增长和上市公司规模的壮大。

（三）上市公司对东北地区经济增长影响的区域差异分析

1. 面板数据模型确定

包括辽宁、吉林和黑龙江三省的东北地区，上市公司无论是在数量与规模分布上，还是在经营业绩、行业分布与产业结构上，都存在一定的差异性。那么东北地区各省上市公司的差异性分布是否会对各省经济增长产生差异性影响呢？

为此,本书借鉴黄萍(2012)[277]的研究方法,仍以各省 GDP 为被解释变量,以各省上市公司的资金筹集额、总市值、总产值、规模和数量为解释变量,利用东北地区各省 1993 年至 2012 年[①]上市公司数据构建面板数据模型,以研究各省上市公司对地区经济增长影响的区域差异。构建的面板数据模型如下:

$$GDP_{it} = \alpha_{it} + \beta_{1it} Lraise_{it} + \beta_{2it} Lvalue_{it} + \beta_{3it} Loutput_{it} + \beta_{4it} Lscale_{it} + \beta_{5it} Lnumber_{it} + \upsilon_{it}$$

$i = 1,2,3, \quad t = 1,2,\cdots,20$。其中,$i$ 为东北地区各省,t 为 1993 年至 2012 年各年度。假设模型中随机扰动项 υ_{it} 相互独立,且满足零均值、等方差假设。α_{it} 为截距项,β_{1it},β_{2it},β_{3it},β_{4it},β_{5it} 分别为 Lraise,Lvalue,Loutput,Lscale,Lnumber 的系数值。

2. 面板数据模型的计量估计

关于面板数据的计量经济学分析,根据截距向量 α 和系数向量 β 中各分量的不同限制要求,面板数据模型又可划分为混合回归模型、变截距模型和变系数模型三种。为了确定面板数据分析模型应该采用上述哪种形式,本书采用协方差分析,进行模型检验[②]。协方差检验有以下两个假设:

$H_1 : \beta_1 = \beta_2 = \cdots = \beta_n$

$H_2 : \alpha_1 = \alpha_2 = \cdots = \alpha_n ; \beta_1 = \beta_2 = \cdots = \beta_n$

将样本数据进行协方差检验后,如果接受假设 H_2 则可以认为样本数据符合混合回归模型,无需进行进一步的检验。如果拒绝假设 H_2,则需检验假设 H_1。如果拒绝假设 H_1,则认为样本数据符合变系数模型,反之,则认为样本数据符合变截距模型。

对这两个假设的检验可以采用 F 检验统计量的计算方法,分别对三种情形的模型采用 GLS 方法进行估计,可以得到三种情形下的残差平方和。将变系数模型、变截距模型和混合回归模型估计后所得的残差平方和分别记为 S_1,S_2,S_3,那么检验假设 H_2 的 F 统计量为:

$$F_2 = \frac{(S_3 - S_1)/[(N-1)(k+1)]}{S_1/[NT - N(k+1)]} \sim F[(N-1)(k+1), N(T-k-1)]$$

检验假设 H_1 的 F 统计量为:

$$F_1 = \frac{(S_2 - S_1)/[(N-1)k]}{S_1/[NT - N(k+1)]} \sim F[(N-1)k, N(T-k-1)]$$

---

① 　与辽宁省相比,吉林省和黑龙江省 1993 年才有第一家上市公司,故以 1993—2012 年为研究样本的区间选择。

② 　在对面板数据模型进行估计时,适用的样本数据包含了个体、指标和时间三方面的信息,一旦模型选择不正确,估计结果将与所要模拟的经济现实偏离甚远。因此,建立面板数据模型的第一步便是检验样本数据究竟适用何种面板数据模型分析,从而避免模型设定的偏差,改进参数估计的有效性。在模型选择方面最经常使用的检验方式是协方差分析检验。

其中,N 为横截面数,T 为时期数,k 为解释变量数。

运用 EViews 软件,经计算发现,$F_2=10.23439$,大于 1% 水平下的临界值 2.640156,则拒绝假设 H_2,进一步计算得 $F_1=8.60096$,大于 1% 水平下的临界值 2.77585,则拒绝假设 H_1,即样本数据符合变系数模型。

进一步来看,变系数模型又有固定效应模型(fix effects model)和随机效应模型(random effects model)两种选择,其中所谓的固定、随机主要是针对分组变量而言。固定效应模型估计采用组内变换,基于 OLS 方法进行估计,适用于各独立研究间无差异、或差异较小的研究,且研究结果仅限于比较自变量特定类目或类别间的差异及其与其他自变量间交互作用效果,而不想依此推论到其他类目或类别的实验设计。随机效应模型估计方法是假定非观测效应 α_i 与解释变量 x_{it} 不相关,然后在此基础上用 GLS 方法进行估计,随机效应模型的研究目的不仅在于对已知序列的比较,其更关心将现有结果推广到已知序列代表的总体中去。

由于本书仅限于对东北地区上市公司促进区域经济增长差异的分析,且很难保证包括了各省经济增长及其他影响因素的非观测效应 α_i 与解释变量 x_{it} 不相关,故随机效应模型不在本书的选择范围,同时经过 Hausman 检验,亦发现 Hausman 检验的检验统计量为 17.178526,伴随概率为 0.017,小于 0.05,可以拒绝固定效应模型与随机效应模型不存在系统差异的原假设,因此,本书建立如下的变系数固定效应分析模型:

$$\text{GDP}_{it} = \alpha_i + \beta_{1i}\text{Lraise}_{it} + \beta_{2i}\text{Lvalue}_{it} + \beta_{3i}\text{Loutput}_{it} + \beta_{4i}\text{Lscale}_{it}$$
$$+ \beta_{5i}\text{Lnumber}_{it} + \upsilon_{it} \quad i=1,2,3; \ t=1,2,\cdots,20$$

3. 东北地区各省的模型估计结果

由于面板数据反映了包含时间和截面的二维信息,因此与时间序列数据相同,面板数据也可能存在单位根。首先,我们采用 Fisher-ADF 单位根检验方法对面板数据进行单位根检验后发现,该序列的水平序列均存在单位根。对该序列进行一阶差分后继续检验,发现序列平稳,即变量之间是一阶单整的,可以进行协整检验。采用 Johansen 向量自回归似然检验的面板协整检验方法,我们发现变量之间存在长期稳定的均衡关系,其方程回归残差是平稳的。因此,可以在此基础上直接对原方程进行回归。由于东北地区上市公司的发展情况存在一定程度的差异,为减少由于截面数据造成的异方差影响,本书使用 GLS 方法对方程进行估计,结果如表 4-5 所示。

表 4-5　东北三省上市公司对地区经济增长影响的区域差异估计结果

变量	系数	t 统计量	概率 P 值	固定效应	
辽宁-Lraise	0.014382	0.288054	0.7747	辽宁-C	−0.110038
吉林-Lraise	−0.129340	−2.547810	0.0146	吉林—C	1.286064
黑龙江-Lraise	−0.079809	−1.999731	0.0520	黑龙江—C	−1.176027
辽宁-Lvalue	−0.339828	−1.576284	0.0934		
吉林-Lvalue	−0.399306	−2.437052	0.0191		
黑龙江-Lvalue	0.046604	0.292567	0.7713		
辽宁-Loutput	0.067282	0.431621	0.6682		
吉林-Loutput	0.179981	1.443849	0.1562		
黑龙江-Loutput	0.175119	1.027044	0.3103		
辽宁-Lscale	1.263397	4.909492	0.0000		
吉林-Lscale	2.484077	5.991572	0.0000		
黑龙江-Lscale	0.903981	3.163520	0.0029		
辽宁-Lnumber	−0.646031	−2.536048	0.0150		
吉林—Lnumber	−3.378736	−4.973407	0.0000		
黑龙江-Lnumber	−0.686982	−2.881855	0.0062		

$R^2 = 0.9384$　Adj $\overline{R^2} = 0.9134$　DW$=1.1619$　$F = 37.6050$　$P = 0.0000$

表 4-5 给出了东北地区各省上市公司对地区经济增长影响的区域差异变系数固定效应模型的估计结果。首先,从模型的拟合效果上看,运用 GLS 法估计的模型判定系数 $R^2 = 0.9384$,调整的判定系数 $\overline{R^2} = 0.9134$,具有较高的拟合优度。其次,从模型的显著性检验上看,F 统计量$= 37.6050$,所对应的概率值为 0.0000,说明模型中上市公司资金筹集额 Lraise、总市值 Lvalue、总产值 Loutput、规模 Lscale 和数量 Lnumber 这 5 个解释变量对被解释变量东北地区各省经济增长水平 GDP 的总影响是显著的。最后,从解释变量的显著性检验上看,辽宁-Lscale、吉林-Lscale、黑龙江-Lscale、吉林-Lnumber 和黑龙江-Lnumber 的 t 统计量所对应的概率值均小于 0.01 的显著性水平;另外,吉林-Lraise、吉林-Lvalue、辽宁-Lnumber 的 t 统计量所对应的概率值均小于 0.05 的显著性水平;除此之外,黑龙江-Lraise 和辽宁-Lvalue 的 t 统计量所对应的概率值均小于 0.1 的显著性水平;而辽宁-Lraise、黑龙江-Lvalue、辽宁-Loutput、吉林-Loutput、黑

龙江-Loutput 的 t 统计量所对应的概率值均大于 0.1 的显著性水平,这说明解释变量 Lraise 对辽宁省、解释变量 Lvalue 对黑龙江省以及解释变量 Loutput 对东北地区各省的解释能力有限。

通过对东北地区各省上市公司与经济增长的差异性研究发现,东北地区各省上市公司对该省经济增长促进作用的发挥,在与东北地区整体趋势保持一致的同时,在各省层面上又呈现出一定的差异性。首先,上市公司规模的扩张对东北地区各省经济的增长都起到了积极的促进作用,但程度不同,上市公司规模扩张对经济增长贡献最高的是吉林省,辽宁省、黑龙江省次之。除此之外,上市公司总产值的增加对各省经济增长也起到了正的推动作用,但这种作用十分有限。其次,东北地区各省上市公司数量的增加并未对地区经济增长起到正的促进作用,上市公司数量扩张与区域经济增长背道而驰的现象在吉林省尤为严重。最后,上市公司资金筹集额的多少和总市值的高低对各省经济增长的影响程度是不同的。表现在,就上市公司资金筹集额来看,仅辽宁省上市公司资金筹集额的增加对地区经济起到了非常有限的促进作用,而吉林省和黑龙江省上市公司资金筹集额的增加并未对当地经济增长起到应有的促进作用;就上市公司总市值来看,仅黑龙江省上市公司总市值的提升能够促进当地经济的增长,辽宁省和吉林省上市公司总市值的提升则并未起到促进当地经济增长的预期作用。东北地区各省上市公司对当地经济增长影响的区域差异的存在,一方面是受各省上市公司自身发展的限制,另一方面则囿于各省经济发展水平的影响。

二、上市公司对东北地区产业结构的影响

建立相对合理的产业结构,促进产业成长和产业间关系协调,以实现产业结构的优化调整,是保证区域经济持续稳定协调发展的关键。产业结构的优化调整过程就是市场中优质资源受政策导向在企业之间达到优化配置的过程,即产业结构优化调整的宏观主体是政府,微观主体是企业[278]。上市公司作为区域内产业发展的生力军,在区域产业结构优化调整中发挥着重要的作用。接下来,本书将从东北地区产业发展现状入手,对上市公司在东北地区产业结构优化升级中扮演的角色进行实证检验。

(一)东北地区产业结构发展现状

自振兴东北老工业基地发展战略实施以来,东北地区产业结构变迁经历了高速发展的过程。1992 年至 2012 年东北地区 GDP 年均增长率为 16.31%,总

体趋势是第二产业对 GDP 增长的带动贡献较大,增速高于第一和第三产业;第三产业增速大致保持平衡;第一产业增速最低。到 2012 年,东北地区 GDP 达50430.69 亿元,其中,第一、第二、第三产业增加值分别为 5681.63 亿元、26169.56亿元和 18579.5 亿元。进一步,从三大产业部门的结构构成来看,东北地区产业结构演进的总体趋势基本合理,第一产业比重明显下降,第二产业的比重保持平稳,第三产业比重呈上升趋势。1992 年至 2012 年间,第一产业比重由 1992 年的 20.23% 下降到 2012 年的 11.27%,与此同时,第三产业比重由25.72%上升到 36.84%。与世界发达国家或地区产业发展水平相比,东北地区产业结构构成还停留在较低的水平上,其中第一、第二产业比重过大,而第三产业比重则过低。东北地区三大产业的增长水平及结构构成具体如图 4-11① 所示。

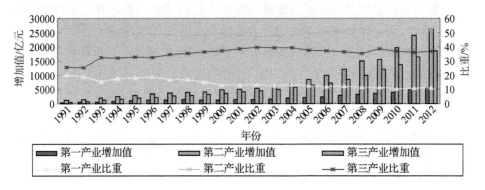

图 4-11　东北地区三大产业的增长水平及结构构成

就东北地区上市公司的产业分布状况来看,第一家第一产业类上市公司出现于 1998 年,第一产业类上市公司在历年东北地区上市公司中所占的比例都较低,从 2010 年到 2012 年一直维持在 4 家的水平。而第二产业和第三产业上市公司在东北上市公司中所占的比重从 1998 年开始趋于稳定,但是较以往相比,2012 年东北地区第二产业类上市公司所占的比重略微有所上升达到 68.15%,而第三产业类上市公司所占比重则有所下降,所占比重为 28.89%,1992 年至2012 年东北地区上市公司产业结构构成情况具体如图 4-12② 所示。总体而言,东北地区上市公司产业分布状况与东北地区产业结构趋于一致,均呈现出以第二产业为主、第三产业稳定发展、第一产业比重最低的产业分布格局。

---

① 资料来源:根据色诺芬数据库提供数据整理。
② 资料来源:根据色诺芬数据库提供数据整理。

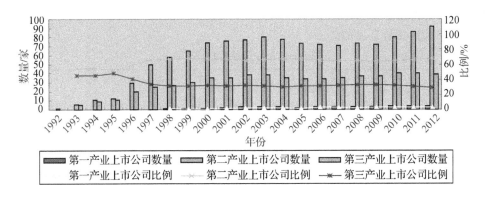

图 4-12　1992—2012 年东北地区上市公司三大产业构成

（二）上市公司对东北地区产业结构的影响分析

1.指标选取与数据来源

从产业发展的历史进程中可以发现，技术进步、物质与人力资本、市场需求、资源禀赋等是促进产业结构优化调整的重要因素。借助资本市场，上市公司在资金筹集、人才吸引、技术和管理创新方面具有其他企业无可比拟的优势，因此，上市公司的发展必然会对区域产业结构的优化调整产生一定的影响。

根据库兹涅茨法则，区域产业结构中由第一产业占优势逐级向第二、第三产业占优势演进的过程就是产业结构优化升级的过程；同时库兹涅茨亦指出，产业结构优化升级还包括工业部门内部的产业由低附加值向高附加值、由劳动密集型向资金密集型与技术知识密集型发展的过程。目前国内学者对产业结构优化升级的衡量主要是采用第二产业增加值比重、第三产业增加值比重、第二产业和第三产业增加值比重三类指标。考虑到数据的可获取性，本书采用第二产业和第三产业增加值比重来衡量东北地区产业结构升级程度。

考察上市公司对区域产业结构优化的影响可以从投入与产出两方面入手。投入方面则涵盖资金投入、人力投入以及技术和管理投入，然而囿于上市公司历年人力投入、技术投入以及管理投入数据的难获得性，本书仅采用历年上市公司资金筹集额与 GDP 的比率即资金筹集率，从投入方面考察上市公司对区域产业结构优化的影响。上市公司产出不仅体现在最终的利润创造上，还包括提供给职工的福利、对国家的税收贡献，因此本书采用历年上市公司总产值与 GDP 的比率即产值率，从产出方面考察上市公司对区域产业结构优化的影响。除此之外，上市公司对区域产业结构优化的作用更多是依靠资本市场通过兼并与收购来实现的，因此本书引入东北地区上市公司总市值与 GDP 的比率即资本化率，从东北地区资本市场规模来考察上市公司对区域产业结构优化的影响。具体的指标选取及变量定义如表 4-6 所示。

表 4-6　指标选取及变量定义

变量类型	预测符号	变量符号	变量名	定义
被解释变量		CY	产业结构升级程度	$\dfrac{东北地区第二产业增加值＋第三产业增加值}{东北地区 GDP}$
解释变量	＋	LCfs	资金筹集规模	东北地区上市公司历年通过首次公开发行股票、配股和增发股票筹集资金数额与 GDP 的比率
	＋	LCps	产值规模	东北地区上市公司总产值与 GDP 的比率
	＋	CMs	市场规模	东北地区上市公司总市值与 GDP 的比率

本书的研究立足于 1992 年至 2012 年我国东北地区产业结构发展数据及上市公司的年度数据,以产业结构升级程度为被解释变量,以上市公司资金筹集规模、产值规模、市场规模为解释变量,借助 EViews 统计软件,对东北地区上市公司发展与区域产业结构优化之间的关系进行格兰杰因果检验,为上市公司促进东北地区产业结构优化升级提供数据支持。在本书研究中,东北地区第二、第三产业增加值以及地区生产总值 GDP 数据均来源于中经网统计数据库,上市公司累计融资额、总市值数据来源于色诺芬数据库,其他数据则均来源于国泰安数据库。

2. 实证检验与结果分析

在对东北地区上市公司发展与产业结构优化调整关系进行格兰杰因果关系检验之前,首先需要对时间序列的平稳性加以分析。运用 ADF(Augmented Dickey-Fuller)单位根检验法来检验变量的平稳性,具体结果如表 4-7 所示。

表 4-7　ADF 单位根检验结果

变量	ADF 统计量	ADF 临界值(5%水平)	概率 P 值	平稳性
CY	−1.429890	−3.020686	0.5471	否
LCfs	−2.293878	−3.020686	0.1832	否
LCps	−2.437421	−3.040391	0.9999	否
CMs	−2.071699	−3.020686	0.2569	否
D(CY)	−3.248802	−3.081002	0.0370	是
D(LCfs)	−4.661655	−3.040391	0.0020	是
D(LCps)	−6.974197	−3.040391	0.0000	是
D(CMs)	−5.392071	−3.040391	0.0000	是

从表 4-7 的单位根检验结果可以看出,原序列的 ADF 值都大于 5% 的临界值,且概率 P 值都大于 0.05,即原序列都存在单位根,为非平稳序列。四个变量差分序列的 ADF 值都小于 5% 的临界值,且概率 P 值都小于 0.05,则差分序列不存在单位根,满足进一步协整分析的条件。

协整分析是用来判断变量之间是否具有长期均衡关系,若具有均衡关系则可进一步进行格兰杰因果关系检验。在多个变量协整关系的分析中,最常用的是 Johansen 协整检验方法。接下来,本书利用 Johansen 协整检验进一步计算迹统计量 Trace 和最大特征根统计量 Max-Eigenvalue,如表 4-8 所示。

表 4-8　Johansen 协整检验结果

协整向量原假设	特征根	迹统计量检验	最大特征根检验	概率 P 值
没有协整关系	0.899140	65.42802	43.58646	0.0005
至少存在一个协整关系	0.526378	21.84156	14.19955	0.3074

迹统计量检验结果和最大特征根检验结果均表明,在 0.05 的显著性水平上,CY,LCfs,LCps,CMs 四个变量存在 1 个协整关系。EViews 在进行 Johansen 协整检验的同时,给出了标准化后的协整关系值,从各系数的显著性水平来看,这些系数是完全显著的,均能通过 t 检验。根据对数似然值最大的协整关系式整理成协整方程可以得到:

$$CY = 3.722026LCfs + 7.563811LCps + 0.137404CMs$$

通过该协整关系式,可知东北地区产业结构升级程度与上市公司资金筹集规模 LCfs、产值规模 LCps、市场规模 CMs 存在正相关的长期均衡关系,即上市公司的资金筹集规模、产值规模、市场规模的扩大能够促进产业结构的优化升级。进一步利用格兰杰因果检验对东北地区产业结构升级程度 CY 与上市公司资金筹集规模 LCfs、产值规模 LCps、市场规模 CMs 之间的因果关系进行分析,相关结果如表 4-9 所示。

表 4-9　格兰杰因果关系检验结果

零假设	卡方统计量	概率 P 值	结论
上市公司筹资规模不是产业结构升级的格兰杰原因	11.870481	0.0566	拒绝原假设
产业结构升级不是上市公司筹资规模的格兰杰原因	0.124738	0.9395	接受原假设
上市公司产值规模不是产业结构升级的格兰杰原因	20.73931	0.0034	拒绝原假设
产业结构升级不是上市公司产值规模的格兰杰原因	2.588170	0.2741	接受原假设
上市公司市场规模不是产业结构升级的格兰杰原因	10.26976	0.0993	拒绝原假设
产业结构升级不是上市公司市场规模的格兰杰原因	0.774115	0.6791	接受原假设

通过格兰杰因果关系检验,发现在滞后 2 期的条件下,上市公司资金筹集规模 LCfs、产值规模 LCps、市场规模 CMs 均是东北地区产业结构升级程度 CY 的格兰杰原因,但是东北地区产业结构升级程度 CY 不构成对东北地区上市公司资金筹集规模 LCfs、产值规模 LCps、市场规模 CMs 的格兰杰因果关系,即就上市公司对东北地区产业结构升级地影响来看,东北地区上市公司资金筹集规模、产值规模和市场规模能够非常显著的影响当地产业结构优化升级。

(三)上市公司对东北地区产业结构影响的区域差异分析

1. 面板数据模型确定

为了进一步衡量辽宁、吉林和黑龙江三省上市公司对各地区产业结构优化升级的作用差异,本书仍以表 4-6 所定义的各项指标作为解释变量,根据东北地区各省 1993 年至 2012 年[①]上市公司数据构建面板数据模型。利用 Eviews 统计软件,采用与上文相同的面板数据模型计量估计方法,发现样本数据亦符合变系数固定效应模型。因此,本书建立如下的变系数固定效应模型分析上市公司对东北地区产业结构影响的区域差异:

$$CY_{it} = \alpha_i + \beta_{1i}LCfs_{it} + \beta_{2i}LCps_{it} + \beta_{3i}CMs_{it} + \upsilon_{it}, \quad i = 1,2,3; \quad t = 1,2,\cdots,20$$ 其中,i 为东北地区各个省,t 为 1993 年至 2012 年的各年份。

假设模型中随机扰动项 υ_{it} 相互独立,且满足零均值、等方差假设。α_t 为截距项,分别为 LCfs,LCps,CMs 的系数值。

2. 东北三省的模型估计结果

首先,我们采用不同根单位根检验的 Fisher-ADF 检验方法对面板数据进行单位根检验后发现,该序列的水平序列是不平稳的,均存在单位根,对该序列进行一阶差分后继续检验,发现序列平稳,不存在单位根,即变量之间是一阶单整的,进而可以进行协整检验。采用 Johansen 向量自回归似然检验的面板协整检验方法,我们发现变量之间存在长期稳定的均衡关系,可以在此基础上直接对原方程进行回归。由于东北地区各省上市公司的发展情况存在一定程度的差异,为减少由于截面数据造成的异方差影响,本书使用 GLS 方法对方程进行估计,估计结果如表 4-10 所示。

---

① 与辽宁省相比,吉林省和黑龙江省 1993 年才有第一家上市公司,故以 1993—2012 年为研究样本的区间选择。

表 4-10　东北三省上市公司影响地区产业结构优化升级的区域差异估计结果

变量	系数	t 统计量	概率 P 值	固定效应	
辽宁- LCfs	−0.845559	−0.590833	0.5574	辽宁—C	2.586272
吉林- LCfs	−3.998715	−2.971966	0.0046	吉林-C	−2.811057
黑龙江- LCfs	−1.223147	−0.563155	0.5760	黑龙江-C	0.224785
辽宁- LCps	0.966273	0.811530	0.4211		
吉林- LCps	0.245268	0.144258	0.8859		
黑龙江- LCps	−1.361577	−0.705380	0.4840		
辽宁- CMs	0.034978	0.520127	0.6054		
吉林- CMs	0.079868	1.062094	0.2935		
黑龙江- CMs	0.213222	2.009514	0.0501		

$R^2 = 0.9032$　Adj$R^2 = 0.8987$　DW$=1.0223$　$F=6.4994$　$P=0.0002$

　　表 4-10 给出了东北地区各省上市公司对地区产业结构优化升级影响的区域差异变系数固定效应模型的估计结果。首先,从模型的拟合效果上看,运用 GLS 法估计的模型判定系数 $R^2 = 0.9032$,调整的判定系数 $\overline{R^2} = 0.8987$,可见回归方程的拟合优度很高。其次,从模型的显著性检验上看,F 统计量$=6.4994$,所对应的概率为 0.0002,说明模型中上市公司资金筹集规模 LCfs、产值规模 LCps、市场规模 CMs 这 3 个解释变量对被解释变量东北各省产业结构优化升级程度 CY 的总影响是显著的。最后,从解释变量的显著性检验上看,除了吉林-LCfs 的 t 统计量所对应的概率值小于 0.01 的显著性水平和黑龙江-CMs 的 t 统计量所对应的概率值小于 0.1 的显著性水平外;其他变量的 t 统计量所对应的概率值均大于 0.1 的显著性水平,这说明除解释变量 LCfs 对吉林省、解释变量 CMs 对黑龙江省以外,其他解释变量对东北地区各省的解释能力均有限。

　　通过对东北地区各省上市公司与产业结构优化升级的差异性研究,可以发现,东北地区各省上市公司在促进该省产业结构优化作用的发挥上呈现出一定的差异性。首先,上市公司资金筹集规模的扩张对东北地区各省产业结构优化升级并未起到积极的促进作用,这种抑制作用在吉林省中表现得更为明显。其次,就辽宁省和吉林省来看,上市公司产值规模的扩大能够有效地促进各省产业结构的优化升级,但是就黑龙江省来看,却出现了上市公司产值规模与产业结构优化升级背道而驰的现象。最后,上市公司市值规模的增加对各省经济增长也起到了正的推动作用,除了在黑龙江省这种促进作用显著之外,在辽宁省和吉林省这种作用都十分有限。东北地区各省上市公司影响地区产业结构优化升级的区域差异的存在,一方面是受各省上市公司自身发展的限制,另一方面则囿于各省经济发展水平的差异。

三、上市公司对东北地区空间格局的影响

虽然长期以来包括辽宁、吉林和黑龙江三省的东北地区都是作为一个相对完整的经济区域在发展,但是受区位条件、经济发展水平以及政策扶持力度等因素的影响,上市公司在东北地区各省的发展表现出一定的差异性,呈现出特有的空间格局。对上市公司区域分布的分析,我们能够了解东北地区上市公司区域分布的空间特征,找到优化调整上市公司空间分布格局的对策,这是促进东北地区经济发展的关键内容。

(一)东北地区经济发展空间格局

东北地区作为相对完整的地理单元,具有良好的资源禀赋、完善的基础设施和扎实的工业基础,尤其是随着东北振兴战略的实施,东北地区在全国的经济地位开始上升,经济发展的不平衡性得到一定的缓解,东北地区经济发展的新的空间格局开始形成。李汝资等(2013)通过对东北地区经济空间格局进行定量分析后发现,东北地区经济发展水平沿哈大铁路与滨绥、滨州铁路呈现出显著的"T"字型空间格局,经济发展速度南北差异显著,辽中南城市群成为东北地区经济发展的核心地[279]。王颖(2012)的研究成果亦证实,随着东北振兴战略的不断推进,东北地区经济格局在"点—轴"式特征的基础上,基本形成了以哈尔滨市、长春市、沈阳市、大连市四大城市为核心,以哈大经济隆起带为主轴的,贯穿哈大齐城市群、吉林中部城市群、辽中南城市群的"三横一纵"空间分布格局[280]。接下来本书从人均 GDP 和经济相对发展率两方面展开,立足于 2012 年东北地区经济发展数据,对东北地区经济发展的空间格局进行分析。

首先,本书从东北地区沈阳市与大连市两个副省级市及其余 34 个地级市展开,计算东北地区人均 GDP,考察其人均 GDP 空间分布格局,如表 4-11 所示。根据表 4-11,可以发现,东北地区经济发展水平呈现出明显的集聚趋势,表现为,东北地区人均 GDP 最高的区域主要集中于辽中南城市群和哈大城市群,其次主要集中在长春市、吉林市和松原市附近,其他地区人均 GDP 水平相对较低,尤其是黑龙江省外围地区、吉林省北部地区和延边地区,人均 GDP 水平不容乐观。总体来看,东北地区经济发展呈现出以哈尔滨市、长春市、沈阳市、大连市四大城市为核心,以哈大铁路线为主轴,贯穿哈大齐城市群、吉林中部城市群、辽中

南城市群的空间分布格局。本书基于人均 GDP 探讨的东北地区经济发展的空间格局,与现有学者的研究基本一致。

表 4-11　东北各地区人均 GDP 分布

地区	人均 GDP/元	地区	人均 GDP/元	地区	人均 GDP/元
沈阳	80480	朝阳	30765	齐齐哈尔	22139
大连	102922	葫芦岛	27709	鸡西	31076
鞍山	69211	长春	58691	鹤岗	32968
抚顺	58512	吉林	56244	双鸭山	37490
本溪	64459	四平	33150	大庆	142067
丹东	42171	辽源	49479	伊春	20686
锦州	40002	通化	39111	佳木斯	27774
营口	56583	白山	50158	七台河	32308
阜新	31049	松原	55176	牡丹江	37001
辽阳	53877	白城	30576	黑河	18892
盘锦	87153	延边州	35045	绥化	18474
铁岭	32130	哈尔滨	45810	大兴安岭	28739

其次,采用经济相对发展率指标,对东北地区经济发展的空间格局进行了进一步的分析。所谓经济相对发展率,是对某个区域在某一时期内人均 GDP 变化相对于同一时期上一级区域人均 GDP 变化快慢的衡量。经济相对发展率的计算公式为 $N_i = (Y_{i,t+1} - Y_{i,t})/(Y_{t+1} - Y_t)$,其中,$N_i$ 为 i 市域的相对发展率,$Y_{i,t+1}$,$Y_{i,t}$ 分别表示在 $t+1$ 时刻与 t 时刻 i 市域的人均 GDP,Y_{t+1},Y_t 则分别为在 $t+1$ 时刻与 t 时刻东北地区的人均 GDP。N 值越大,说明该区域经济发展速度越快。本书从东北地区沈阳市与大连市两个副省级市及其他 34 个地级市展开,计算各地区相对经济发展率,具体如表 4-12[①] 所示。

表 4-12　东北各地区相对经济发展率

地区	N	地区	N	地区	N	地区	N
沈阳	1.689	辽阳	1.244	通化	0.865	双鸭山	0.798
大连	2.594	盘锦	2.076	白山	1.642	大庆	1.679
鞍山	0.207	铁岭	0.664	松原	1.619	伊春	0.507

---

① 资料来源:根据辽宁、吉林和黑龙江省的统计年鉴提供的相关数据整理。

续表

地区	N	地区	N	地区	N	地区	N
抚顺	1.065	朝阳	0.586	白城	0.623	佳木斯	0.542
本溪	0.902	葫芦岛	0.474	延边州	1.114	七台河	−0.163
丹东	0.985	长春	1.163	哈尔滨	0.568	牡丹江	0.479
锦州	0.762	吉林	1.002	齐齐哈尔	0.414	黑河	0.537
营口	1.240	四平	0.831	鸡西	0.814	绥化	0.506
阜新	0.766	辽源	1.609	鹤岗	0.780	大兴安岭	0.871

根据表 4-12 可以看出,东北地区中相对经济发展率最高的是辽宁省的大连市,最低的是黑龙江省的七台河市。东北地区的相对经济发展率均值为 0.946,超过均值的 15 个城市中,有 7 个城市来自辽宁省,且均位于辽中南地区。而排在相对经济发展率倒数十位的城市中,来自黑龙江省的城市就多达 8 个。总体来看,东北地区经济发展速度呈现出显著的南北差异,辽中南城市群的经济发展速度相对较快,与此同时,哈大铁路沿线城市也保持了较高的相对经济发展率,即在东北经济发展格局中,辽中南城市群处于东北地区经济发展的核心地位,哈大齐城市群、长春市、吉林市等中部城市则处于次核心区域,这与东北地区人均GDP 分布格局显著一致。

(二)东北地区上市公司空间分布格局

1. 数据来源与研究方法

本书关于上市公司对东北地区空间格局影响的研究,主要是从 2012 年东北地区 135 家上市公司的具体数据展开。其中,上市公司数据主要来源于上海证券交易所和深圳证券交易所网站。由于每家上市公司都能查到具体位置,故可以建立空间坐标系统,并以此为依据进行空间格局分析。

在研究方法的选择上,本书以 ArcGIS 软件作为空间分析工具,建立东北地区上市公司空间数据模型,运用 Jenks 最佳自然断裂法计算模拟上市公司数量分布密度,在此基础上,采用全局 Moran's I、局部 Moran's I 和 Getis-ord G 分析方法①,对东北地区上市公司的空间格局进行分析,衡量上市公司的空间分布

---

① 具体来看,全局 Moran's I 是对上市公司在整个区域空间特征的描述,用于探测整个研究区的空间关联结构模式,以此衡量上市公司集聚分散状况;局部 Moran's I 在考虑了局部不平稳存在的前提下,描述了相邻值即样方密度的彼此关联情况,并从区域来分析引起 Moran's I 大小的原因;Getis-ord G* 分析用于识别上市公司在不同空间位置上的热点与冷点区的空间分布。

特征,揭示其空间分布形态。

2. 东北地区上市公司数量空间分布

从东北地区上市公司的数量分布来看,上市公司在东北地区的布局呈现出不均衡性,辽宁省占据了上市公司的近50%,吉林省和黑龙江省上市公司数量则略显欠缺,具体如表4-13所示。另外,上市公司主要分布在省会城市和沿海城市,其中大连市、沈阳市、长春市、哈尔滨市上市公司数量占东北地区上市公司总数的65.2%。具体如表4-14所示。

表 4-13　东北地区各省上市公司数量分布

	辽宁省	吉林省	黑龙江省
数量/家	66	38	31
百分比/%	48.89	28.15	22.96

表 4-14　东北各地区上市公司数量分布

地区	百分比/%	地区	百分比/%	地区	百分比/%	地区	百分比/%
沈阳	15.56	辽阳	0.74	通化	4.44	双鸭山	0.00
大连	18.52	盘锦	0.74	白山	0.00	大庆	0.74
鞍山	3.70	铁岭	0.74	松原	0.00	伊春	0.74
抚顺	0.74	朝阳	0.74	白城	0.00	佳木斯	0.74
本溪	0.74	葫芦岛	1.48	延边州	1.48	七台河	0.74
丹东	0.74	长春	14.07	哈尔滨	17.04	牡丹江	1.48
锦州	2.22	吉林	6.67	齐齐哈尔	1.48	黑河	0.00
营口	1.48	四平	0.00	鸡西	0.00	绥化	0.00
阜新	0.74	辽源	1.48	鹤岗	0.00	大兴安岭	0.0

本书进一步以ArcGIS软件作为分析工具,对东北地区上市公司的数量空间分布进行分析后发现,东北地区上市公司主要分布在省会城市和沿海城市及其附近,且存在大量数量为0的地区。采用Jenks最佳自然断裂法,按照类内差异最小,类间差异最大的分类原则,对上市公司分布密度进行分类,可以发现大连市、哈尔滨市、沈阳市、长春市的上市公司数量分布在东北地区均排在前列,尤其是作为东北地区门户开放城市的大连市,上市公司数量最多。而相对省会城市的腹地地区上市公司分布则较少,尤其是黑龙江和吉林两省西部及北部出现了0分布,即东北地区上市公司的空间分布呈现出了中部凸起、两侧较低的东西

分布格局和南高北低的南北分布格局。

2. 东北地区上市公司空间分布格局

在已知东北地区上市公司具体位置的前提下，通过百度地图搜素其坐标位置，并以此坐标在东北地区面要素矢量图上生成相关的点要素矢量图。进而以东北地区县级市为样方单位尺度，在 ArcGIS 中生成样方面要素矢量图，利用东北地区面要素矢量图对该样方面要素矢量图裁剪后共得到 275 个样方，计算各样方单元及所包含的上市公司数量，便可得到各样方的上市公司密度①。

接下来，本书借鉴曹卫东（2011）[281]，黄江、胡晓鸣（2011）[282]，刘青等（2011）[283]对企业空间格局的研究方法，从全局 Moran's I、局部 Moran's I 和 Getis-ord G^* 统计量出发，以样方为分析单位，立足于样方中上市公司分布密度变量，对东北地区上市公司空间分布格局进行分析。由于，本书探讨的是上市公司在整个东北地区中的空间分布格局，因此，样方分析的距离阈值为整个范围内两个样方之间的最大质心距离，另外，文中 W_{ij} 均为反距离权重行标准化矩阵。

（1）全局自相关分析

全局自相关是对上市公司在东北地区空间特征的描述，Moran's I 是常用的空间自相关测度指标，计算公式如下：

$$I(d) = \frac{n}{\sum\limits_{i=1}^{n}\sum\limits_{j\neq i}^{n}W_{ij}} \times \frac{\sum\limits_{i=1}^{n}\sum\limits_{j\neq i}^{n}W_{ij}(x_i - \overline{x})(x_j - \overline{x})}{\sum\limits_{i=1}^{n}(x_i - \overline{x})^2}$$

式中，d 为距离阈值，W_{ij} 为以距离规则定义的空间权重，x_i 和 x_j 是 i 样方单元和 j 样方单元的上市公司密度，$\overline{x}$ 为所有样方单元上市公司密度的平均数。Moran's I 标准化公式为：

$$Z(d) = \frac{I(d) - E(I)}{\sqrt{\text{Var}(I)}}$$

借助于 ArcGIS 软件，得到东北地区上市公司的 Moran's $I = 0.02$，$Z(d) = 4.83$，在 1% 的置信区间内显著，说明上市公司在东北地区的分布属于聚集模式，即呈现高度集中的空间分布特征。

---

① 上市公司样方密度图的样方单位是以东北地区县级市为样方单位尺度。首先，求出东北地区县级市面积的中位数，并以此面积作为样方单元的面积，在计算此面积对应的样方边长为 58640.5m，这样共建立 27×18 个方格；其次，在 ArcGIS 中生成样方面要素矢量图，然后用东北地区面要素矢量图对这个样方面要素矢量图进行裁剪，共得到 275 样方，这里要注意的是边界上样方的形状不是正方形；最后，在 ArcGIS 中计算各样方单元及所包含的上市公司数量，进而得到各样方的上市公司密度。

（2）局部自相关分析

全局自相关分析虽然在整体上揭示了上市公司在东北地区空间分布的依赖程度，但忽略了可能存在的局部不平稳性。局部自相关分析则可以反映相邻地域上市公司空间分布的差异性和相似性。局部 Moran's I 的计算公式为 $I_i = Z_i \sum W_{ij} \times Z_j$，式中，$Z_i$ 是 x_i 的标准化 Z 值，W_{ij} 为行表转化矩阵，从而 $\sum W_{ij} \times Z_j$ 实际上表示取样方单元 i 周边各样方单元标准化 Z 值的比例。借助于 ArcGIS 软件，计算不同样方单元尺度下东北地区上市公司的局部 Moran's I，对其进行标准化处理后，发现位于哈尔滨市、长春市、沈阳市、大连市、鞍山市及辽东湾内部一些小区域上市公司样方密度与周边地区明显不同。其中，辽宁省的大连市、沈阳市、鞍山市、锦州市、盘锦市、营口市上市公司密度较高且相互邻近，呈现出高高相邻的极强的空间正相关关系，而三个样方中由于大连市上市公司密度最高，沈阳市次之，鞍山市最低，所以在大连市处样方单元的值最高。同时，哈尔滨市的 Z 值绝对值很高且为负值，样方单元上市公司密度最小的为 0，说明哈尔滨市上市公司密度与周围样方单元具有极强的差异性，呈负相关关系。相对而言，长春市附近存在上市公司密度较大的样方（在吉林市附近），且 x 值为 0 的样方单元少，故其负相关程度要比哈尔滨市低。

进一步，采用 Jenks 最佳自然断裂法，通过对 Z 值进行划分，可以发现哈尔滨市、长春市、沈阳市、大连市位置的样方呈现极强的空间正相关。而 Z 值为负的样方则分布在两个较大的区域内，绝对值较大的区域围绕正值最大的哈尔滨市、长春市、沈阳市、大连市四个中心位置分布[①]，上市公司在这些地方的空间分布表现出极端的聚集性。而吉林省和黑龙江省边缘和以北离中心位置较远，虽然也表现出空间负相关，但没有前者强度强。

（3）热点分析

作为识别不同空间位置上的热点与冷点区的空间分析方法，通过计算 Getis-Ord G_i^* 统计量，可以确切地知道东北地区上市公司在空间上发生聚类的位置。其中，Getis-Ord G_i^* 的计算公式为：

$$G_i^*(d) = \frac{\sum_{j}^{n} w_{ij}(d) x_j}{\sum_{j}^{n} x_j}$$

为了便于理解和比较，对 $G_i^*(d)$ 进行标准化处理后得到：

---

① 由于这些地方样方密度为 0 或接近于 0，略微小于平均数，所以标准化 Z_i 值为很小的负值，而中心位置对这些样方的影响很大，很大的 Z_j 乘以负的 Z_i 得到极大的负值。

$$Z(G_i^*(d)) = \frac{G_i^*(d) - E(G_i^*(d))}{\sqrt{\mathrm{Var}(G_i^*(d))}}$$

如果 $G_i^*(d)$ 为正值,且显著,则表明位置 i 周围上市公司密度分布值较高,属于高值空间集聚,反映出该时间段内上市公司集聚强或多,即为上市公司集聚热点区;反之,如果 $G_i^*(d)$ 为负值,且显著,则表明位置 i 周围上市公司密度分布值相对较低,属于低值空间集聚,反映出该时间段内上市公司集聚弱或少,即为上市公司集聚冷点区。$G_i^*(d)$ 统计量标准化 Z 值的含义具体如表 4-15 所示。

表 4-15　$G_i^*(d)$ 统计量标准化 Z 值的含义

情形	$Z(G_i^*(d))$
高高相邻	较大的正值
高中相邻	中等大小的正值
中中相邻	0
随机	0
高低相邻	负值
中低相邻	中等大小的负值
低低相邻	绝对值较大的负值

通过计算东北地区上市公司 Z 值分布之后,发现东北地区上市公司的热点区分布在哈尔滨市、长春市、沈阳市、大连市这四个位置,属于高值集聚,说明在这一时段内这几个位置上市公司集聚强度强。在锦州市、营口市两个位置上市公司集聚程度相对较强,属于上市公司分布的次热点区。而上市公司分布的冷点区则位于吉林省和黑龙江省北部和边缘地带,尤其是受地理位置和交通条件的影响,在黑龙江省北部存在大片冷点区,热度指数最低。因此,东北地区上市公司热度指数分布格局整体上呈现圈层模式,中心城市位于圈层中心,热度指数高,是上市公司分布的热点区,周围热度指数低,从中心到外围,上市公司分布的趋向程度急剧降低。

上市公司对东北地区空间格局的影响,不仅表现在上市公司本身,而且其子公司的地区分布亦会对东北地区空间格局产生一定的影响。基于此,本书进一步从 2012 年东北地区 135 家上市公司的子公司数据展开,分析其对东北地区空间格局的影响。其中上市公司子公司数据是根据各上市公司 2012 年年报并按如下步骤整理得到:首先,整理出该上市公司所拥有的子公司的相关资料;其次,按照子公司的注册地址,剔除注册地不在东北地区的子公司;最后,得出 135 家上市公司所拥有的注册地在东北地区的子公司共 1049 家。由于上市公司能查到具体位置,故可以建立空间坐标系统,并以此为依据进行空间格局分析。虽然上市公司子公司只能具体到地级市,但其数量庞大,数据仍具说服力。

从东北地区上市公司子公司的数量分布来看,与上市公司的不均衡分布类似,50%以上的企业在辽宁省分布,吉林省和黑龙江省上市公司子公司数量则略显欠缺(具体如表 4-16 所示)。另外,上市公司子公司亦主要分布在省会城市和沿海城市,在大连市、沈阳市、长春市、哈尔滨市四个城市中上市公司子公司所占比例也已达到 67.01%(具体如表 4-17 所示)。同样,以 ArcGIS 软件作为分析工具,对上市公司子公司空间分布密度进行探讨后发现,东北地区上市公司及其子公司具有一致的空间分布格局,大连、沈阳市、长春市、哈尔滨市是上市公司子公司分布的热点地区,而相对省会城市的腹地地区上市公司子公司分布密度则较低,尤其是黑龙江和吉林两省西部及北部出现了 0 分布,整体亦呈现出了中部凸起、两侧较低的东西分布格局和南高北低的南北分布格局。上市公司子公司在东北地区空间分布的不均衡性通过密度—频数分布图表现得更为直观,具体如图 4-13 所示。

表 4-16　东北地区各省上市公司子公司数量分布

	辽宁省	吉林省	黑龙江省
数量/家	553	262	234
百分比/%	52.72	24.98	22.31

表 4-17　东北各地区上市公司子公司数量分布

地区	百分比/%	地区	百分比/%	地区	百分比/%	地区	百分比/%
沈阳	16.97	辽阳	0.19	通化	2.10	双鸭山	0.48
大连	22.78	盘锦	0.29	白山	0.29	大庆	1.53
鞍山	1.33	铁岭	1.24	松原	0.29	伊春	0.10
抚顺	1.43	朝阳	0.74	白城	0.86	佳木斯	0.95
本溪	0.38	葫芦岛	0.86	延边州	3.05	七台河	1.33
丹东	1.81	长春	14.01	哈尔滨	13.25	牡丹江	0.86
锦州	2.67	吉林	3.43	齐齐哈尔	0.38	黑河	0.67
营口	1.14	四平	0.38	鸡西	0.86	绥化	1.62
阜新	0.86	辽源	0.57	鹤岗	0.29	大兴安岭	0.00

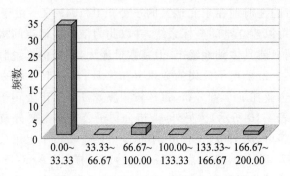

图 4-13　上市公司子公司密度-频数分布

　　鉴于通过上市公司年报只能获得其子公司具体到地市级的位置,因此我们只能以各地级市为分析单元,以各地级市子公司密度为分析变量,对东北地区上市公司子公司的空间分布格局展开分析。借鉴熊友云等(2009)的研究成果,我们采取数量生态学领域的分布格局理论来分析上市公司子公司在东北地区的分布[284]。按照该理论,如果上市子公司服从 Poisson 分布,那么方差就会等于均值,即 $s^2 = \mu$。对于上市公司子公司而言,如果 $s^2 = \mu$,则服从随机分布;如果 $s^2 > \mu$,则服从聚集分布;如果 $s^2 < \mu$,则服从均匀分布。本文以聚集指数 G 表示上市子公司在东北地区的分布格局。其中,$G = \dfrac{s^2}{\bar{x}}, t = \dfrac{G-1}{\sqrt{\dfrac{2}{n-1}}}$,式中,$s^2$ 表示东北地区各地级市上市公司子公司数量的方差,$\bar{x}$ 表示均值。G 表示东北地区上市子公司布局偏离随机分布的程度,在通过显著性 t 值检验的前提下,t 值越大,则聚集程度越高。其中 n 表示地级市数量。通过计算得到 $G = 103.31, t = 30961.88$,可见,上市公司子公司在东北地区的分布属于集聚模式,而且呈现出极端集聚的趋势。

　　进一步采用热点分析法,对东北地区上市公司子公司的极端集聚态势进行衡量后发现,与东北地区上市公司的空间分布格局基本上趋于一致,上市公司子公司亦都主要分布在大连市、长春市、沈阳市、哈尔滨市四个中心城市,且在这四个地区具有极高的聚集性,而且这种集聚会引起更大的集聚。除此之外,吉林市、通化市、鞍山市、锦州市、营口市也是上市公司及其子公司聚集相对较强的区域。就差异性来说,上市公司样方分析在中心地域和周围地域形成负空间自相关区域,而子公司在中心城市会形成负空间自相关区域,这一方面反映出东北地区上市公司及其子公司的空间分布存在极端聚集性,另一方面也说明东北地区上市公司及其子公司在中心城市的分布与其周边地域的分布存在巨大的差异性。

（三）东北地区上市公司空间分布与经济发展格局的一致性分析

通过本书的研究可以发现，东北地区上市公司空间分布与经济发展格局均呈现出显著的空间集聚性，且在集聚与分散的空间格局上存在一定的一致性。表现为，首先，就东北地区经济发展的空间格局来看，东北地区经济发展呈现出以哈尔滨市、长春市、沈阳市、大连市四大城市为核心，以哈大铁路线为主轴，贯穿哈大齐城市群、吉林中部城市群、辽中南城市群的空间分布格局。其中，辽中南城市群是东北地区经济发展的核心区域，哈大齐城市群、长春市、吉林市等中部城市则处于次核心区域。

其次，就东北地区上市公司的空间分布格局来看，北起哈尔滨市南到大连市的哈大铁路线贯穿了东北地区上市公司数量最多的大连、哈尔滨，以及分布数量次之的沈阳市和长春市等一批重要的区域中心城市；以哈尔滨市为中心的哈大齐城市群、以长春为中心的长吉城市群，以沈阳市、大连为中心的辽中南城市群以及辽宁沿海经济带成为东北地区上市公司空间分布的四个主要集聚带。就东西格局来看，东北地区上市公司空间分布则呈现出中部凸起，两侧较低的分布格局。即中部哈大铁路沿线，除四平和铁岭之外，其他地级市上市公司分布密度都比较高，而东西两侧总体比较低。从南北格局来看，东北地区上市公司空间分布则呈现出南高北低分布格局。上市公司分布密度高的地级市大部分位于东北地区南部辽中南和辽宁沿海经济带地区，尤其是大连市，作为东北地区对外开放的门户城市，在东北地区的经济地位显著，亦受到上市公司选址的倾慕，大量上市公司在大连市落户的同时，带动了辽宁沿海带上市公司的发展。

同时，就东北地区上市公司子公司的空间分布格局来看，与上市公司的空间分布格局相比，其空间分布在"点-轴"式整体格局的基础上，开始呈现出网络化的发展趋势。这种网络化的发展趋势在以沈阳市、大连市为中心的辽中南地区表现尤为突出，东北地区上市公司子公司的空间网络化分布格局正在形成。具体来看，与上市公司的空间分布格局相比，东北地区上市公司子公司在以哈大经济隆起带为主轴所贯穿的哈尔滨都市圈、长吉城市群、辽中南城市群以及辽宁沿海经济带中呈现出均质化分布，除在大连市具有较高的分布密度之外，其在沈阳市、长春市和哈尔滨市的分布密度优势已经开始淡化，即明显的中心城市在东北地区上市公司子公司的区域发展中发挥的作用开始减弱，上市公司子公司在东北地区空间分布上开始呈现出均衡发展态势，向空间网络化分布格局转变。东北地区上市公司子公司空间网络化分布格局的形成，对于东北地区经济的协调发展将起到至关重要的作用。

然而，必须注意到，与东北地区经济发展的空间格局相比，上市公司及其子公司空间分布的极端聚集性以及中心城市分布与其周边地域分布的巨大差异性表现得更加淋漓尽致。黑龙江和吉林两省西部及北部不仅出现了大量的上市公司0分布地区,而且在东北地区经济发展的哈大齐主轴线上亦出现了上市公司空间分布的断裂地带,即包括处于哈大铁路线中下段的四平市和铁岭市,以及位于辽中南城市群东部的抚顺市、本溪市和丹东市。

东北地区上市公司的空间分布格局是在经济发展水平、区域市场活力、宏观政策规划、技术创新水平、基础设施条件、地理区位优势以及要素资源禀赋等多种因素综合作用下的结果。作为区域内优秀企业的典型代表,在先进经营理念、卓越管理方法和高端智囊团的协助下,在对利润最大化的不断追求下,上市公司必然选择对自身生产经营最有利的区位。大连市、沈阳市、长春市、哈尔滨市作为东北地区经济发展的核心城市,集市场活力、政策支持、高校研发资源、配套基础设施于一身,不仅是东北地区经济发展中的佼佼者,也不可避免地会成为上市公司落址和发展的首选区位。尤其是地区生产总值作为衡量区域经济发展水平的最常用指标,同时也反映了区域的市场潜力、基础设施、人力技术资源等区域环境的优劣。因此,以人均GDP和经济发展相对速率为解释变量的东北地区经济发展空间格局必然与上市公司分布的空间格局呈现出显著的一致性。在此背景下,基于东北地区上市公司区域差异分析的区域空间格局优化,就成为促进东北地区经济发展的关键内容。

四、本章小结

本章从区域经济增长、区域产业结构调整和区域空间格局三个方面展开,借助EViews和ArcGIS软件,运用实证研究方法,探讨了上市公司在东北地区经济发展中扮演的角色和发挥的作用,从实践层面上,为通过发展上市公司促进东北地区经济繁荣提供经验数据支持。

首先,借鉴收入法核算体系下GDP的计算方法,测算东北地区上市公司总产值,发现随着东北地区上市公司的快速发展,上市公司对东北地区经济增长的贡献日益显著。在此基础上,对东北地区上市公司发展与区域经济增长关系进行实证检验后发现,上市公司发展与区域经济增长存在一个长期、动态的互动关系,即上市公司的总市值、总产值和规模能够显著促进东北地区经济增长,而上市公司资金筹集额和数量与东北地区经济增长则呈现出反向的变动趋势。与此同时,东北地区各省上市公司对该省经济增长促进作用的发挥在与东北地区整体趋势保持一致的同时,又呈现出一定的差异性。

其次,立足于东北地区产业结构发展现状,发现东北地区上市公司产业分布状况与东北地区产业结构趋于一致,均呈现出以第二产业为主、第三产业稳定发展、第一产业比重最低的产业分布格局。在此基础上,对东北地区上市公司发展与区域产业结构优化进行实证检验后发现,东北地区上市公司资金筹集规模、产值规模、市场规模的扩大能够促进当地产业结构的优化升级,但是这种促进作用在各省层面上又表现出一定的差异性。

最后,通过对东北地区上市公司及其子公司的空间分布格局分析,可以发现二者的空间分布格局基本上趋于一致,都主要分布在大连市、长春市、沈阳市、哈尔滨市四个中心城市,且在这四个地区具有极高的聚集性。除此之外,吉林市、通化市、鞍山市、锦州市、营口市也是上市公司及其子公司聚集相对较强的区域。从东西格局来看,东北地区上市公司及其子公司空间分布则呈现出中部凸起、两侧较低的分布格局;从南北格局来看,则呈现出南高北低分布格局。上市公司及其子公司的空间分布从整体格局上与东北地区经济发展格局呈现出一定的一致性,基于东北地区上市公司区域差异分析的区域空间格局优化,就成为促进东北地区经济发展的关键内容。

第五章　发展上市公司繁荣东北经济的政策建议

　　通过考察东北地区上市公司对区域经济发展的影响,发现上市公司凭借显著的资金筹集、人才吸引、技术和管理创新优势在东北地区经济增长、产业结构升级以及空间结构优化中扮演了至关重要的角色,发挥着举足轻重的作用。因此,通过大力培育和发展上市公司,以达到依托高质量上市公司繁荣东北经济目标的实现,不失为振兴东北经济的良策。然而,就目前东北地区上市公司来看,无论在数量上还是质量上都存在一定的不足。尤其与经济发达的江浙地区相比,东北地区上市公司板块分布不合理、地区分布不均衡、经营质量不突出、国有经济占主导的发展滞后性表现得更为突出。上市公司数量与规模的发展欠缺,行业与产业分布的不合理,经营状况的不理想以及空间分布的高度集聚性,必然会成为制约其促进东北地区经济发展作用发挥的桎梏。

　　因此,要想更好地发挥上市公司对东北地区经济发展的带动作用,就必须从上市公司的数量和质量入手,大力发展上市公司,借助产业传导机制,寻求依托高质量上市公司促进东北地区经济发展的新方法。发展上市公司繁荣东北经济是一个系统、动态的工程,除了上市公司自身努力之外,还必须依靠市场的引导和政府相关政策的支持。只有在上市公司和政府的共同努力下,上市公司才能取得长久的发展,通过发展上市公司振兴东北经济的目标才能实现。

一、引导和培育优势企业上市服务区域经济

　　上市公司数量的多寡既是一个地区经济发展水平高低的反映,也是影响地区经济快速发展的重要因素。目前东北地区上市公司数量偏少的现状无疑成为上市公司促进区域经济发展作用发挥的绊脚石,加大力度培养上市后备企业,积

极引导优势企业上市,以扩充东北地区上市公司数量,服务区域经济,就成为东北地区各省政府的首要任务。

早在 2006 年,吉林省政府就出台了《吉林省人民政府批转省上市办关于加快资本市场培育和发展指导意见的通知》,致力于对后备企业提供资金、政策、配套、中介支持以实现上市目的;到 2008 年,辽宁省政府出台了《辽宁省人民政府关于加快推进企业上市工作的实施意见》,力争在今后 5 年里,通过政策扶持、引导促进和协调服务,在企业上市、辅导报批和改制培育方面取得突破,使得全省上市公司数量和融资额度达到东部沿海发达省份的平均水平;黑龙江省政府亦不落后,2009 年发布了《黑龙江省人民政府办公厅关于建立黑龙江省企业上市工作联席会议制度的通知》,以推进本省企业的上市进程。虽然东北三省各省政府针对企业上市培育采取了一系列的措施,但是效果却不尽人意,与全国上市公司平均水平相比,目前东北地区上市公司在数量上仍显不足。

企业上市培育是一个系统、动态的工程,必须整合政府、企业、金融、保险等资源和要素,以资本市场为纽带,重视政府强势推动与市场化机制的有机结合,通过社会各界通力合作,不断探索为后备企业提供上市服务与支持的最佳途径。

首先,东北地区各省政府必须转变思想,破除部门权力化和利益化的偏差,认识到企业上市对地方经济的贡献,真正为促进发展铺路搭桥,为引导和培育优势企业上市服务。尤其要以中小企业板和创业板为契机,以《国务院关于进一步促进中小企业发展的若干意见》为政策指引,在推进本地民营经济发展的同时,大力促进中小企业上市。中小企业对区域经济的发展具有举足轻重的作用,但是由于规模、资源、融资等因素的限制,仅依靠自身的力量中小企业很难有机会发展壮大,因此,东北地区各省政府必须转变思想,制定各项政策以帮助中小企业解决发展中的关键问题,加强对中小企业的扶持力度。

其次,要明确界定企业上市培育的主体范围。我国对上市公司在主体资格、经营活动、治理结构、内部控制、财务制度等方面都有一定的要求。企业在上市准备工作的最初阶段要从自身的主体资格、经营活动是否满足欲上市版块的特殊要求、企业主营业务的竞争力和在未来持续增长的能力、公司组织结构、业务流程等是否有不合理的地方或者存在缺陷等方面进行自我剖析和调查,企业只有清楚自身的优势、劣势,认知自己、认知上市,才能够使改制后的组织结构满足未来企业保持持续盈利能力的需要。东北地区各省政府在进行企业上市培育时,必须要有针对性,培育对象要能基本满足上市条件,政府可以采用实地考察和企业报名的形式,建立后备企业信息资源库,重点培育够条件的企业,时刻关注有潜力的企业,长期服务和规范基础相对较差的企业,预选一批,培育一批,上市一批,储备一批,长期规划,坚持不懈地实行分类指导,实施梯度培育和动态管理制度。当然,企业上市培育主体的选择,一定要以企业强烈的上市需求为前提。

再次,东北地区各省政府必须整合资金、人才、信息、市场、技术等资源,与金融机构、风险与创业投资机构以及证券、产权交易、资产评估、会计、法律、咨询等中介机构建立沟通协调机制,按照"企业为主、政府推动、中介尽责"的原则,形成上市企业培育的联动工作机制,构建东北地区企业改制上市的良好格局。仅仅凭借自身以及政府的培育,企业上市仍缺乏技术支持,这就需要引入除了企业以及政府之外的第三方力量的专业支持。尤其在技术创新方面,单凭企业自身的力量进行研发获得成功的可能性较小,若能够与科研机构、高校等进行合作则可凭借科研机构人才的专业性解决企业创新中的技术问题,使企业尤其是中小企业能够更加顺利迈进创新型、高成长性企业的门槛,为企业上市创造技术优势。

最后,东北地区要多向东南沿海省份学习,他山之石,可以攻玉,要学习借鉴其他省份的成功经验,结合本地区实情,融会贯通,为我所用。如广东省成立的"重点企业直通车服务联席会议制度"、上海市推出的"中小企业上市工作联席会议"制度以及浙江省建立的"省、地市、县区培育工作联动机制"。通过学习经济发达省份的先进经验,更好的协调金融办、发改委、工信厅、税务局、工商局、证监局、保监局、银监局等多个单位及部门在企业上市培育工作中的相互关系,协调解决企业上市培育工作中的矛盾和问题,实现各相关单位及部门密切配合、整体联动的合力态势,为东北地区企业上市培育的顺利完成助力。

二、规范上市公司经营运作提高上市公司质量

规范的经营运作代表着上市公司在资本市场上的形象,也是上市公司做大做强的基础。规范上市公司经营运作,就是指上市公司在生产经营过程中要遵守国家相关法律法规和方针政策,按照市场运行规律,组织协调各个生产要素,进行有效的生产管理。规范上市公司经营运作,涉及上市公司组织结构、战略目标、信息传递、监督激励、企业文化等多个方面。然而,作为东北地区上市公司形成的主流形式,由中央或地方国资委独资或授权经营的国有企业(母公司)分离出部分优质资产进入上市公司,必然会带来产权界定和权责分配上的混乱以及管理思想的僵化。这会致使公司治理无效、信息披露不规范、风险控制能力欠缺等问题在东北地区上市公司中普遍存在。因此,政府要想提高上市公司质量,达到依托高质量上市公司繁荣东北经济目标的实现,就必须采取多种手段不断规范上市公司的经营运作。

第一，要完善东北地区上市公司的公司治理结构。公司治理结构是现代企业制度的重要标志，是依据企业产权关系在股东、经营者以及其他利益相关者之间建立起来的权力制衡机制[285]，是保证公司决策科学化，维护公司各方面利益的一种制度安排。完善公司治理结构，对提高东北地区上市公司质量具有重要的意义。然而，合理的公司治理结构需要通过公司股东大会、董事会和监事会协同合作的决策机制、激励机制和监督约束机制来发挥作用。因此，要完善东北地区上市公司的公司治理结构，就需要从改善股权结构、加大激励力度、完善监督约束机制三个方面入手。

首先，改善东北上市公司的股权结构，以保证其决策机制能够发挥应有的作用。从广义上来讲，股权结构包括股权属性、股权集中度及其制衡度等方面的问题。自贝利与米恩斯的经典论著《现代公司与私有产权》于 1932 年问世以来，企业的股权结构在公司治理中的效率问题就成为公司治理研究领域长盛不衰的焦点问题之一。按照"终极产权论"的观点，我国上市公司可以分为国有与非国有，在我国国有上市公司中"所有者缺位"和"内部人控制"现象尤为普遍，东北地区国有上市公司占主导的分布格局，势必不能独善其身，"所有者缺位"和"内部人控制"等问题长期困扰着东北地区上市公司的经营运作，要想弱化国有股对上市公司绩效的负面影响，一方面，应该从优化股权结构入手，培育或引入机构投资者，发挥机构法人股的积极作用。通过发挥机构投资者在公司治理中的监管作用，以减少管理层的机会主义行为，提高上市公司的经营绩效。

另一方面，需要通过稀释大股东股权使公司股权均衡化，最终改变"一股独大"的股权分布现状，实现股权制衡的治理结构。而对大股东股权的稀释，亦需要重视机构投资者的作用。正如肖星、王琨（2005）的研究成果显示，在我国，机构投资者能改变上市公司的股权结构，能凭借其持有的股权对大股东和管理层的行为进行监督，还能通过改善公司内部治理机制来提高公司治理水平，如聘用外部独立董事以改变董事会的结构和治理效率等[286]。机构投资者已经参与了上市公司的公司治理，已经能够对上市公司的经营运作产生一定的监督作用。因此，要完善东北地区上市公司的公司治理结构，就必须重视机构投资者的作用。

其次，加大股权激励力度，提高管理层持股比例，将管理层的利益同股东利益和公司利益相联系，只有这样他们才能为公司的发展竭尽全力。按照现代企业制度建立起来的上市公司，必然面临着由企业所有权与经营权分离而产生的

"管理层控制"的局面。股权激励①作为一种有效解决企业委托代理问题的长期激励机制,早在 20 世纪 80 年代就已经在西方企业中广泛应用,目前,股权激励制度在纠正管理层风险偏好,改善企业经营管理,增加企业价值方面取得了极大的成功,并得到了理论界与实务界的一致认可。如黄洁、蔡根女(2009)的研究成果显示股权激励对于提升上市公司经营业绩具有明显的积极作用,尤其在成长性好的上市公司中实施股权激励将有利于纠正管理层的短期行为[287];李春玲、张好圆(2014)立足于 2008 年以前上市的全部民营企业数据,研究了公司业绩与激励偏好之间的关系,发现加大对管理层的股权激励力度有助于提高民营上市公司业绩[288]。

可见,通过加大股权激励力度,提高管理层持股比例,不失为完善东北地区上市公司的公司治理结构,提高上市公司经营业绩的有效手段。但是需要注意的是,股权激励作用的有效发挥,必须要以完善的职业经理人市场、良好的经理人选拔机制为前提,然而在东北地区国有上市公司占支配地位的情况下,上市公司的管理层大多是由政府提名或主管部门任命产生的,这种现状与市场配置人力资源背道而驰。因此,充分发挥经理人市场的功能,完善公司制企业委托代理机制,对经理人的任期、责权利等建立明确而又严格的契约规定,为股权激励制度的顺利实施提供组织保证,是当前东北地区上市公司发展的紧迫任务。

最后,通过完善独立董事与监事会制度、建立审计委员会和内部审计机构来完善上市公司的监督约束机制,使上市公司的一切生产经营活动都处于透明和可控的状态。按照现代企业制度建立起来的上市公司,企业经营权和所有权相分离,容易导致逆向选择和道德风险行为的代理问题,一方面需要以股权激励为代表的激励机制从正面来引导和协调管理层与股东之前的利益冲突,另一方面则需要上市公司内部的独立董事、监事会、审计委员会以及内部审计机构等监督机构,发挥反向作用,对管理层和企业进行有效监督,提高上市公司治理效率。只有形成股权激励与监督约束的良性互补、动态循环,才能不断完善东北地区上市公司的经营管理,提升上市公司的经营业绩。

目前我国包括《公司法》、《上市公司治理准则》、《关于在上市公司建立独立董事制度的指导意见》在内的众多法律法规对董事会、独立董事、监事会、审计委员会以及内部审计机构的组织地位、人员配备、职责划分等具有明确的硬性规

---

① 所谓股权激励,是指上市公司所有者通过授予管理层一定数量的股权,使其以股东的身份参与企业决策、分享利润、承担风险,从而勤勉尽责地为公司的长期发展服务。股权激励制度,是在公司所有权与经营权分离,上市公司所有者不能对经营者的工作努力程度进行有效监督的情况下,为了鼓励经营者尽职尽责,将公司长期利益与短期利益结合一致,以创造最大化的股东权益,而给予经营者超过其报酬或年薪以外的奖励的一种激励制度,具体包括股票期权、员工持股和管理层收购。

定。纵观东北地区上市公司，表面上各机构的设置均已符合了相关法律规定，然而实际落实又如何呢？仅以吉林省上市公司中内部审计工作组织发展现状来看，刘怡芳、吴国萍(2016)通过问卷调查后发现，虽然吉林省上市公司内部审计机构在隶属层次、人员配置、章程设置方面完全符合相关法律法规的要求，但是内部审计机构高管层和董事会双重领导比例较低，机构规模较小，部分上市公司缺失具体内部审计程序手册，内部审计监督约束作用的发挥还有待提升[289]。可见，对于东北地区上市公司来说，如何将制度"从墙上请下来"，落到实处，是东北地区上市公司需要重点解决的问题。

第二，要加强东北地区上市公司的诚信建设。"诚，信也；信，诚也。"诚信是为人之本，是人与人之间所要遵循的基本道德规范，是社会最基本的伦理价值，诚信亦是上市公司生存和发展的基石，是上市公司在资本市场与产品市场中获得持久竞争力的必要保证。只有做到诚信，上市公司才能在经营合作中得到合作伙伴的信任，在市场竞争中得到市场与消费者的认可和竞争对手的尊重。对于东北地区上市公司来说，在诚信建设方面除了要加强质量管理、向消费者提供优质产品和服务，与产业供应链上下游企业充分沟通保护各方权益，以人为本维护员工各项利益，立足于市场维护市场竞争秩序，承担社会责任保护生态自然环境之外，更要保证上市公司的信息披露质量，杜绝弄虚作假，给广大投资者一个真实的上市公司。

上市公司信息披露是资本市场发展到一定阶段的产物，是上市公司为保障投资者利益，接受社会公众监督，而将财务信息、经营信息等对外披露的制度安排，也是上市公司优化区域资源空间配置的重要手段。我国证券市场发展20多年来，每一次上市公司信息披露违规案的曝光，都会引起市场参与者对上市公司的信任危机，都会给中国股市带来巨大的震荡。这无疑也向我们敲醒了警钟，一个缺乏诚信基础的市场是难以健康有序运行的，各市场参与方也必将为此付出沉重的代价。东北地区上市公司必须要加强诚信建设，积极建立健全上市公司的诚信自律和诚信监管机制，保证信息披露的真实性、准确性和完整性，防止类似吉林敖东、延边公路、紫鑫药业等信息披露违规事件的再次发生，树立东北地区上市公司在资本市场中的良好形象，以获得市场中广大消费者、投资者的青睐。

就加强东北地区上市公司诚信自律来看，上市公司应该将诚信建设与企业文化建设相结合，积极塑造上市公司内部的诚信价值观，由"合法、合规"向"合情、合理"发展。强化独立董事、中小股东对信息披露的知情权，设立诸如企业诚信建设策略委员会，对上市公司诚信建设与信息披露现状进行自我监督与自我评价。与此同时，上市公司需要重视投资者关系建设，在把握市场动态的前提下,积极密切探索投资者关系的渠道,加强与投资者的沟通交流,主动回应投资者的各项要求,以取得投资者的理解和信任。就加强上市公司诚信监管来看,要推进上市公司行业协会对诚信的自律,通过行业的内部自律约束加以规范上市公司信息披露行为,特别要注重引导上市公司对失信行为的主动修复。要强化新闻舆论对诚信的监督,对失信企业与失信行为进行曝光。东北地区各省政府相关部门,特别是各地证监局应该加大对上市公司信息披露违规的审查力度,加强对上市公司信息披露的日常监管,一旦发现信息披露违规行为,就要通过法律途径,对信息披露违规的上市公司及高管人员提起民事或刑事诉讼,追究其法律责任,同时将其信息披露违规行为和受处罚情况记入诚信档案,公布于众,利用舆论压力来遏制上市公司信息披露违规行为的再次发生,实现对上市公司信息披露违规行为的严惩不贷[290]。

第三,要提高东北地区上市公司的风险应对能力。上市公司在生产经营过程中,不可避免会遇到类似投资风险、经营风险、财务风险、技术风险、外汇风险、法律风险等各种各样的风险,尤其是面对日益激烈的国内外竞争环境,加之全球金融危机带来的不利影响,上市公司如何识别和应对风险已成为其经营运作过程中首先要解决的问题。内部控制作为一套防止和管理风险、提高运营效率和效果、确保财务报告可靠性、保证企业战略目标实现和维护投资者利益的风险管理控制体系,对上市公司持续、健康发展具有重要的意义。

我国自2006年成立内部控制标准委员会以来,一直致力于建立一套以防范风险和控制舞弊为中心,以控制标准和评价标准为主体,结构合理、内容完整、方法科学的内部控制体系[291]。2008年《企业内部控制基本规范》连同2010年《企业内部控制配套指引》的相继发布与实施,标志着我国"应用+评价+审计"模式的内部控制法制化体系已初步形成。自2012年1月1日起,内部控制基本规范及配套指引将在上市公司全面实施,这不仅对上市公司全面提升经营管理水平和风险防范能力具有重要的理论价值与现实意义,也对上市公司全面建设内部控制体系提高风险防范能力提出了新的挑战。东北地区上市公司应该以此为契机,对内部控制制度建设进行全面梳理,以完善的控制环境为基础,以信息传递和有效沟通为保障,识别、分析和规避与企业目标相关的风险,对风险采取必要的措施予以控制,通过发挥监督与审计作用,保障上市公司生产经营目标的实现。

具体来看,内部控制环境是上市公司实施内部控制的基础,直接关系着上市公司战略和目标的制定,业务活动的组织,对风险的识别、评估和反应,同时也会影响上市公司控制活动、信息与沟通以及内部监督的设计和执行。内部控制环境的完善需要从风险意识培养、治理结构完善、员工素质提升、实施流程再造等方面入手。信息传递和有效沟通是上市公司实施内部控制的保障,东北地区上市公司应该从内部信息收集、信息处理与信息传递三个方面不断完善企业信息网络。分别通过改善上下级关系与部门间关系,激发沟通意愿,通过提高员工之间的信任度构建良好的企业沟通氛围,以行之有效的沟通规范及流程来指导沟通活动的开展,并通过信息反馈不断优化沟通渠道加强沟通信息管控,只有这样,才能实现对各种潜在风险的实时监控。识别、分析和规避与企业目标相关的风险,对风险采取必要的措施予以控制,离不开上市公司审计与监督部门的职能发挥。尤其要重视内部审计在内部控制中的作用发挥,要不断完善内部审计机构的独立性,提高内部审计人员的素质,确保内部审计人员及机构的权威性。同时上市公司也可以建立举报管理、监督投诉制度,考虑设立举报热线,完善举报处理程序,规定办理时限与办理要求,确保形成合理有效的企业内部监督与控制途径。

三、提高上市公司自主创新能力实现区域产业转型

所谓产业转型,从宏观角度来看,是指一个国家或地区,为适应经济、科技等发展现状,顺应未来发展趋势,通过采取一定的产业、财政金融等政策措施,对其现存产业结构进行直接或间接的调整,实现产业在结构、规模、组织和技术等多方面的转型。从微观角度来看,产业转型是指某个产业内,资源存量的再配置,也就是将资本、劳动力、技术等生产要素从传统衰退产业向新兴产业转移的过程,以实现区域内低效率产业比重的不断降低和高效率产业比重的不断提高。加快培育积极发展战略性新兴产业[①],大力发展生产性服务业[②]是未来新的经

---

① 战略性新兴产业是以重大技术突破和重大发展需求为基础,对经济社会全局和长远发展具有重大引领带动作用,知识技术密集、物质资源消耗少、成长潜力大、综合效益好的产业。2010年9月国务院审议通过《国务院关于加快培育和发展战略性新兴产业的决定》,将培育和发展以重大技术突破、重大发展需求为基础的战略性新兴产业作为未来我国产业转型的方向,同时,该决定指出结合我国基本国情和科技水平,考虑产业基础,现阶段应该选择节能环保、信息技术、生物、高端装备制造、新能源、新材料等产业,重点发展加快推进。

② 生产性服务业是指为保持工业生产过程的连续性,促进工业技术进步和产业升级,提高生产效率以提供保障服务的服务行业。生产性服务业是从制造业内部生产服务部门而独立发展起来的新兴产业,依附于制造业存在,贯穿于制造业生产的上游、中游和下游诸环节中,是与制造业直接相关的配套服务业。目前,生产性服务业已经成为西方发达国家经济结构中增长最快的部门,成为制造业和服务业加速融合的关键环节。加快发展生产性服务业,提升其现代化水平,从增加服务业供给总量优化结构以及推动需求结构改善两方面促进经济结构的调整和产业结构的优化升级,是未来我国产业的发展方向。

济增长点,是区域内产业转型的方向。

然而,培育和发展战略性新兴产业是一个复杂的系统工程,就东北地区产业发展现状来看,结构不合理、创新能力弱、发展不协调、可持续形差、资源消耗高、包容性不足等问题仍然存在。实现东北地区产业转型需要付出极大的努力,其中,企业是主体,创新是手段。实施创新驱动发展战略促进产业链由低端向高端提升的关键在于企业的自主创新能力,只有提高企业自主创新能力,使其不断发展壮大,产业才能变强;只有企业转换机制,增强内生动力,产业所存在的深层次问题、结构性矛盾才能缓解。打造一批具有自主品牌、知识产权和自主创新力的大企业,发展一批专精特深的中小企业,构建和完善以大企业骨干企业为龙头中小微企业配套服务的产业链和价值链,区域产业转型才能得以实现。上市公司作为区域内优质企业的典型代表,借助于资本市场的资金筹集功能、资源配置功能和风险分散功能,具有自主创新的压力与动力,如何促进上市公司自主创新,在追求自身发展的同时,推动区域内产业的升级换代,对区域经济的繁荣意义重大。

第一,培养上市公司自主创新意识。创新[①]的本质在于技术创新,技术创新不仅是科技成果的商业化应用,更是将科技成果与市场需求相结合以创造财富的过程。企业是市场经济的主体、是创造社会财富的主体,必然也是技术创新的主体。区域内自主创新能力的强弱是由企业决定的,提高自主创新能力的关键是提高企业自主创新能力,而创新意识则是创新的起点。就上市公司自主创新意识的培养来看,一方面,为了使上市公司认识到其在创新活动中的决策主体、投资主体、受益主体与组织主体地位[292],需要从薪酬管理上实施对创新人员倾斜的工资体系,强化创新激励机制;从文化建设上推动企业创新氛围建立学习型企业组织,培育企业创新价值观;从资源整合利用上加强与科研机构、高校、技术研发机构的横向联系,建立稳定的产学研联盟。当创新成为一种意识,当意识成为一种习惯,上市公司才有可能在技术创新上取得质的飞跃。

另一方面,上市公司要有敏锐的市场判断力,通过对市场的把握牵引创新活动的方向。市场是创新活动的出发和归宿,市场需求是创新活动的根本动力,市场实现程度是检验创新活动成功与否的最终标准。因此,上市公司必须密切关注市场动态,根据市场需求和竞争形势的变化,自主选择适合本企业发展目标的

---

① 如前文所述,熊彼特提出的"创新",是指在生产体系中引入"新的组合",即:引进新产品、新技术;开辟新市场、新客户;控制原材料新供应来源,实现新工业组织等。熊彼特进一步指出创新体系的核心是技术创新,所谓技术创新,就是指将商业价值的新思想转换成商业化产品创造价值的活动,也就是将新产品新工艺的设想,经过研究开发,实现工业化生产到市场销售整个过程中一系列活动的总和。

创新项目,并借助资本市场最大化的分散风险。除此之外,韵江、刘立(2006)的研究成果显示,企业家远见及创新精神是诱发企业创新战略成功演化最活跃的影响因子之一[293]。因此,培养上市公司自主创新意识,还需要强调上市公司中的企业家精神对自主创新的积极推动作用,将企业家的创新精神与上市公司内部的创新文化紧密衔接,激发出上市公司由上至下的创新意识,通过自主创新不断迈向新的技术高峰,实现和巩固上市公司在区域产业内的龙头地位和引导作用,不断促进区域产业升级。

第二,强化上市公司创新执行能力。自主创新意识的培养固然重要,但行动才是关键,企业从创新意识到创新成果的实现,与企业的创新执行力息息相关。上市公司作为公众公司为保持良好的经营势头,获得稳定的市场份额,有动力把创新作为利益最大化的手段,同时,上市公司雄厚的资本实力、充裕的资金来源又为技术创新提供了物质保障。但是,企业自主创新是一个复杂的动态累积过程,从突破型创新到集成型创新,从核心技术到动态能力,企业创新能力形成的过程并不是时间序列上简单的承接过渡,而是一种战略层次的累积跃升,过程之漫长,困难之重重,某些创新的失败,甚至会招致破产之灾。在如此不确定性下强调和激发上市公司的创新执行力,不仅需要上市公司自身长期对研发、人才以及学习机制的投资与关注,更需要企业外部技术环境因素与政策因素的支持[294]。

企业外部技术环境因素,主要是指知识产权保护、产学研创新联盟和技术标准等,只有营造良好的技术环境因素、完善知识产权等服务体系,通过产学研创新联盟将企业对市场需求的把握优势与科研机构、高校的研发资源优势结合起来,最大程度地整合利用外部技术环境因素,才能调动上市公司自主创新的积极性和主动性,保证上市公司自主创新的顺利进行。企业外部政策环境因素,主要是指通过税收抵免、创新奖励等政府补贴形式,从外部激发上市公司自主创新。对于上市公司而言,创新不仅需要大量的投入,而且要承受巨大风险,鼓励上市公司自主创新,必须保证其创新活动获得补偿和收益。区域内政府部门应该在税收方面给予自主创新上市公司一定的抵免,通过允许研发投入抵免税收、加速研发设备的折旧等方式帮助企业分担创新风险,激励企业自主创新。与此同时,还可以采取设立创新成果奖励基金,给予自主创新上市公司一定的荣誉激励,给予相关科技成果贡献者一定的精神与物质奖励。

第三,鼓励上市公司技术扩散带动产业转型。在区域经济发展道路上,为实现区域产业转型,上市公司自主创新是手段但不是最终结果,只有鼓励上市公司尝试产业链延伸与转移,通过技术扩散,带动一批专精特深的中小企业发展,构建和完善以上市公司为龙头中小微企业配套服务的产业链和价值链,区域产业转型才能得以实现。上市公司的自主创新是以承担高额的成本与风险为代价的,当然不会主动进行技术转移和技术转让,如何使上市公司的技术创新惠及整个产业,带动产业整体技术提升,实现从低效率产业向高效率产业、传统衰退产业向新兴产业的转型,除了需要相关政府部门通过一定的补偿机制鼓励上市公司技术扩散之外,还需要发挥政府信息资源优势,组织调动社会科技资源,引导和协调企业在创新活动中的分工协作,促进形成以上市公司为龙头的创新链,要求中小企业参与上市公司专业分工与协作生产,通过技术链的整体突破,处于价值链不同环节的企业都能分享创新收益,形成企业间的利益共享机制。除此之外,示范和竞争、人力资本流动、企业并购也是上市公司技术扩散带动区域技术进步的主要途径。

四、加大上市公司并购重组力度推动区域产业升级

上市公司推动区域产业结构优化升级作用的发挥,必须以上市公司自身产业结构调整为前提,只有具备良好结构和发展前景的上市公司才能为区域经济的发展贡献力量,才能加快区域产业结构优化调整的步伐。否则,产业结构低度化、企业结构散漫化的上市公司扩张只会加剧区域产业结构的失衡。就东北地区上市公司来看,其主要以制造业为主,行业覆盖面较窄,上市公司产业结构与东北地区整体经济的产业结构出现了一定程度的偏差,这种偏差在第一和第三产业中表现尤为突出。东北地区上市公司要想实现对产业结构的优化调整,就必须加大并购重组力度,积极进入到体现地区产业布局和经济发展重点的高新技术产业和服务产业之中。

作为控制权转移和产权交易的重要形式,企业并购重组是市场经济发展到一定阶段的产物,是推动产业结构优化升级、实现区域资源优化配置的重要手段,也是上市公司利用资本市场做大做强的有效途径。近年来,随着我国资本市场股权分置改革的不断推进,全流通制度下的资本市场资源配置功能进一步完善,以"调结构、兴产业"为目的的上市公司并购重组绩效显著,重组数量不断增加、交易规模不断扩大,尤其是 2008 年和 2009 年两年间,我国上市公司并购重组交易额达到 6965 亿元,资源向优势企业集中的力度加强[295]。同时需要注意的是,在我国资本市场上,由于上市条件的限制,考虑到通过正常的方式上市成本高昂,许多企业会有强烈的"买壳上市"倾向,以节省时间、节约成本,形成独具特色的"壳市场"。"壳资源"的诱导无疑催生了一些上市公司利用自己现有"已上市"的条件,不断导演"虚拟并购重组",假意卖壳,在迎合其他公司"买壳上市"

需求的同时,抬升自己的股价,并乘势减持股票中饱私囊,损害中小股东的利益。这种并购重组行为不仅不利于上市公司自身的发展,也会给资本市场的发展带来消极的影响,必须坚决杜绝。

立足东北地区上市公司来看,与全国上市公司轰轰烈烈的并购重组热潮相比,其并购重组的积极性则略显欠缺。从1992年东北地区第一家上市公司出现至2012年底,东北地区上市公司共发生13起并购重组案。其中,由东北地区本地企业向外地企业注资,利用外地上市公司"壳"资源实行资产重组,增加东北地区上市公司数量的并购重组案只有两起。同时,在东北地区上市公司并购重组中,也不乏类似2008年吉林制药并购重组失败的案例①。因此,针对东北地区上市公司并购重组积极性不高的现状,要大力推进上市公司资产重组步伐,鼓励对经营业绩差、产业发展不明确的上市公司进行优质资产的整合、重组,尤其要加大对具有先进技术的科研单位或企业的兼并和收购力度,将它们所拥有的先进技术内部化,为上市公司的发展提供技术支撑。只有这样,才能做大做强东北地区上市公司,才能实现东北地区产业结构的优化升级和东北地区经济的持续发展。

上市公司并购重组是一个由政府部门监控、中介机构服务、上市公司主导的过程,上市公司作为并购重组的实施主体,在整个并购重组过程中发挥着重要的作用。东北地区上市公司要想提高并购重组积极性,保证并购重组能够顺利进行。首先,就要对并购重组有一个正确的认识,亏损上市公司的"壳"资源价值固然重要,但是通过并购重组使企业获得新生,将推动区域经济发展的新生力量,

---

① 吉林制药股份有限公司(以下简称"吉林制药"),是经吉林省经济体制改革委员会批准,由吉林市制药厂、深圳经济特区房地产总公司、深圳投资基金管理公司三家企业法人单位采取定向募集方式设立的股份有限公司。并于1993年10月26日经中国证券监督管理委员会批准于1993年12月15日在深交所上市,股票代码为000545。自上市以来,吉林制药在业绩方面一直表现平平,急于改变面貌的吉林制药于2007年9月13日提出第一次重组方案,即公司大股东吉林金泉拟向山东龙口矿业集团出售公司20.83%的股权,以实现对公司的重组。但2007年11月16日,吉林制药公告称,已与吉林金泉解除股权转让协议。在宣布第一次重组失败的之后,吉林制药火速提出了第二次重组方案"吉林制药拟与深圳富通地产集团洽谈重组事宜"。然而,这一次重组未熬过两个月便草草结束。短短半年后,2008年7月16日,吉林制药与青海滨地钾肥集团的第三次重组在市场始料未及之时推出,吉林制药本打算借助当下流行的钾肥概念光环起死回生,却不曾料到这一次的重组也仅仅维持了4个月,最终以失败告终。2010年1月,广州无线电集团以3.17亿元的价格,从当时吉林制药第一大股东吉林金泉宝山矿业集团股份有限公司的手中,购买了吉林制药19.19%的股份,从而成为吉林制药第一大股东。随后,第一大股东广州无线电集团拟把旗下公司广电地产100%的股权注入吉林制药,此举正式宣告广州无线电集团启动对吉林制药进行重组,若重组完成,吉林制药将整体投身房地产业务。合作方广电集团作出业绩上的承诺,称会在接下来三年时间内实现净利润15.20亿元。正当双方各取所得,投资者一片看好之际,2010年10月,证监会宣布暂缓受理房地产开发企业重组申请,导致第四次重组卡壳,吉林制药也不得不向证监会申请撤回重大资产重组申请,并计划审议新的重组预案。四次重组均遭败北,吉林制药可谓屡败屡战,屡战屡败,最终鉴于公司已连续两年亏损,股票被戴上"＊ST"的帽子。

尤其是体现地区产业布局和经济发展重点的高科技、软硬件、新能源、新材料等现代制造业和服务业纳入资本市场,实现区域产业结构的优化升级才是并购重组实施的首要目的。其次,上市公司并购重组涉及资产、财务、法律等多方面的问题,是一项极为复杂的交易过程,这就要求上市公司要有充分的前期准备,选择合适的中介机构,以保证财务审计、资产评估、并购定价、方案设计以及配套融资安排等环节的顺利实施。最后,作为掌握着上市公司经营决策权和经营管理权的管理层,是上市公司并购重组的策划者、组织者和参与者,他们的意志和意愿直接左右着上市公司并购重组方案的实施,若要使东北地区上市公司并购重组良性发展,上市公司就必须建立起一套有效的监督、激励机制。谨防并坚决杜绝类似吉林制药大股东借并购重组蓄意抬高股价中饱私囊,损害中小股东利益,妨碍证券市场健康有序发展行径的发生。

五、调整上市公司分布格局优化区域空间结构

基于东北地区上市公司区域差异分析的区域空间格局优化,是促进东北地区经济发展的关键内容。上市公司空间分布格局的合理与否,直接关系到区域经济协调发展水平。虽然东北地区上市公司的空间分布格局与东北地区经济发展格局基本一致,但是其空间分布整体格局上的"点—轴"式特征,以及南高北低的分布态势,必将对东北地区上市公司的做强做大和东北经济的可持续发展带来隐患。因此,为了正确认识上市公司空间分布的区域差异,促进东北地区经济协调发展,各省政府必须采取相关措施,调整上市公司的空间分布格局,进一步实现对区域经济发展空间结构的优化。

首先,对于辽宁省来说,"沿海经济带"自规划"五点一线"①开始,就成功上升为国家战略,这无疑为辽宁省乃至东北地区加快经济发展提供了良好契机。经过近几年的开发建设,"五点一线"已成为辽宁省对外开放的一个响亮招牌,成为东北地区承接国际产业转移的最佳平台,这里集聚了大量的产业集群,形成了东北地区新的经济增长点。与经济发展格局相一致,大连市和沈阳市是东北地区上市公司分布密度最高的地区,而且在以沈阳市、大连市为中心的辽中南城市

---

① 辽宁作为东北地区唯一的沿海省份,依托渤海、黄海的临海区位优势,着力开发建设"五点一线"沿海经济带,构筑对外开放新格局。"五点一线"沿海经济带是辽宁十一五规划提出的发展战略,它由沿渤海一侧的大连长兴岛临港工业区、辽宁(营口)沿海产业基地、辽西锦州湾沿海经济区(包括锦州西海工业区和葫芦岛北港工业区)、沿黄海一侧的辽宁丹东产业园区、大连花园口经济区五大区域和一条贯通全省海岸线的滨海公路所组成。

群以及辽宁沿海经济带上,上市公司呈现出集聚分布的态势。

但是必须认识到,上市公司在铁岭市、抚顺市、本溪市、丹东市、朝阳市和阜新市各市的数量还较少,分布密度较低,如果不加大力度培育该地区上市公司数量,鼓励优势企业上市融资,则势必会对辽中南城市群的进一步发展产生影响,由沈阳市、鞍山市、抚顺市、本溪市、营口市、阜新市、辽阳市、铁岭市八市组成的沈阳新型工业化综合改革配套试验区的发展也会受到制约。尤其是对于本溪市、抚顺市等资源型城市,在实现资源型城市转型,发展高新技术产业及服务业的过程中尤其要注重发挥上市公司的作用。同时,作为东北亚经济圈与环渤海、黄海经济圈重要交汇点的丹东市,在地理位置、交通设施、物流运输方面具有得天独厚的优势,可以利用该地区的比较优势,创造有利条件,吸引其他省市上市公司入驻。

其次,对于吉林省来说,上市公司集中分布于长春市、吉林市和通化市。而作为长吉图开发开放先导区重要组成部分的延边州,只有两家上市公司,上市公司分布密度处于最低的层级,这势必对长吉图开发开放先导区发展战略的实施产生一定的影响。为了使长吉图能够切实发展成为我国沿边开发开放的重要区域,成为我国面向东北亚开放的重要门户和东北亚经济技术合作的重要平台,担当东北地区新的重要增长极,就必须对上市公司的空间布局进行调整。要在长吉图开发开放先导区布局八大新型工业基地的思想指导下,大力扶持和积极发展符合该区域产业发展政策和发展需要的上市公司,引导吉林省上市公司的空间分布向图们江地区转移。

除此之外,针对目前白城市、白山市、四平市和松原市没有上市公司的尴尬局面,吉林省政府应该以长吉图规划纲要推行为契机,整合省内优势资源,发挥地区比较优势,积极扶持和鼓励该地区优势企业上市。尤其就地处长白山核心区,生态环境优越,自然资源丰富的白山市来说,被赋予承载着长白山生态保护和绿色转型、打造东北东部经济带等重要使命。近年来,白山市坚持生态立市、产业强市,打资源牌、走特色路不动摇,经济转型、结构调整不断取得新突破,初步探索出绿色发展、生态发展、转型发展的新模式,在生态旅游、矿产新材料、医药、矿泉水、人参等绿色产业发展上已经形成一定产业基础,除了吸引类似大地远通、日本昭和、辽宁盼盼、广州恒大、农夫山泉、康师傅等一大批响当当的国际知名企业云集白山之外,还造就了一批发展态势良好的本土企业,如金豹木业、鹿鸣国际集团(矿泉水)、参美化妆品有限公司等,白山市政府应该积极鼓励优秀本土企业上市,使其成为吉林省东部绿色转型发展的重要支撑。

最后,就黑龙江省来说,该省74.19%的上市公司都分布在省会城市哈尔滨市,牡丹江市和齐齐哈尔市各有两家上市公司,而伊春市、鹤岗市、黑河市、鸡西市、双鸭山市、绥化市和大兴安岭地区根本没有上市公司,显然这种空间分布是极其不合理的。当然,我们必须认识到,在主体功能区背景下,哈大齐和牡绥地区城市带及部分县(市)是黑龙江省的重点开发区,在以优化结构、提高效益、降低消耗等作为基本原则的前提下,承担着提升产业结构、促进产业集群、培育战略新兴产业以推动经济快速并且可持续发展和加快推进城镇化进程的重任。但是作为哈大齐工业走廊重要组成部分的大庆市和齐齐哈尔市上市公司数量稀少,发展落后,这势必会对将哈大齐工业走廊建成以能源、装备、化工、汽车、食品、高新技术六大板块为主框架,构建现代产业带的发展目标产生影响。因此,黑龙江政府必须以哈大齐工业走廊建设为契机,采取政府引导,市场化运作的方式,积极引导和鼓励符合产业发展方向的装备制造业、石化工业、食品工业、医药工业、高新技术产业和现代物流业企业上市,借助资本市场更好地为哈大齐工业走廊建设提供资金、技术和管理支持。

与此同时,地理位置优越、生产条件较好的松嫩平原、三江平原和中部山区是国家的农产品主产区,而大小兴安岭森林生态功能区和长白山森林生态功能区则是国家重点生态功能区,这些地区属于黑龙江省的限制开发区域。对于农产品区应该鼓励建设农业综合开发试验区,在保护耕地的同时,加强农业基础设施的建设,以积极努力推进农业规模化水平;对于大小兴安岭和长白山地区,保护自然生态系统与重要物种栖息地的健康发展,防止生态建设导致栖息环境改变则是未来关注的重点。因此,对于这些限制开发区域工业发展并不是首要任务,现代农业和生态产业才是未来经济发展的引擎,地方政府在加大环境保护和降低城市建设强度的同时,要鼓励反映地区优势的绿色产业发展,并在产业发展壮大的过程中,不断提高本地企业的竞争力,培育优势企业上市。可见,黑龙江省经济的发展未来将继续集中于哈尔滨都市圈和哈大齐工业走廊,继续加强经济极化与经济超前区的经济集聚,仍是主体功能区规划下黑龙江省未来经济空间发展的主要走向。

六、本章小结

上市公司凭借其显著的资金筹集、人才吸引、技术和管理创新能力在东北地区经济增长、产业结构升级以及空间结构优化中扮演了至关重要的角色,发挥着举足轻重的作用。因此,支持和引导上市公司不断发展壮大对促进东北地区经济繁荣就具有重要意义。然而,发展上市公司繁荣东北经济是一个系统、动态的工程,除了上市公司自身努力之外,还必须依靠市场的引导和政府相关政策的支持。针对目前东北地区上市公司发展中存在的问题与不足,本书认为应该从引导和培育优势企业上市、规范上市公司经营运作、提高上市公司自主创新能力、加大上市公司并购重组力度、调整上市公司空间分布格局五个方面入手,大力发展上市公司,以达到依托高质量上市公司促进东北地区经济发展目标的实现。

结论与展望

一、研究结论

本书立足于我国东北地区上市公司与经济发展的相关数据,通过理论与实证研究,得出以下主要结论:

(1)上市公司凭借其在资金筹集、人才吸引、技术创新和管理创新方面的优势能力,借助要素集聚机制、外部效应机制、市场共享机制和发展联动机制,从要素层面、产业层面和区域空间层面促进区域经济的发展。

具体来看,首先,上市公司通过要素层面对区域经济发展的作用主要体现在上市公司的资金筹集效应、人才吸引效应、技术创新效应和管理示范效应四个方面;其次,上市公司通过促进区域产业组织优化、引导区域主导产业变迁、拓展区域产业业务领域、加快区域产业增长速度,在产业层面上对区域经济发展施加影响;再次,借助于产业传导机制,上市公司从区域空间层面上影响区域经济发展是通过优化区域企业区位选择、带动区域中小企业集聚、推动区域产业结构调整、促进区域空间分工深化和推动区域空间结构演进五个方面达成的。

(2)通过对东北地区上市公司发展现状的描述以及与江浙地区的对比分析,发现东北地区上市公司无论在数量上还是在质量上都有一定的不足,呈现出板块分布不合理、地区分布不均衡、经营质量不突出、国有经济占主导的上市公司发展格局。

作为我国经济体制改革、国有企业转型在区域市场上的缩影,东北地区上市公司发展经历了 1991 年至 2000 年的政府主导发展阶段,2001 年至 2004 年的政府主导企业配合发展阶段以及自 2005 年以来的政府配合企业主导发展阶段。

相应的,上市公司依次承担着资金筹集、国有企业改制与资源配置的功能,并在不同的历史时期有不同的侧重。纵观东北地区上市公司功能演进的过程,就是重视资金筹集到强调国有企业改制再到资源配置功能开始显现的过程。上市公司在满足东北地区经济发展资金需求、推动东北经济体制改革以及优化东北地区资源配置方面扮演了重要的角色,发挥了不可替代的作用。

(3)立足于东北地区上市公司及经济发展的相关数据,从区域经济增长、区域产业结构调整和区域空间结构优化三个方面,借助 EViews 和 ArcGIS 软件,运用实证研究方法,考察了上市公司对东北地区经济发展的影响。

研究发现,东北地区上市公司与区域经济增长和区域产业结构调整之间具有正相关关系,即上市公司能够促进东北地区经济增长和产业结构调整,同时,这种促进作用在各省层面上又表现出一定的差异性。就上市公司对东北地区空间结构的影响来看,上市公司的空间分布从整体格局上与东北地区经济发展格局呈现出一致性,基于东北地区上市公司区域差异分析的区域空间格局优化,就成为促进东北地区经济发展的关键内容。

(4)提出了依靠高质量上市公司促进东北地区经济发展的新思路。针对目前东北地区上市公司发展中存在的问题与不足,应该从引导和培育优势企业上市、规范上市公司经营运作、提高上市公司自主创新能力、加大上市公司并购重组力度、调整上市公司空间分布格局五个方面入手大力发展上市公司,以达到依托高质量上市公司促进东北地区经济发展目标的实现。

二、研究局限与展望

(一)研究局限

本书关于上市公司对区域经济发展的影响进行了探索式的研究,其研究还存在以下不足之处:

1. 研究视角的局限

本书在研究过程中侧重从微观层面分析上市公司对东北地区经济发展的影响,宏观制度层面和市场层面的因素在本书中没有涉及,而这些宏观因素对上市公司作用于区域经济发展具有重要的影响。因此,忽视宏观制度层面和市场层面的作用可能导致本书的研究视野相对较窄。

另外,由于本书研究的是上市公司对区域经济发展的影响问题,因此区域经济发展对上市公司的影响不在本书的研究范围之内,然而,区域经济发展水平作为上市公司发展的区域环境,不可避免地会对上市公司产生影响。忽视区域经济发展对上市公司的作用,割裂上市公司与区域经济发展之间互相促进、互为因果的关系,势必对本文的研究产生一定的局限性。

2. 研究内容不够全面

本书关于上市公司对东北地区经济发展的实证检验是从区域经济增长、产业结构调整和空间结构优化三个方面展开的,但是这三个方面之间是彼此相互影响、相互制约的关系。本书的分析中忽略了这种影响,而且本书也没有从区域经济发展更为广阔的视角来分析上市公司在区域经济发展中所扮演的角色和发挥的作用,导致本书的研究内容不够全面。

3. 解释变量选择的局限

本书虽然强调上市公司在资金筹集、人才吸引、技术创新和管理创新方面的优势能力是其作用于区域经济发展的关键所在,但是在实证检验中,鉴于上市公司在人才吸引、技术创新和管理创新方面数据的难获得性,遵循"投入影响产出"的原则,用上市公司总产值数据予以替代。人力资本、技术进步、管理创新作为促进区域经济发展的重要因素,却被排除在计量模型之外,势必会对本书的研究产生一定的影响。

(二)研究展望

上市公司作为区域经济发展中重要的微观主体,尤其是随着我国资本市场的不断完善,将在区域经济发展中扮演重要的角色和发挥关键的作用,关注上市公司发展问题,通过大力培育和发展上市公司对促进区域经济繁荣具有重要的意义。作者认为,随着上市公司在区域经济发展中的作用日益重要,未来的研究应该围绕以下几个方面进行深入:

1. 进一步深化完善理论体系

本书从要素集聚机制、外部效应机制、市场共享机制和发展联动机制出发,区分要素层面、产业层面、区域空间层面,揭示上市公司影响区域经济发展的机制与作用,建立了相对完整的上市公司影响区域经济发展的理论研究框架。但在理论分析方面仍需进一步的补充和完善,例如对上市公司在引导区域主导产业变迁方面的探讨还需进一步完善,对上市公司在推动区域空间结构演进方面的论述还稍显薄弱,这些问题都需要作者在以后的研究中不断完善和深化。

2. 区域间上市公司发展的比较研究

本书关于上市公司影响区域经济发展的实证检验是围绕东北地区展开的,鉴于东北地区经济发展水平的制约以及上市公司发展的落后性,必然会对实证检验的结果产生一定的影响。因此,从更广阔的区域视角出发,立足于不同区域间上市公司发展的比较研究,更有助于为通过培育和发展上市公司促进区域经济繁荣提供经验数据支持。

3. 上市公司发展的区域支撑问题研究

区域内上市公司的发展必然会受到区域经济发展水平、区域市场活力、宏观政策规划、技术创新水平、基础设施条件、地理区位优势以及要素资源禀赋等多种因素的影响。由于本书是从上市公司出发,侧重于上市公司对区域经济发展的影响,故未涉及区域经济发展对上市公司影响的探讨。忽略上市公司与区域经济发展之间的相互依存关系,必然导致本书的研究不够全面,上市公司发展的区域支撑问题将是未来研究重点关注的内容。

参考文献

[1][26]施青军.区域开发与资本市场[D].北京:财政部财政科学研究所,2002:
　　27,28-39.

[2]杜坤伦.上市公司培育与区域经济发展[J].社会科学研究,2004(4):68-70.

[3][247]金碚.中国企业竞争力报告(2012):经济波动与企业竞争力[M].北京:
　　社会科学文献出版社,2012:25-30.

[4]李晗,姜平.区域经济发展战略研究文献综述[J].大众商务,2010(8):53.

[5]李强.区域经济发展模式:从不均衡到均衡之路[J].商业研究,2004(8):
　　18-20.

[6]王坤.区域经济发展差异的文献综述[J].江苏社会科学家,2011(5):1-4.

[7]丹尼斯,刘雪芹.区域经济发展趋势[J].东南亚纵横,2005(4):20-22.

[8]刘丹,刘阳,李睿.中国区域经济发展趋势的理论分析[J].经济问题探索,
　　2005(4):17-21.

[9]徐司雨.中国区域经济发展水平评价体系的构建与应用[J].经济研究导刊,
　　2011(28):150-152.

[10]陈军华,李心.区域经济发展水平评价要素的测度[J].统计与决策,2013
　　(20):17-20.

[11]李蕾.上市公司融资行为研究综述[J].财会通讯,2010(5):25-26.

[12]郭婧.上市公司自愿性信息披露质量、动机与影响因素文献综述[J].财会通
　　讯,2012(12):50-52.

[13]满泓,任静.上市公司资本结构研究文献综述[J].中国电力教育,2010(1):
　　105-106.

[14]周晶晗,马兰萍,邱长溶.基于多因素层次模糊评价的上市公司财务质量评
　　价[J].太原理工大学学报(社会科学版),2003(3):27-30.

[15]董飞,辛华,王有为.上市公司并购绩效研究综述[J].经营管理者,2009
　　(23):154.

[16]赵元华,丁忠民.上市公司资产重组绩效研究综述[J].重庆工商大学学报
　　(西部经济论坛),2003(5):72-74.

[17]洪峰.关于上市公司内部控制重大缺陷的研究综述[J].财会月刊,2012
　　(22):66-69.

[18]吴国萍,蒋丽霞.中国上市公司内部控制信息披露文献综述[J].社会科学战
　　线,2009(10):75-79.

[19]Greenwood, Jovanovic. Financial Development, Growth and the
　　Distribution of Income[J]. Journal of Political Economy, 1990(10):
　　98-115.

[20]Greenwood, Smith. Financial Markets in Development and the Development of
　　Financial Markets[J]. Journal of Economy Dynamics and Control, 1997
　　(1):21-33.

[21]Ross Levine,Robert G. King. Finance,Entrepreneurship and Growth[J].
　　Journal of Monetary Economics,1993(12):513-542.

[22]Patrick H. T. Financial Development and Economic Growth in
　　Underdeveloped Countries[J]. Economic Development and Cultural
　　Change,1966(1):14.

[23]Pagano M. Financial Markets and Growth:An Overview[J]. European
　　Economic Review,1993(4):2-3.

[24]张静.中国资本市场的结构与效率[M].长春:吉林人民出版社,2000:
　　26-28.

[25]田素华.资本市场的经济增长效应:理论与实证[J].投资研究,2001(2):
　　28-33.

[27]梅声洪.繁荣态势资本市场的经济增长效应[J].经济理论与经济管理,2005
　　(2):34-35.

[28]Campbell,J. Y. Stock Returns and the Term Structure[J]. Journal of
　　Financial Economics,1987(18):373-400.

[29]Atje R. ,Jovanovic B. Financial Aspects of Economic Development[J].
　　The American Economic Review,1993(2):515-518.

[30]Kunt,Levine. Stock Markets,Corporate Finance and Economic Growth:
　　An Overview[J]. The World Bank Economic Review,1996:223-239.

[31]Levine R. Financial Development and Economic Growth: Views and

Agenda[J]. Journal of Economic Review,1997(2):688-726.

[32]Ross Levine,Sara Zervos. Stock Markets,Bank and Economic Growth[J]. The American Economic Review,1998(6):537-555.

[33]Joyce Hsieh,Chien-Chung Nieh. An Overview of Asian Equity Markets [J]. Asian Pacific Economic Literature,2010(12):19-51.

[34][50]Tichaona Zivengwa,Joseph Mashika,Fanwell K Bokosi,Tendai Makova. Stock Market Development and Economic Growth in Zimbabwe [J]. International Journal of Economics and Finance,2011(5):140-150.

[35]靳云汇,于存高.中国股票市场与国民经济关系的实证研究[J].金融研究, 1998(3):40-45.

[36]郑江淮,袁国良,胡志乾.中国转型期股票市场发展与经济增长关系的实证 研究[J].管理世界,2000(6):15-24.

[37]殷醒民,谢洁.中国股票市场与经济增长关系的实证研究[J].复旦学报(社 会科学版),2001(4):96-102.

[38]钱正鑫,迈夫.中国股票市场与经济增长关系的实证研究[J].云南财贸学院 学报(社会科学版),2006(5):56-58.

[39]江洲.基于分布特征与宏观经济因素的证券市场收益率描述与预测[D].长 沙:湖南大学,2008:55-76.

[40]王一晶.资本市场对区域经济发展影响的实证分析:以中部地区为例[J].金 融研究,2010(8):55-56.

[41]钱德勒主编.大企业和国民财富[M].柳卸林主译.北京:北京大学出版社, 2004:3-56.

[42]沈蕾.论大企业[M].北京:经济管理出版社,2005:4.

[43]张元智,马鸣萧.企业规模、规模经济与产业集群[J].中国工业新经济,2004 (6):29-35.

[44]单超.对中国企业规模化的研究[J].市场论坛,2004(3):77-79.

[45]许庆明,黄晖.工业企业规模结构与区域经济增长[J].生产力研究,2003 (1):219-221.

[46]John G. Gurley,E. S. Shaw. Financial Structure and Economic Development [J]. Economic Development and Cultural Change,1967(3):257-268.

[47]Michie A D. Financial Development and Economic Growth,Assessing, Evidence[J]. The Economic Journal,1987:783-799.

[48]James Laurenceson. The Impact of Stock Markets on China's Economic Development: Some Preliminary Assessments [J]. Brisbane: The

University of Queensland Press,2002(1):302-324.

[49]Hidenobu Okuda, Yasushi Take. Economic Reforms and Financing Structure of Indonesian Listed Companies after the Asian Crisis:Corporate Finance Issues and the Solutions[J]. JBICI Review,2005(12):1-31.

[51]吴振信,叶茂林,吴永林.对我国上市公司地区分布的实证分析[J].数量经济技术与经济研究,2003(10):112-116.

[52]钟海燕,郑长德.上市公司与区域差异效应分析分析[J].税务与经济,2006(1):69-72.

[53]陈晓丹.欠发达省区资本市场与经济发展之间关系研究:以云南省为例[J].云南财贸学院学报(社会科学版),2008(5):88-90.

[54]李兴江,董雅丽.上市公司与经济增长的文献综述[J].北方经济,2009(11):28-29.

[55]梁剑,丁洁,周俊.宏观经济发展对上市公司企业经营绩效影响的实证分析[J].经济体制改革,2011(6):16-19.

[56]蒋爱先,何贵香.发挥上市公司作用促进广西区域经济发展[J].经济与社会发展,2007(12):83-86.

[57]刘德智,徐晔,李小静.关于上市公司与经济发展的关系研究:河北省上市公司对河北省经济发展的影响[J].经济与管理研究,2007(6):77-80.

[58]周华东,胡恩祥.安徽省上市公司对安徽 GDP 贡献的实证研究[J].金融经济,2008(18):55-57.

[59]李方,陈健.陕西省上市公司对区域经济发展的作用研究[J].科技信息,2010(6):135-136.

[60]张高丽.新疆上市公司与地区经济发展[J].新疆社科论坛,2001(1):20-23.

[61]王玉华,孔振焕.山东上市公司融资对区域经济发展的实证分析[J].山东社会科学,2006(5):103-106.

[62]沈月中.河南上市公司与河南经济发展问题研究[J].特区经济,2007(8):126-127.

[63]李兴江,董雅丽.甘肃省上市公司与地区经济增长的实证分析[J].财会研究,2009(9):54-56.

[64]黄萍.江苏沿海地区上市公司对区域经济发展的影响[J].特区经济,2012(1):62-64.

[65]安虎森,邹璇.区域经济学的发展及其趋势[J].学术动态综述,2004(1):180-186.

[66][162][148]Paul M. Romer. Increasing Return and Long-run Growth [J].

Journal of Political Economy,1986(10):1002-1037.

[67][134][149]Lucas Paul. On the Mechanics of Economic Development[J]. Journal of Monetary Economy,1988(5):3-42.

[68]西蒙·库兹涅茨.各国的经济增长[M].石景云,常勋译.北京:商务印书馆, 2011:3-4,123-167.

[69] Angus Maddison. Growth and Slowdown in Advanced Capitalist Economies:Techniques of Quantitative Assessment [J]. Journal of Economic,1987(6):649-698.

[70]Baldwin R E, Martin P. The Core-periphery Model and Endogenous Growth [J]. Economics,2000(67):307-324.

[71]Martin P, Ottaviano G L. Growth and Agglomeration [J]. International Economic Review,2001(42):947-968.

[72]埃德加·M.胡弗.区域经济学导论[M].王翼龙译.北京:商务印书馆, 1990:285-338.

[73][150][153]Michael Porter. The Competitive Advantage of Nations [M]. New York:The Free Press,1990:61-79.

[74]吴仁洪.经济发展与产业结构转变:兼论我国经济当前的发展阶段及其使命 [J].经济研究,1987(8):31-38.

[75]郝守义,安虎森.区域经济学(第二版)[M].北京:经济科学出版社,2004:2.

[76][158]徐涛.大企业与区域经济发展[M].武汉:武汉大学出版社,2007:7, 124-126.

[77]安虎森.新区域经济学(第二版)[M].大连:东北财经大学出版社,2010: 136-175.

[78]孙海鸣.区域经济学[M].上海:上海人民出版社,2011:1-3.

[79]哈特.大企业与区域经济发展[M].武汉:武汉大学出版社,2007:124-126.

[80]R.科斯,A.阿尔钦,D.诺斯 等.财产权利与制度变迁:产权学派与新制度学 派译文集[M].刘守英译.上海:上海人民出版社,1999:3-4,123-167.

[81]奥利弗·E.威廉姆森,西德尼·G.温特.企业的性质:起源、演变和发展 [M].邢源源,姚海鑫译.上海:商务印书馆,2007(1):6-17.

[82]亚当·斯密.国民财富的性质和原因的研究[M].郭大力,王亚南译.上海: 商务印书馆,1976.

[83]贝利·米恩斯.现代企业与私人财产[M].台北:台湾银行经济研究室编印,1981.

[84]Ross S. The Economic Theory of Agency:The Principal's Problem[J]. The American Economic Review,1973(63):134-139.

[85]Jensen M，Meckling W． Theory of Firm：Managerial Behavior，Agency Costs，and Ownership Structure[J]． Journal of Financial Economics，1976（3）：305-360．

[86] Mayer Colin． Carbonate Mud-Mounds in the Fort Payne Formation，Cumberland Saddle Region，Kentucky and Tennessee，USA[M]//Carbonate Mud-Mounds：Their Drigin and Evolution． Blacknell Publishing Ltd，2009：273-287．

[87]钱颖一，青木昌彦.专轨经济中的公司治理结构：内部人控制和银行的作用[M].北京：中国经济出版社，1995：86-94．

[88]Cochran PL，Wartick SL． Corporate Governance：A Review of the Literature[M]． Financial Executives Research Foundation，1988．

[89]Hart O D． Firm，Contracts and Financial Structure[M]． Oxford：Oxford University Press，1995．

[90]Williamson． The Mechanisms of Governance [M]． Oxford：Oxford University Press，1996．

[91]伊迪丝•彭罗斯.企业成长理论[M].陈昕，赵晓译.上海：上海人民出版社，2007：1-35．

[92]Wernerfelt B． A Resource-Based View of the Firm [J]． Strategic Management Journal，1984（5）：171-180．

[93]Barney J B． Firm Resources and Sustained Competitive Advantage[J]． Journal of Management，1991（17）：99-120．

[94]谷奇峰，丁慧平.企业能力理论研究综述[J].北京交通大学学报（社会科学版）.2009（1）：17-22．

[95]Prahalad C K，Hamel G． The Core Competence of the Corporation[J]． Harvard Business Review，1990（5）：79-91．

[96]陈同扬，赵顺龙.企业理论的演进与辨析[J].学海，2004（3）：155-158．

[97]Teece D，Pisano G，Shuen A． Dynamic Capabilities and Strategic Management [J]． Strategic Management Journal，1997（7）：509-533．

[98]王磊.企业能力理论：热点和前沿[J].山东经济，2006（6）：30-35，59．

[99]Collis D J，Montgomery C． Competing on Resources [J]． Harvard Business Review，1995（8）：26-36．

[100][101]Helfat C E，Peteraf M A． The Dynamic Resource-Based View：Capability Lifecycles [J]． Strategic Management Journal，2003（10）：997-1010．

[102]Blyler M，Coff R W. Dynamic Capabilities，Social Capital and Rent Appropriation：Ties That Split Pies[J]. Strategic Management Journal，2003(7)：677-686.

[103]Barney J B. Is the "Resource-Based View a Useful Perspective for Strategic Management Research? Yes"[J]. Academy of Management Review，2001(1)：41-56.

[104]Allee V. The Knowledge Evolution：Expanding Organizational Intelligence[M]. Boston：Butterworth-Heinemann，1997：71-74,87-96.

[105]钱伟.区域理论三大学派的分析与评价[J].科技创业月刊,2006(2)：179-180.

[104]魏伟忠,张旭昆.区位理论分析传统评述[J].浙江社会科学,2005(5)：184-191.

[107]约翰·冯·杜能.孤立国同农业和国民经济的关系[M].北京：商务印书馆,1986.

[108]保建云.企业区位理论的古典基础：韦伯工业区位理论体系评述[J].人文杂志,2002(4)：57-61.

[109]阿尔弗雷德·韦伯.工业区位论[M].北京：商务印书馆,2010：1-11.

[110]廉艳萍,傅华,贾文毓.从广义廖什模型谈我国经济发展战略[J].首都师范大学学报(自然科学版),2007(6)：87-89.

[111]李杰.影响企业区位选择的影响因素研究综述[J].汉江论坛,2008(8)：40-43.

[112]刘继生.行为区位论的初步研究[J].人文地理,1992(9)：40-47.

[113]任寿根.品牌化城市经营研究：基于行为区位理论框架[J].管理世界,2003(5)：52-59.

[114]胡琦.产业结构变动的经济增长效应：产业结构理论研究与发展[J].湖北经济学院学报,2004(5)：11-16.

[115]威廉·配第.政治算数[M].陈冬野译.北京：商务印书馆,1978：19-31.

[116]西蒙·库兹涅茨.各国的经济增长[M].常勋,等译.北京：商务印书馆,1985：195-196.

[117]Hoffman，Walter. The Growth of Industrial Economics[J]. Hitotsubashi Journal of Economic,1970,11(2)：113-116.

[118]史继红.刘易斯二元经济理论与我国二元经济结构转化的相关性分析[J].特区经济,2007(9)：278-280.

[119]张志强,高丹桂.刘易斯二元经济理论再解构[J].中国石油大学学报(社会

科学版),2008(12):22-26.

[120]谭宏.运用不平衡增长理论实施重庆的产业政策[J].重庆文理学院学报（自然科学版),2007(4):42-49.

[121]夏锦文,张鑫.从耗散结构论看赫尔希曼的不平衡增长理论[J].西安建筑科技大学学报(社会科学版),2004(12):38-41.

[122][190]罗斯托.经济成长的阶段[M].北京:商务印书馆,1962:7-23.

[123][191]罗斯托.从起飞进入持续增长的经济学[M].贺力平译.成都:四川人民出版社,1988.

[124]郭勇.基于"两基准"理论的我国产业结构优化路径分析[J].中共四川省委党校学报,2011(3):82-84.

[125]Harrod R. F. An Essay in Dynamic Theory[J]. The Economic Journal, 1939(49):14-33.

[126]Harrod R. F. Towards a Dynamic Economics Some Recent Development of Economic Theory and Their Applications to Policy[M]. Macmillan, London,1948:79.

[127]Domar Evsey D. Capital Expansion,Rate of Growth,and Employment [J]. Econometrics,1946(2):137-147.

[128]马骥.基于知识创新的区域经济增长研究[J].西南民族大学学报(人文社科版),2009(6):198-203.

[129]Solow Robert M. Technical Change and the Aggregate Production Function[J]. The Review of Economics and Statistics,1956(3):312-320.

[130]Swan Trevor W. Economic Growth and Capital Accumulation [J]. Economic Record,1956(66):334-361.

[131]Baldwin R. Agglomeration and Endogenous Capital [J]. European Economic Review,1999(43):253-280.

[133]舒尔茨.论人力资本投资[M].吴珠华,等译.北京:北京经济学院出版社,1990:17-25,43,92.

[135]Gene M Grossman, Elhanan Helpman. Endogenous Product Cycles[J]. The Economic Journal,1991(9):1214-1229.

[136]Krugman P. Increasing Returns and Economic Geography [J]. Journal of Political Economy,1991 (99):483-499.

[137]Krugman P, Venables A. J. Globalization and the Inequality of Nations [J]. Quarterly Journal of Economics,1995(4):857-880.

[138]Ottaviano G，Tabuchi T,Thisse J F. Agglomeration and Trade Revisited

[J]. International Economic Review,2002(43):409-436.

[139] Martin P,G. Ottaviano. Growing Locations:Industry in a Model of Endogenous Growth [J]. European Economic Review,1999（43）:281-302.

[140] Baldwin R E,P. Martin,G. Ottaviano. Global Income Divergence,Trade and Industrialization:The Geography of Growth Take-off [J]. Journal of Economic Growth,2001(6):5-37.

[141] 余泳泽,刘大勇.创新要素集聚与科技创新的空间外溢效应[J].科研管理,2013(1):46-54.

[142] 齐亚伟.环境约束下要素集聚与区域经济可持续发展:基于区域创新能力的视角[D].南昌:江西财经大学,2012:16-17.

[143] 马歇尔.经济学原理(上卷)[M].北京:商务印书馆,1981:278,328.

[144] Pigou A. C. The Economics of Welfare[M]. London:Macmillan,1920.

[145] Allyn A Young. Increasing Returns and Economic Progress[J]. The Economical Journal,1928(38):527-542.

[146] 科斯.社会成本问题[M].上海:上海三联书店,1994.

[147] John S Chipman. External Economies of Scale and Competitive Equilibrium[J]. The Quarterly Journal of Economics,1970(3):347-385.

[151] 吴三忙,李善同.专业化、多样化与产业增长关系:基于中国省级制造业面板数据的实证研究[J].数量经济技术经济研究,2011(8):21-34.

[152][153][194] Jacobs J. The Economy of Cities [M]. New York:Vintage,1969.

[154] 曾坤生.关于区域市场与区域经济发展的几个理论问题[J].改革与战略,1998(1):19-23.

[155] 刘欣.后危机时代下的市场共享与区域经济差距[J].经济问题探索,2010(11):12-18.

[156] 范剑勇,张涛.结构转型与地区收敛:美国的经验及其对中国的启示[J].世界经济,2003(1):42-48.

[157] 朱君.上市公司影响区域经济发展的作用机制研究[J].云南社会科学,2013(4):78-82.

[159] 陈秀山,杨艳.区域协调发展:回顾与展望[C].//2009 年区域经济学学科建设论文集(上),2009:215-222.

[160] 丁建军.城市群经济、多城市群与区域协调发展[J].经济地理,2010(12):2018-2022.

［161］贾若祥,刘毅.企业合作在我国区域发展中的作用[J].人文地理,2004(6):
31-35.

［162］谭传凤,李祥妹.试论区域经济空间相互作用的微观机制[J].地理研究,
2001(7):315-321.

［163］孙海燕,王富喜.区域协调发展的理论基础探究[J].经济地理,2008(11):
928-931.

［164］张维迎.西方企业理论的演进与最新发展[J].经济研究,1994(11):70-81.

［165］吴淑琨,席酉民.企业与市场关系的重新审视[C].//全国青年管理科学与
系统科学论文集第5卷,1999:188-192.

［166］熊彼特.经济发展理论[M].北京:商务印书馆,1991.

［167］朱红恒.熊彼特的创新理论及启示[J].社会科学家,2005(1):59-61,70.

［168］Davidsson P, Honig B. The Role of Social and Human Capital Among
Nascent Entrepreneurship[J]. Journal of Business Venturing,2003(3):
301-331.

［169］彭永忠.技术进步对经济增长的贡献研究[J].广西轻工业,2007(11):
109-110.

［170］王为民,邵云飞,唐小我.中国区域技术创新能力的相关因素分析[J].电子
科技大学学报(社会科学版),2004(3):28-32.

［171］Gilles Saint Paul. Technological Choice, Financial Markets and
Economic Development [J]. European Economic Review,1992(5):
763-781.

［172］傅家骥.技术创新学[M].北京:清华大学出版社,1998:365-366.

［173］邝国良,唐汉清.论技术、技术扩散与经济增长[J].特区经济,2006(12):
323-325.

［174］李子奈,鲁传一.管理创新在经济增长中贡献的定量分析[J].清华大学学
报(哲学社会科学版),2002(2):25-31.

［175］Robert A Burgelman. Intraorganizational Ecology of Strategy Making
and Organizational Adaptation: Theory and Field Research [J].
Organization Science,1991(8):239-262.

［176］Zbaracki M J. The Rhetoric and Reality of Total Quality Management
[J]. Administrative Science Quarterly,1998(43):602-638.

［177］魏后凯.比较优势、竞争优势与区域发展战略[J].福建论坛(人文社会科学
版),2004(9):10-13.

［178］苏东水.产业经济学(第三版)[M].北京:高等教育出版社,2010(8):3-4,17.

[179]贾建衷.企业的产业共同演化理论研究[D].天津:南开大学,2009:1-10.

[180]Dopfer K., Foster J and Potts J. Micro-meso-macro[J]. Journal of Evolutionary Economics,2004(3):263-279.

[181]谢地.产业组织优化与经济集约增长[M].北京:中国经济出版社,1999.

[182]汪祥春,于立.产业经济的产生和发展[J].首都经济贸易大学学报,1999(1):19-24.

[183]Picard Larsson. Flexible Manufacturing and Market Structure [J]. American Economic Review,1993(9).

[184]孙天琦.合作竞争型准市场组织的发展与产业组织结构演进[J].中国工业经济,2001(3):71-75.

[185]程玉春.区域经济发展中的产业组织合理化研究[D].成都:四川大学,2003:33-42.

[186]刘志红.上市公司成长与产业组织优化[D].北京:中国社会科学院,2000:37-38.

[187]邵宁."十二五",国企改革改什么?[J].企业观察家,2011(5):64-65.

[188]黄璇,王秀卓.产业组织理论发展综述[J].中国证券期货,2011(4):158-160.

[189]刘猛.我国产业组织特征与优化路径[J].金融经济,2011(18):23-24.

[192]刘勇.区域经济发展与地区主导产业[M].北京:商务印书馆,2007:3-7,9-16.

[193]张春勋,赖景生.技术创新、路径依赖与主导产业演替的障碍及突破研究[J].生产力研究,2008(3):104-106.

[195]Combes P P. Economic Structure and Local Growth:France,1984-1993[J]. Journal of Urban Economics,2002(3):329-355.

[196]薄文广.外部性与产业增长:来自中国省级面板数据的研究[J].中国工业经济,2007(1):37-44

[197]Ansoff H I. Strategies for Diversification [J]. Harvard Business Review,1957(9):113-124.

[198]黄继忠,杨凤.理论、经验与我国企业多元化经营战略调整[J].管理评述,2003(10):19-22.

[199]岳虹辰.从2000年上市公司业绩谈企业多元化经营策略[J].经济师,2001(12):140-141.

[200]贾建衷.跨国公司要在华并购对我国产业发展影响的研究[D].天津:南开大学,2009:26-28.

[201]王晓硕.专业化外部性、产业增长与高技术产业同构性的实证分析[J].中国城市经济,2011(10):61-62,64.

[202]彭莉,倪子靖.外商直接投资与三次产业增长:基于中国的经验研究[J].技术经济,2008(5):97-102.

[203]张纪.人才需求特征与高新技术产业增长的相关性研究[J].特区经济,2009(5):278-280.

[204]盛丹,王永进.市场化、技术复杂度与中国省区的产业增长[J].世界经济,2011(6):26-47.

[205]吴永林,李立委.技术进步对产业增长作用的测度:基于北京高技术产业的实证研究[J].技术经济,2011(10):33-39.

[206]Stoper M. The Resurgence of Regional Economics, Ten Years Later[J]. European Urban and Regional Studies,1995(2):161-221.

[207]李雁,郭红,姜春晖.区域经济空间结构发展模式演变与优化:以东北地区为例[J].学术交流,2009(8):81-83.

[208]王荣成,丁四保.关于我国区域经济地理学和区域经济学融合发展的思考[J].人文地理,2005(6):23-28.

[209]徐梅.区域经济运行中的微观主体地域空间依托性分析[J].中国软科学,2002(2):97-101.

[210]苗天青,闫二旺.基于企业间经济关系研究区域经济发展的系统分析模型[J].当代财经,2004(8):90-93.

[211]宋伟.企业空间演变:基于传统农区工业化的微观分析[M].北京:社会科学文献出版社,2010:38-63.

[212]张鹏.总部经济时代[M].北京:社会科学文献出版社,2011(4):23-43.

[213]奥古斯特·勒施.经济空间秩序:经济财贸与地理间的关系[M].北京:商务印书馆,1995:3,16.

[214]阿尔弗雷德·韦伯.工业区位论[M].北京:商务印书馆,1997:118-120.

[215]魏后凯.现代区域经济学[M].北京:经济管理出版社,2006:30-34.

[216]龚勤林.区域产业链研究[D].成都:四川大学,2004:2-6.

[217]迈克尔·波特著.竞争优势[M].陈小悦译.北京:华夏出版社,1997:36-39.

[218]迟晓英,宣国良.价值链研究发展综述[J].外国经济与管理,2000(1):25-30.

[219]洪军,柯涛.网络时代企业经营创造市场的模式分析[J].经济与管理,2003(4):92-95.

[220]约翰·伊特韦尔.新帕尔格雷夫经济学大辞典[M].北京:经济科学出版社,1996:280-284.

[221]罗辑,张其春.区域产业竞争力研究:理论与实践[M].北京:科学出版社,2008:79.

[222]Massey D. In What Sense a Regional Problem? [J]. Regional Studies, 1979(13):233-243.

[223][224]苏红键.空间分工理论与中国区域经济发展研究[D].北京:北京交通大学,2012:35-69.

[224]Scott A J. The Spatial Structure of Metropolitan Labor Markets and the Infra-Urban Plant Location[J]. Urban Geography,1981(1):1-30.

[225]Scott A. J. Location Patterns and Dynamics of Industrial Activity in the Modern Metropolis[J]. Urban Studies,1982(2):111-141.

[226]周子鑫,朱传耿.我国区域空间整合研究进展与展望[J].地域研究与开发,2009(10):1-5.

[227]管卫华,赵媛,林振山,管红艳.区域空间结构的调整与协调发展:以江苏省为例[J].人文地理,2003(12):88-92.

[228]高洪深.区域经济学[M].北京:中国人民大学出版社,2000:2.

[229]Francois Perroux. Introduction to Regional Science[J]. Englewood Cliffs,1975.

[230]李小建,李国平,曾刚,等.经济地理学[M].北京:高等教育出版社,1999:173-179.

[231]陈才,王士君.东北经济区地缘战略研究[J].东北亚论坛,2001,(3):3-7.

[232]赵超.区域经济空间结构形成和演变机制的研究综述[J].现代乡镇,2005(10):31-34.

[233]金丽国.区域主体与空间经济自组织[M].上海:上海人民出版社,2007:1.

[234]陈才.区域经济地理学[M].北京:科学出版社,2001.

[235]马骏,袁东明,肖庆文,来有为.企业变革大趋势:外包合作与网络化经营[M].北京:电子工业出版社,2011:1-13.

[236]胡汝银.中国上市公司成败实证研究[M].上海:复旦大学出版社,2006.

[237]吕国文.浙江省上市公司产业与行业研究[J].商业研究,2004(2):106.

[238]王玉英.负债经营相关问题剖析[J].财会月刊(综合),2008(2):15-17.

[239]李远鹏.经济周期与上市公司经营绩效背离之谜[J].经济研究,2009(3):99-109.

[240]向朝进,谢明.我国上市公司绩效与公司治理结构关系的实证研究[J].管

理世界,2003(5):117-124.

[241]刘燕娜,林伟明,戴永务,等.林业类上市公司经营绩效影响因素研究:基于公司治理视角[J].林业经济,2010(11):83-89,93.

[242]陶然.房地产上市公司股权结构对绩效影响的实证分析:基于 2008—2010 的面板数据[J].福建省社会主义学院学报,2012(1):118-121.

[243]陈小悦,徐晓东.股权结构、企业绩效与投资者利益保护[J].经济研究, 2001(11):3-11.

[244]张俊喜,张华.民营上市公司的经营绩效、市场价值和治理结构[J].世界经济,2004(11):3-15.

[245]王化成,裘益政,尹美群.控股股东与公司绩效:民营上市公司与国有上市公司的对比分析[J].山西财经大学学报,2007(6):60-68.

[246]冯晓宪,李鹏.基于 EViews 分析的高层管理者激励与我国上市公司经营绩效的研究[J].中外企业家,2010(8)(下):50-52.

[248]张智先,王永锋.河南省上市公司区域特征及持续发展对策研究[J].周口师范学院学报,2007(5):78-82.

[249]胡大力.中国区域经济发展差距与民营经济发展差距的相关性分析[J].上海经济研究,2006(2):17-25.

[250] La Porta R F, Lopez de-Silanes A. Shleifer. Corporate Ownership Around The World [J]. Journal of Finance,1999,54(2):471-517.

[251]Claessens S. , Walter Novaes. Sharing of Control as a Corporate Governance Mechanism [R]. Los Angeles Penn CARESS Working Papers from UCLA Department of Economics,2005.

[252]Gomes Armando R, Djankov S, Lang L H P. The Separation of Ownership and Control in East Asian Corporations [J]. Journal of Financial Economics,2000,58(12):81-112.

[253]Lehman E, Weigand J. Does the Governed Corporation Perform Better? [J]. European Finance Review,2000,4(2):157-195.

[254]Volpon P. Governance with Poor Investor Protection: Evidence from Top Executive Turnover in Italy[J]. Journal of Financial Economics, 2002,64(1):61-90.

[255]Benjamin M. , Anete Pajuste. Multiple Large Shareholders and Firm Value [J]. Journal of Banking and Finance,2005,29(7):1813-1834.

[256]陈晓,江东.股权多元化、公司业绩与行业竞争性[J].经济研究,2000(8): 28-35,80.

[257]宋敏,张俊喜,李春涛.股权结构的陷阱[J].南开管理评论,2004(1):
　　　9-23,56.

[258]叶勇,胡培,何伟.上市公司终极控制权、股权结构及公司绩效[J].管理科
　　　学,2005(1):58-64.

[259]田利辉.国有股权对上市公司绩效影响的U型曲线和政府股东两手论
　　　[J].经济研究,2005(10):48-58.

[260]Denis Diane K, McConnell John J. International Corporate Govertance
　　　[J]. Journal of Financial & Quantitative Analysis,2003,38(3):1-36.

[261]刘芍佳,孙霈,刘乃全.终极产权论、股权结构及上市公司绩效[J].经济研
　　　究,2003(3):51-62.

[262]胡静波,陈英楠,朱君.中小企业上市条件培育研究[J].当代经济研究,
　　　2011(11):68-71.

[263]靳明.上市公司利用证券市场的主要功能误区分析[J].财经论丛,2001
　　　(9):66-71.

[264]中国证券监督管理委员会.中国资本市场二十年[M].北京:中信出版社,
　　　2012:32-35.

[265]吴国萍,朱君."压力"与"机会"导因的财务报告舞弊问题研究:基于证监会
　　　处罚公告的分析[J].东北师大学报(哲学社会科学版),2009(4):67-71.

[266]陈慧璇,朱君.我国上市公司财务报告舞弊特征分析[J].税务与经济,2013
　　　(2):52-57.

[267]高明华.中国上市公司信息披露指数报告(2012)[M].北京:经济科学出版
　　　社,2012:53-55,176-177.

[268]孙峰华,江宇明,李世泰.中国大陆上市公司的时空现状及其可持续发展研
　　　究[J].经济地理,2004(1):25-30.

[269]郭金冰.新疆上市公司与当地经济增长的实证分析[J].天津市财贸管理干
　　　部学院学报,2012(3):15-18.

[270][274]董雅丽.上市公司与区域经济发展的实证研究:以甘肃为例[J].北方
　　　经济,2013(2)(下半月):28-29.

[271][275]马社胜,江宏业.广西上市公司对广西经济增长的实证研究[J].时
　　　代金融,2013(2)(中旬刊):68-69.

[272]张新.从上市公司绩效看中国经济增长的可持续性[J].经济社会体制比
　　　较,2003(1):41-49.

[273][276]陈昭,卿前龙.各地区上市公司数量和经济增长的动态反馈:分省的
　　　Panel Data模型分析[J].安徽大学学报(哲学社会科学版),2008(1):

108-114.

[277]黄萍.上市公司对地区经济增长影响的区域差异研究:基于江苏沿海三市面板数据的分析[J].开发研究,2012(2):17-20.

[278]孙福全.产业结构调整微观论[M].北京:中国经济出版社,2006:2-5.

[279]李汝资,王文刚,宋玉祥.东北地区经济差异演变与空间格局[J].地域研究与开发,2013(8):28-32.

[280]王颖.东北地区区域城市空间重构机制与路径研究[D].长春:东北师范大学,2012:59-62.

[281]曹卫东.城市物流企业区位分布的空间格局及其演化:以苏州市为例[J].地理研究,2011(11):1997-2007.

[282]黄江,胡晓鸣.创意产业企业空间分布研究:以杭州市为例[J].经济地理,2011(11):1851-1856.

[283]刘青,李贵才,仝德,等.基于ESDA的深圳市高新技术企业空间格局及影响因素[J].经济地理,2011(6):926-933.

[284]熊友云,张明军,刘园园,等.中国农业产业化龙头企业空间分布特征:以国家级重点龙头企业为例[J].地理科学进展,2009(6):991-997.

[285]刘世林.基于决策、执行、监督分离治理模式下的企业内部审计地位探讨[J].会计研究,2010(2):72-78.

[286]肖星,王琨.证券投资基金:投资者还是投机者?[J].中国内部审计,2013(5):28-31.

[287]黄洁,蔡根女.股权激励效果和影响因素经验分析:基于两《办法》出台后实施股权激励的上市公司数据[J].华东经济管理,2009(3):111-116.

[288]李春玲,张好圆.股权激励与公司业绩的循环推动效应研究[J].统计与决策,2014(20):182-184.

[289]刘怡芳,吴国萍.内部审计工作组织的现状分析:基于吉林省上市公司的调查数据[J].税务与经济,2011(1):103-107.

[290]朱君.上市公司舞弊性财务报告的防范与监管:基于证监会处罚公告的研究[D].长春:东北师范大学,2009:38-42.

[291]朱君.我国企业内部控制评价系统研究的回顾与展望[J].世界经济,2005(8):72-78.

[292]王一鸣,王军.关于提高企业自主创新能力的几个问题[J].中国软科学,2005(7):10-15.

[293]韵江,刘立.创新变迁与能力演化:企业自主创新战略:以中国路明集团为案例[J].管理世界,2006(12):115-120.

［294］刘振.促进企业自主创新的动力因素及其路径关系研究［J］.中国科技论坛,2013(1):63-70.

［295］沈萍.资本市场的资源整合功能:基于上市公司并购重组的视角［J］.科学经济社会,2011(1):49-53.